中国人民大学研究报告系列

中国网络社会研究报告

2018

STUDY REPORT OF
INTERNET SOCIETY IN CHINA

主　编　刘少杰
副主编　王建民

中国人民大学出版社
· 北京 ·

总序

陈雨露

当前中国的各类研究报告层出不穷，种类繁多，写法各异，成百舸争流、各领风骚之势。中国人民大学经过精心组织、整合设计，隆重推出由人大学者协同编撰的“研究报告系列”。这一系列主要是应用对策型研究报告，集中推出的本意在于，直面重大社会现实问题，开展动态分析和评估预测，建言献策于咨政与学术。

“学术领先、内容原创、关注时事、咨政助企”是中国人民大学“研究报告系列”的基本定位与功能。研究报告是一种科研成果载体，它承载了人大学者立足创新，致力于建设学术高地和咨询智库的学术责任和社会关怀；研究报告是一种研究模式，它以相关领域指标和统计数据为基础，评估现状，预测未来，推动人文社会科学研究成果的转化应用；研究报告还是一种学术品牌，它持续聚焦经济社会发展中的热点、焦点和重大战略问题，以扎实有力的研究成果服务于党和政府以及企业的计划、决策，服务于专门领域的研究，并以其专题性、周期性和翔实性赢得读者的识别与关注。

中国人民大学推出“研究报告系列”，有自己的学术积淀和学术思考。我校素以人文社会科学见长，注重学术研究咨政育人、服务社会的作用，曾陆续推出若干有影响力的研究报告。譬如自2002年始，我们组织跨学科课题组研究编写的《中国经济发展研究报告》、《中国社会发展研究报告》、《中国人文社会科学发展研究报告》，紧密联系和真实反映我国经济、社会和人文社会科学发展领域的重大现实问题，十年不辍，近年又推出《中国法律发展报告》等，与前三种合称为“四大报告”。此外还有一些散在的不同学科的专题研究报告也连续多年，在学界和社会上形成了一定的影响。这些研究报告都是观察分析、评估预测政治经济、社会文化等领域重大问题的专题研究，其中既有客观数据和事例，又有深度分析和战略预测，兼具实证性、前瞻性和学术性。我们把这些研究报告整合起来，与人民大学出版资源相结合，再做新的策划、征集、遴选，形成了这个“研究报告系列”，以期放大规模效应，扩展社会服务功能。这个系列是开放的，未来会依情势有所增减，使其动态成长。

中国人民大学推出“研究报告系列”，还具有关注学科建设、强化育人功能、推进协同创新等多重意义。作为连续性出版物，研究报告可以成为本学科学者展示、交流学术成果的平台。编写一部好的研究报告，通常需要集结力量，精诚携手，合作者随报告之连续而成为稳定团队，亦可增益学科实力。研究报告立足于丰厚素材，常常动员学生参与，可使他们在系统研究中得到学术训练，增长才干。此外，面向社会实践的研究报告必然要与政府、企业保持密切联系，关注社会的状况与需要，从而带动高校与行业企业、政府、学界以及国外科研机构之间的深度合作，收“协同创新”之效。

为适应信息化、数字化、网络化的发展趋势，中国人民大学的“研究报告系列”在出版纸质版本的同时将开发相应的文献数据库，形成丰富的数字资源，借助知识管理工具实现信息关联和知识挖掘，方便网络查询和跨专题检索，为广大读者提供方便适用的增值服务。

中国人民大学的“研究报告系列”是我们在整合科研力量，促进成果转化方面的新探索，我们将紧扣时代脉搏，敏锐捕捉经济社会发展的重点、热点、焦点问题，力争使每一种研究报告和整个系列都成为精品，都适应读者需要，从而铸造高质量的学术品牌、形成核心学术价值，更好地担当学术服务社会的职责。

目录

年度主题报告

年度专题报告

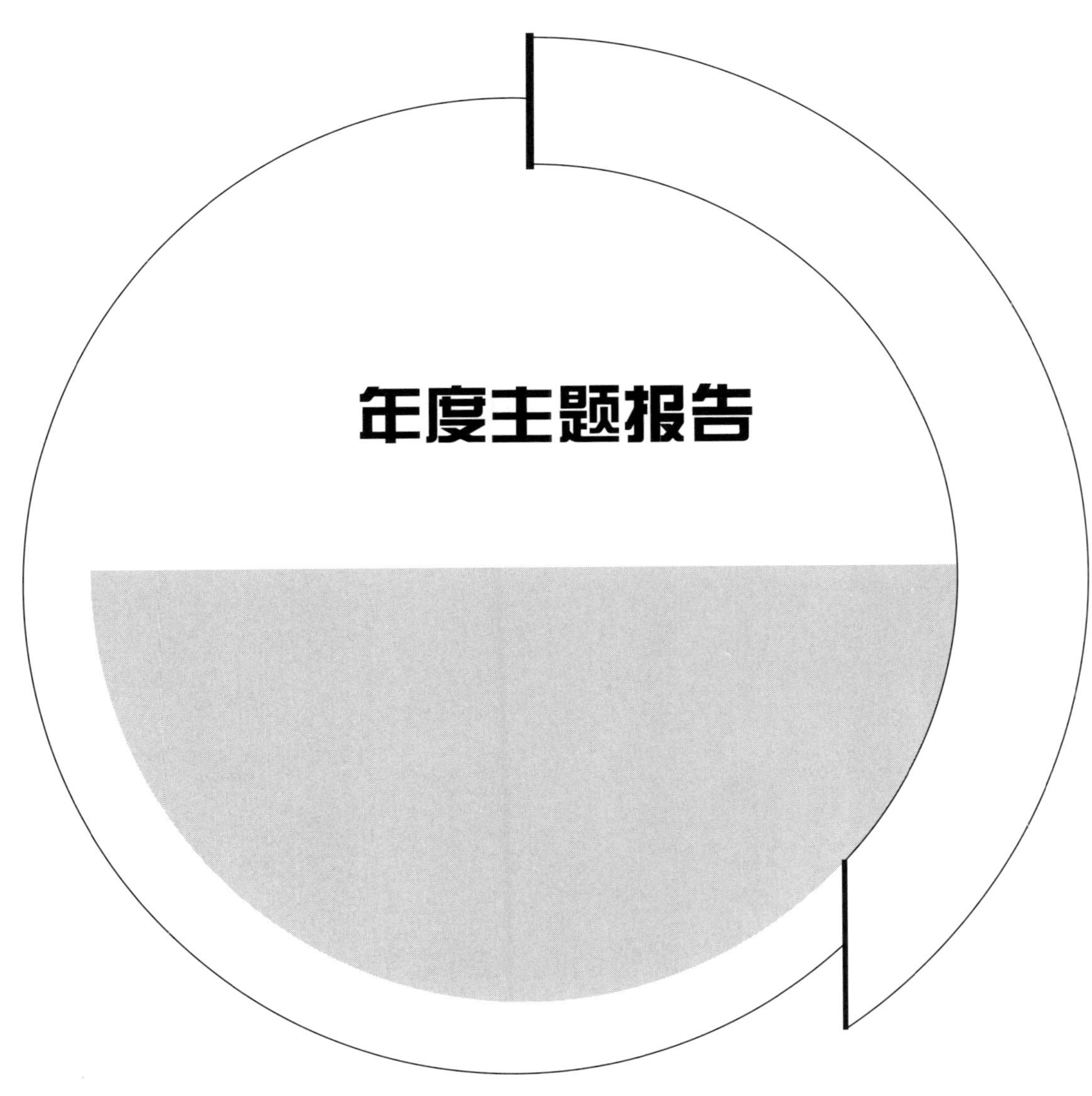

年度主题报告

第一章　网络空间的重组与分化：以微信“朋友圈”为例

网络化时代的到来催生了社会空间的新形式——网络空间。在网络化时代所引发的诸多变迁中，社会空间的生产变革具有独特的意义。网络化时代的社会空间，明显不同于工业社会的社会空间，它体现出独有的空间特征，即具有缺场交往的“脱域”特质，蕴含着网络权力逻辑的流动性特质，以及兼为民主政治领域和私人交往领域的赛博空间特质。网络空间虽然体现为缺场空间，却与实体在场空间有着密不可分的联系，这种相互联系正是在网络交往这一过程中生产出来的。本章以微信“朋友圈”为例，从互联网交往入手，探讨网络社会中网络空间与现实空间的交互作用，分析网络社会中的空间重组与分化的运作逻辑。从空间分析的角度来审视网络化所带来的深刻社会变迁，能够更好地揭示网络化时代的社会空间特质，也能够更加深入地剖析网络空间的运作模式和时代价值。

一、网络空间：社会空间的新形态

空间研究的社会学基础

自社会学创立以来，在西方社会就有一种倾向：过于强调时间和社会过程，忽略了人类社会的基本构成——空间。即重视时间视角下的历史过程，忽略空间视角，将之视为理所当然的背景。正如福柯等人所言，西方思维中有一种倾向，将时间视为动态和发展性的变量，将空间视为相对固定和沉寂的背景[①]。

在社会学学科的发展历程中，空间视角并非一直被忽视，空间研究也有其社会

① Michel Foucault，Jay Miskowiec. Of Other Spaces. Diacritics，1986，16：22-27.

学基础。比如，芝加哥社会学学派的第二代代表人物帕克、伯吉斯等人，就从社会生态学角度关注过城市空间研究，聚焦城市生活的生态过程。具体而言，他们提出了“完美的城市和理想的国家”① (a perfect city and an ideal state)的设计，对芝加哥城区进行了生态规划。帕克之所以关注城市空间问题，与他曾做过多年记者，对城市社会问题拥有诸多认识，并受过地理学教育有极大关系。遗憾的是，后续的社会学研究者缺乏对帕克空间研究的继承和延伸，空间视角在社会学学科中被当作理所当然的事实与背景而被长久悬置起来。例如米尔斯，他提出了“社会学的想象力”的概念，认为这种想象力强调抓住个人经历与历史的关联，并指出，知晓社会生活中个体的社会与历史意义非常重要②，却不重视对地理空间的关注。

近代很多社会学家的研究直接立足于空间，产生了丰硕的学术成果。论及空间研究，列斐伏尔首屈一指，他是对空间问题进行关注的理论先驱之一。大体而言，列斐伏尔是一个非正统的马克思主义哲学家，他将空间的组织视为物质产品，处理了城市主义的空间结构与社会过程的关系，标明了社会创造性空间的意识形态成分。他指出，尽管空间生产非预期后果可能会出现，但空间也会限制和影响生产它的人，空间通过人类本能实现生产和再生产③。作为马克思主义学者，他认为，资本主义保持增长，就是通过不断地占领空间，并创造空间来实现的④。由此可见，在列斐伏尔那里，空间极为重要，它不仅为社会关系所支持，而且由社会关系所生产⑤。他甚至指出，空间结构性力量在现代资本主义社会中发挥着决定性的和至关重要的作用。

在空间视角下，列斐伏尔甚为重视城市权利理念，这一理念对城市生活中的利益受损者而言，具有巨大的吸引力和动员性。随着资本主义的进一步发展，列斐伏尔认为，政府和市场的力量不断增长，渗透到城市生活的方方面面，形成了控制人们生活和消费的科层社会；由此，他倡导必须保护居民的城市权利，其内容涵盖保证城市公平正义、民主，以及民众的基本权利。

列斐伏尔的空间研究受到很多学者赞赏，哈维就是其中的一位。哈维虽然欣赏列斐伏尔的空间研究尝试，却未接受其主要结论。他认为列斐伏尔对空间过于重

① Dennis Smith. The Chicago School：A Liberal Critique of Capitalism. Houndmills，Basingstoke，Hampshire，and London：Macmillan Education LTD.，1988：113.

② Wright Mills C. The Sociological Imagination. New York：Oxford University Press，1959.

③ Harvey Molotch. The Space of Lefebvre. Theory and Society，1993，22：887.

④ Lefebvre，Henri. The Survival of Capitalism. Trans. F. Bryanit. London：Allison and Busby，1976：21.

⑤ Lefebvre，Henri. State，Space，World. Trans. Neil Brenner and Stuart Eldent. Minneapolis：University of Minnesota Press，2009：186.

视，甚至达到了“空间拜物教”（fetishism of space）的状态。他同时批判了米尔斯过于强调历史与时间，忽略空间、地点、区域、疆域和环境的观点，并提出了“空间意识”或“地理学想象力”（geographical imagination）的概念，他认为借助这种想象力，社会个体在个人经历中能够认识到空间和地点的角色，认识到自己和领域、社区之间的关系，能够在其他区域判断事件的合适性，也可以创造性地使用空间，并欣赏由他者创造的空间形式的意义[①]。

在“地理学想象力”指引之下，哈维探究了空间正义问题，并提出了“区域性非公正”（territorial injustice）的概念，由此不仅关注非正义空间产生的结果，也探究其演化的过程。哈维的研究发现：劳动、住房、房地产市场等商业正常化行动在财富再分配中会持续倾向富人，由此造成了城市生活中的区域不公平问题。概言之，哈维的空间研究视角经历了从自由主义命题向社会主义批判的转变历程，即从社会正义与城市的自由命题转向了社会主义批判，就此开拓了马克思主义地理学研究的新领域。

从哈维和列斐伏尔的空间研究来看，二者都关注城市空间研究，赞成城市权利赋予，但他们的区别是，给予城市空间的权重不同，在如何看待社会与空间过程的关系上存在差异。哈维更为强调诸如资本聚集等社会力量的作用，列斐伏尔则重视社会与空间的辩证平衡。

福柯在批判了西方思维中扬时间、抑空间的倾向以后，也展开了对空间的关注和探究。与列斐伏尔和哈维不同，他不再聚焦于庞大的城市空间，而是关注微观地理学的权力运行和社会控制过程。福柯注意到，在诸多微小空间中，比如公墓的位置迁移过程中[②]，空间、知识和权力并非相互排斥与分离，而是体现出彼此融合的态势。福柯的这一崭新视角将空间视为政治和特权、意识形态和文化融合、正义和非正义、压制性权力和解放的可能等多重要素聚集的综合体，为后世学者拓展微观空间研究奠定了基础。

沿袭列斐伏尔、哈维、福柯等人的空间研究传统，具有地理学教育背景的美国社会学家苏贾对空间视角进行了深入探究，并提出了“社会—空间辩证法”（socio-spatial dialectic）的研究进路。苏贾的“社会—空间辩证法”既不同于列斐伏尔对空间的过度依赖，也不同于哈维对空间中社会力量的重视，而是强调任何社会性事物都同时内在性地具备空间性，反之亦是如此，由此辩证地认为，生产的普遍性关

① David Harvey. The Sociological and Geographical Imaginations. International Journal of Politics，Culture，and Society，2005，18：212.

② Michel Foucault，Jay Miskowiec. Of Other Spaces. Diacritics，1986，16：25.

系的构成都是空间和社会彼此相互整合的结果[①]。由于空间在社会研究中处于被忽略的一维，苏贾强调了空间研究的重要性和前置性，但他进一步指出，这种空间的前置性并非意味着空间思维的孤立性，即与生活的社会和历史现实分离。因为空间性、社会性和历史性相互构成，无内在的优先次序[②]。苏贾的“社会—空间辩证法”在社会研究的本体论、认识论和方法论层面都产生了重要影响，尤其是对理解作为社会产品的空间如何植根于实践、规训权力和如何对意识形态发挥作用至关重要[③]。概言之，苏贾的空间研究经历了从空间意识、空间觉醒到批判性空间思维的转变，这一研究不仅提供了理解社会问题的空间视角，而且能够发现不公正的地理空间，这为理解城市社会的不公正问题提供了有益的研究思路。

从空间研究理论先驱的奠基性著作来看，他们不仅将空间视为重要的研究对象，用空间意识和空间批判性思维解释社会现象，而且聚焦于具体的社会空间，从空间视角解读社会问题的本质。列斐伏尔在社会与空间的辩证平衡中展开城市权利研究，他认为，在市场和权力不断侵入城市生活的背景之下，应该保障城市发展的公正、民主，城市居民的基本权利也必须得到保证。哈维同样关注城市权利，重视城市中的空间非正义问题。他聚焦于资本聚集等社会性力量，由此剖析城市非正义空间产生的结果与过程。福柯聚焦于微观的生活情境空间，探究其中的权力运作和社会控制过程，从而剖析权力与控制的社会本质。苏贾的“社会—空间辩证法”为分析城市空间中的不平等提供了方法论工具，他以洛杉矶公交车乘客联盟（BRU）为例，剖析了城市弱者的权利实现路径，这也为分析中国城市化进程中的弱势群体权利维护问题提供了研究借鉴。

人类社会的基本存在离不开三个本体论本质：时间、空间和社会过程。时间与空间，以及与之相关的更为完整的社会建构性的地理和历史要素，是构成物理和社会世界最为重要和全面的要素与特征[④]。空间不应该被视为理所当然的变量，也不应被看作僵硬而沉寂的背景，而应该成为直接的研究对象，成为学者解释世界和理解生活的理论工具和研究视角。在城市化日趋深化的中国，尤其是空间极速压缩的中国网络社会更是如此。

互联网时代社会空间的特质

在飞速发展的中国网络化社会，空间更难与时间、社会过程相剥离。正如萨义

① Edward W. Soja. The Socio-Spatial Dialectic. Annals of the Association of American Geographers，1980，70：208.

② Edward W. Soja. Seeking Spatial Justice. MN：University of Minnesota Press，2010：18.

③ Santa Arias. Rethinking Space：An Outsider's View of the Spatial Turn. GeoJournal，2010，75：30.

④ 同②15.

德所言，任何人都摆脱不了地理限制，也没有人能不与地理抗争[①]。由于空间之于人类的本体论属性，任何社会性事物都不可能离开空间，而在真空中产生与演化。这里强调空间，并非单纯指涉物理空间，也不聚焦精神空间，而是强调其多维性和综合性。正如苏贾对空间的界定，空间并非空洞无物，而是充满了政治、意识形态和其他塑造我们生活、挑战我们卷入地理抗争的各种力量[②]。由此可见，空间既有实体性和物理性，又有精神性和文化性，并与历史过程和社会过程紧密关联，构成了人类社会生活的本质要素。而在互联网时代，空间呈现出了较以往社会实体空间更多的特性，这突出表现为：空间中的缺场交往"脱域"特质、蕴含着网络权力逻辑的流动性特质，以及兼为民主政治领域和私人交往领域的赛博空间特质。

缺场空间与脱域性交往。社会空间在网络化的推动下发生了空间的分化。刘少杰把空间分为在场空间和缺场空间，并指出，网络社会的一部分存在于在场空间中，另一部分则存在于缺场空间中[③]。"和面对面的社会交往不同，人们利用网络技术开展的交往行为，是一种隐匿了身体存在的缺场交往。"[④] 在面对面的交流中，信息传递和意义传达被局限在当地狭小的社会结构和文化意义结构之中。而在网络缺场交往中，社会结构和文化意义结构变成了扁平状的宏大整体，信息受众也失去了实体性，需要信息传递者对其进行想象。更为重要的是，网民大众获得了表达和选择的自由，可以自主地筛选信息和进行自我表达，实现了网络空间的双向交流。

吉登斯在研究现代性、时间与空间的关系时指出，"在前现代社会，空间和地点总是一致的，因为对大多数人来说，在大多数情况下，社会生活的空间维度都是受'在场'，即地域性活动支配的，而现代性的来临，通过对'缺场'的各种其他要素的孕育，日益把空间从地点分离了出来"[⑤]。吉登斯进一步指出，时空分离使得社会生活在无限时间、空间范围内无限延伸成为可能，这为时空自由重组提供了条件，促使更为广阔的社会体系出现。脱域机制则使社会行动得以从地域化情境中抽取出来，并跨越广阔的时间、空间去重组新的社会关系。在网络社会中，人们的脱域性交往更加明显。脱域性交往超越了实体环境的限制，能够将特定实体环境中不能随意表达的价值信念和批评言论表达出来[⑥]。网络化时代的社会空间在一定程度上脱离了"在场"的地域、制度和文化方面的限制，实现了空间的再造。

---

① Edward Said. Culture and Imperialism. New York：Knopf/Random House，1993.

② Edward W. Soja. Seeking Spatial Justice. MN：University of Minnesota Press，2010：19.

③ 刘少杰. 网络化时代的社会空间分化与冲突. 社会学评论，2013（1）.

④ 刘少杰. 网络化时代的社会结构变迁. 学术月刊，2012（10）.

⑤ 吉登斯. 现代性的后果. 田禾，译. 南京：译林出版社，2000：16.

⑥ 同④.

所谓脱域性交往，亦被称为缺场社会互动，它与传统的面对面的社会互动方式不同，互动双方打破了地理空间的限制，在身体不在场的情况下仍然可以进行社会互动。脱域性交往被视为网络空间独有的、区别于现实空间的重要特征。虽然脱域性交往隐匿身体并超越了现实空间，但其并非完全脱离在场事物而虚拟化，其实质不过是在场交往中包含的某些内容的复杂表现。而且，形似虚拟的网络社会更加真实，甚至比在场社会还真实，社会成员更容易形成共识①。特别是一些被边缘化的社会群体，他们在网络空间中更容易产生新的社会认同。

空间的流动性与网络权力逻辑。卡斯特把网络空间描述为“流动的空间”，即“网络化时代被认为是地理的终结。事实上，因特网有自己的地理，它是由处理从位置产生信息流动的网络和节点组成的。这个单位就是网络，所以多个网络的结构和动力是每个位置意义和功能的源泉。它导致了流动空间这样一个新的空间形态的产生，这也是网络化时代的特征，但这并不是没有位置：它借由电信电脑网络和电脑传输系统连接位置。它重新定义了距离，但是并没有取消地理。新的领土结构从全球信息流动的几何学来同时处理空间的集中、分散和连接的过程中出现”②。“流动空间”概念下的空间变革，能与“位置”这一传统的空间概念相互作用，而个体就是在所属的具体网络中从其占据“位置”的角色中获得意义和功能。

网络空间这种流动的形态，在现代化和全球化进程中是必然的。鲍曼将当代社会的形态喻为“流动的现代性”③。对应迟缓和笨重，流动意味着快速和轻灵。虽然鲍曼的本意是，对比迟缓的传统农业社会中的农耕劳作与笨重的大工业时代机器生产，当代资本主义精确、快速、灵活化、定制化的生产方式，产生了速度加快与质量减轻的效果，使得社会朝向一种“轻若无物”的方向发展；但是，“流动的现代性”对权力的生产同样适用。互联网的出现，无疑是目前“速度”和“轻量”发展到最高程度的集中体现。在网络与现实结合的空间中，信息的传递最快可以达到光速；信息技术的出现，使得人与人之间互动的中介轻到极点。从这个意义看，网络社会是将鲍曼的上述比喻发展到极致的崭新社会形态。

“流动的现代性”不仅重新定义了速度和重量，还扩大了行动者的行动场景，这就使得缺场之物、缺场之行动愈来愈常见。于是，在信息技术高速发展的背景下，传统的地理边界被打破，信息以前所未有的“速度”和“轻量”进行传递和分

① 刘少杰．网络化时代的社会结构变迁．学术月刊，2012（10）．

② 卡斯特．网络星河：对互联网、商业和社会的反思．郑波，武炜，译．北京：社会科学文献出版社，2007：224．

③ 鲍曼．流动的现代性．欧阳景根，译．上海：上海三联书店，2002．

享，权力的运作可以普遍地以一种“缺场”的方式存在。这就使得网络社会权力也展现出崭新的运作方式。在网络社会中，不仅在空间维度和时间维度上，权力实现了其流动性；权力还不停地流动于各个网络“位置”之间。于是，网络权力以光速在人与人之间的互动中生成、流转和聚集，比实体权力更具生命力、更富有效性，也往往会比实体权力产生更大的爆发力和能量。就像卡斯特论述的那样，在网络社会中“流动的权力”胜于“权力的流动”[①]。

兼为民主政治领域和私人交往领域的赛博空间。凯尔纳认为当前计算机技术的发展构建起了一个新的民主政治领域，即赛博空间。与传统资产阶级公共领域相比，赛博空间让越来越多的边缘人群参与其中。在凯尔纳看来，互联网使得权力下放，具有技术素养的活跃公民能够很好地参与到新的民主政治领域当中，如果民主化和社会正义的力量想要成为未来文化和政治斗争的玩家，他们必须想方设法使用新技术来推进一个激进的民主议程。这种使用新技术来干预资本主义全球建构的运动和方法展现了“技术政治”（technopolitics）在网络社会中的特殊意义[②]。将赛博空间视为新的民主政治领域突出了网络化时代社会空间参与的平等性，这是从网络空间的公共性角度做出的阐述。

互联网有属于个人寓居场所的个人空间，个体可以对自己的个人空间进行美化并在其中发表言论，而网络空间的开放性又使得公众可以自由访问他人的个人空间，因而在网络人际传播之中，个人空间与公共空间并没有明确的划分。个人空间的私人信息可以借助网络新媒体在网络公共空间传播，网络用户也可以在自己的个人空间发布公共议题，吸引其他网民进行讨论，这使得个人空间又具有了公共领域的属性。

Web 2.0 的出现使得网络交流的方式越来越凸显出社会化和人际化特征[③]。尤其是微博、微信的出现，其“零进入壁垒”的特征为个人参与公共领域的讨论甚至

---

① 卡斯特. 网络社会的崛起. 夏铸九，王志弘，等译. 北京：社会科学文献出版社，2001：66－568. 在《网络社会的崛起》英文原文中，“流动的权力胜于权力的流动”一句的表达是：“The power of flows takes precedence over the flows of power”。可见，卡斯特的权力观和当代社会学的关系性权力观是一致的。但是，卡氏对网络权力的论述更进了一步。他提出了“流动的权力”（the power of flows），意指网络权力中的“网格化逻辑”（the networking logic）展现出了权力的强大能量，直接用流动性定义了网络权力这种权力的新形式。并且，卡氏直接给出了如下判断：这种以流动性为特征的网络权力，明显地超越了经由网络流动表现出来的其他权力形式。

② Douglas Kellner. Globalisation，Technopolitics and Revolution，Theoria：A Journal of Social and Political Theory. The West in Crisis：Technology，Reason，Culture，2001，98：14－34.

③ 在 Web 1.0 时代，Web 只是一个针对人的阅读的发布平台，Web 由一个个的超文本链接而成。在 Web 2.0 时代，Web 不仅仅是 Html 文档的天下，而且是交互的场所。而 Web 2.0 具备的要素有：“用户具有把数据在网站系统内外倒腾的能力；用户能够在网站系统内拥有自己的数据；所有的功能都能经由浏览器完成，完全是基于 Web。”这些要素归根结底都落在了“人”上，人机交互、用户体验成为主流，微博即是 Web 2.0 的典型代表。参见百度文库“Web 1.0 与 web 2.0 的区别”，http：//wenku. baidu. com/view/707b3df04693daef5ef73dd0. html。

在公共领域内行动提供了极大的可能性。孙立平将中国社会描述为“几块石头加一盘散沙”，“几块石头”是指经济精英、政治精英和知识精英结成的巩固的联盟，“一盘散沙”是指社会大众，两者争取自己利益的能力高度失衡[①]。孕育着互联网价值的网络社会，改变了这一现状。互联网价值不是一个简单的技术属性，而是伴随着网络技术革命带来的社会变迁，网络空间作为公共领域被赋予了时代价值。互联网价值的基本内容体现为：网络空间的广阔和开放，网络文化的去中心化和共享性，网民的平等主动参与。同时，互联网价值不仅仅表现为网络技术革命所带来的时代价值，还表现为对普通网民力量的尊重的精神内核，因此其价值基础是网民大众最基本的文化价值信念。互联网价值如同“看不见的手”，凝聚着原子化的个人，推动着网络社会的发展，促进着社会的进步。

在回答网络空间特质的问题上，我们综合了网络空间的前沿性研究，分别突出了网络空间的脱域性、流动性和公共性。这些研究为我们更好地理解网络空间提供了理论话语：“脱域性”突出了缺场交往对原有在场交往的结构制约的打破，“流动性”突出了空间的流动特质背后的沟通权力模式以及网络权力崛起的可能，“公共性”突出了技术政治在网络社会中的特殊性。

“如今，对生产的分析显示我们已经由空间中事物的生产转向空间本身的生产”[②]。列斐伏尔这句经典名言已经引领了一大批学者转向资本主义的空间生产研究。与列斐伏尔所关注的都市空间不同，网络社会引发了空间生产的新形态，空间的生产已经部分跨越了地域性、制度性、时间性的局限，在流动的空间里进行着扩大再生产。列斐伏尔空间生产理论的重要启示在于：对社会空间特质的把握，要更加重视空间中的生产性，注重挖掘网络空间的生产性与其他空间的生产性有何不同。微信朋友圈的发展历程就向我们呈现了一个独特而完整的网络空间的生产全过程。在其中，不仅展现了网络空间的生产性与其他空间的差异性，而且也显示了在中国的文化土壤中网络空间重组和分化的独特过程。

二、微信朋友圈的发展历程

列斐伏尔指出，尽管任何空间都有其地理特殊性，其形成过程也与自然基础有关，但自然的空间（natural space）已经无可挽回地消失了，今天我们置身其中的

---

① 胡泳. 众声喧哗：网络时代的个人表达与公共讨论. 桂林：广西师范大学出版社，2008：301.

② Lefebvr. Space：Social Product and Use Value//Brenner，N&S，Elden. State，Space，World：Selected Essays. Minneapolis：University of Minnesota Press，2009：285-295.

空间——尤其是城市空间——是社会性的。空间的社会性表现在两个方面：其一，空间弥漫着各种社会关系，它是社会实践展开的场所与中介，标识了实践的范围与边界，能对其产生重要影响；其二，空间是在历史的、政治的过程中被形塑的，其中充满了符号、意义与意识形态，因此不能将空间想象成客观的、中性的东西，而应该在“生产”的语境下去描述它①。

微信（WeChat）是腾讯公司于2011年推出的一个为智能终端提供即时通信服务的免费应用程序，微信用户可以通过网络快速发送语音短信、文字、图片和视频等。微信相册、朋友圈分享、微信公众号等是广为使用的微信功能。用户通过微信相册可以发布图片，并附上文字描述，微信好友可以点“赞”或用文字点评；用户可以转发其他网站文章，微信好友可以阅读或进一步分享；微信公众号可以不定期地更新信息，用户加关注后会收到更新提示，可以将文章发到自己的朋友圈或发给其他微信好友。

在互联网技术层面，微信是个伟大的产品。现在，微信作为一个平台型的产品，集成了众多丰富的、具有不同功能的、能给用户带来不同体验的模块和工具，已经成为腾讯公司最重要的移动互联网的入口。同时，在社会层面，作为一款用户已近10亿②的互联网交流工具，微信已经融入人们的生活，并逐步影响着人们的生活方式。而且，微信朋友圈呈现着互联网时代空间的社会性：朋友圈维系和重塑着社会关系，并在其发展中不断生产着社会性的空间。在以微信朋友圈为例，具体研究网络社会中网络空间与现实空间的交互作用，以及网络社会中空间重组与分化的具体逻辑之前，本部分将对微信朋友圈的发展历程进行系统性的梳理。

移动社交的发展：朋友圈的前期准备

2011年1月微信版本发布，作为一款移动通信软件，从零用户到1亿用户，微信只用了一年，而从1亿用户到2亿用户微信仅用了不到半年的时间。截至2017年6月底，微信已经积累用户9.63亿，而与此同时，QQ月活跃账户数下降了5.4%，目前为8.50亿，QQ已经被微信彻底甩开③。以时间节点计算，微信的用

① Lefebvre. Space：Social Product and Use Value//Brenner，N & S，Elden. State，Space，World：Selected Essays. Minneapolis：University of Minnesota Press，2009：285-295.

② 根据腾讯发布的2017年第二季度财报，截至2017年6月底，微信和WeChat的合并月活跃账户数达到9.63亿，比上年同期增长19.5%。微信用户数达9.63亿！腾讯2017第二季度净利润164亿元.（2017-08-16）. http://www.techweb.com.cn/internet/2017-08-16/2574449.shtml.

③ 微信用户数达9.63亿！腾讯2017第二季度净利润164亿元.（2017-08-16）. http://www.techweb.com.cn/internet/2017-08-16/2574449.shtml.

户数量呈现的是节节高升的良好态势。这种近乎野蛮式的增长奠定了微信作为移动通信软件的垄断地位。庞大的用户数量彻底地改变了传统的人际互动方式和空间生产方式，基于真实关系的线上缺场交往重新定义了人际互动的方式和内容，也实现了网络社会中的空间重组与分化。

本章所讨论的微信“朋友圈”，不仅指微信这款即时通信软件设计中所包含的朋友圈功能，还包括微信群组聊天。朋友圈功能是微信版本的新功能，是用户展示自己生活的窗口，用户可以将自己相册里的照片分享到朋友圈，其好友也可以看到。朋友圈的突出特征在于照片评论以及回复只有相互认识的人才能看到，这一点区别于人人网、QQ空间等平台，体现的正是一个“圈子”的概念。只有同一个圈子里相互认识的人才能够看到彼此交流回复，这一点所体现的正是现实社交圈的重现。从在朋友圈发布照片到照片的评论、回复、点赞，实现了由一对多发布信息到一对一交流信息的转换，这使得交流更具私密性、具体性、真实性。而本文所言微信“朋友圈”是指除此之外，依托微信这一即时通信平台所形成的对于现实人际关系的重现建构，包括收发信息、朋友之间的交流通信。

谈及微信的诞生背景和微信朋友圈的前期准备，不能不说除了腾讯团队的技术努力之外，移动互联网的发展和智能手机的普及也为微信的出现、发展和普及提供了技术支持。

如图1-1所示，从2012年到2016年，中国手机网民规模稳步扩大。截至2017年6月，我国手机网民规模达7.24亿，较2016年底增加2 830万人。网民中使用手机上网的比例由2016年底的95.1%提升至96.3%，手机上网比例持续提升[①]。智能手机愈发受到重视，已经成为我国移动互联网发展的重要载体。而智能手机的普及和移动互联网技术的日趋成熟，软件和硬件的相互促进发展又为微信产生、发展提供了重要条件。

随着移动互联网平台的逐步稳固和智能手机的大范围普及，微信作为集合通信、社交、娱乐于一体的应用软件，一方面凭借对于用户需求的精准把握，另一方面借助移动互联网平台的迅猛发展，在短短几年时间内迅速斩获近10亿用户。使用者从定制短信包到定制流量包的转变，是移动互联网时代发展最为直接的体现，而微信也正是抓住了这一发展契机，瞄准“语音即时通信”这一靶心，在移动互联网时代应运而生，顺势而为，成为移动互联网的新入口。微信是迄今最为节省流量的移动社交工具。因此，可以说移动互联网平台的持续发展，为微信的诞生奠定了重要的基础。

---

① 中国互联网络信息中心. 第40次中国互联网络发展状况统计报告.（2017-08-04）. http://cnnic.cn/gywm/xwzx/rdxw/201708/t20170804_69449.htm.

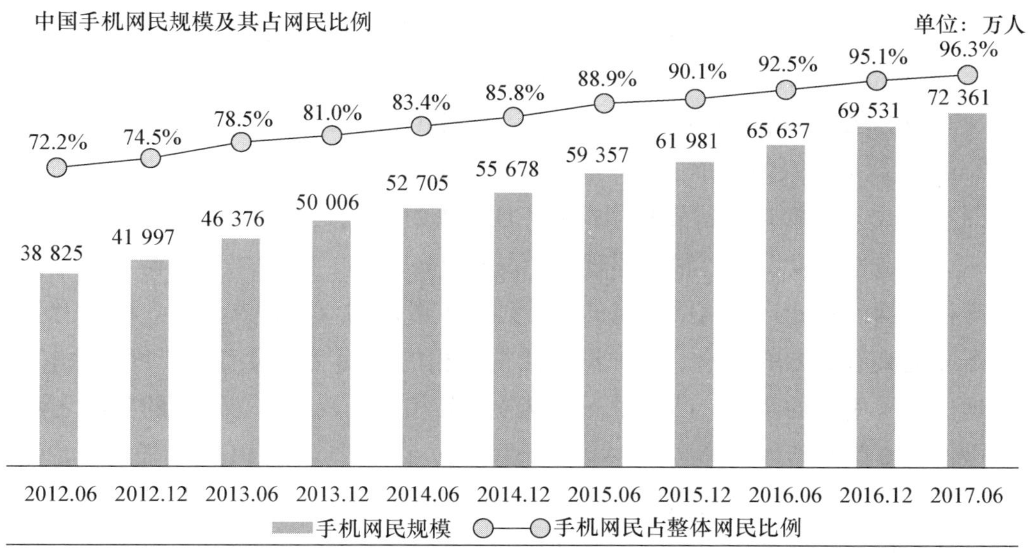

图 1-1 中国手机网民规模及其占网民比例变化趋势（2012 年 6 月—2017 年 6 月）

资料来源：中国互联网络信息中心．第 40 次中国互联网络发展状况统计报告.（2017-08-04)．http://cnnic.cn/gywm/xwzx/rdxw/201708/t2017-08-04_69449.htm.

社交平台的建立：“朋友圈”的正式出现

2010 年，腾讯广州研发小团队只用了不到 4 个月，就完成了微信 iOS 1.0 版本的开发，微信 1.0 于 2011 年 1 月 21 日正式发布。1.0 版界面非常简洁，功能也非常简单，主要包括文字即时通信、照片分享、更换用户头像 3 个方面。最初的微信，被定义为一款通知工具，主要有 3 个功能：联系人发信息时通知，QQ 邮箱、QQ 离线消息有新条目时通知，在腾讯微博上收到私信时通知。虽然功能简单，但是，这种跨平台交流、极速轻快的楼层式对话和便捷的图片分享功能给用户带来了非常良好的体验。

随着 iPhone 4 的发布，智能手机以革命之势席卷了整个手机市场。微信研发团队开始意识到，有必要试着挖掘智能手机平台的各种可能，摸准移动互联网应用的脉搏，不断尝试利用手机天然的能力做出机制简单且自然的应用。于是，经过微信团队研发人员一个多月的努力，微信 2.0 语音版终于在 2011 年 5 月初发布。随后的微信 2.5 版本还增添了一个重要的增加用户的方式——查找附近的人。通过查找附近的人，用户很轻松地就能找到身边其他正在使用微信的人。

2011 年 10 月，微信研发团队又发布了包含摇一摇和漂流瓶两个新功能的微信

3.0 版本。摇一摇和漂流瓶这两个功能，相当于给微信这个基于熟人关系的通信工具增加了陌生人社交的功能，添加了一种新的基于移动互联网的交友方式，使产品具备了有趣好玩的特性，增加了用户互动，保持了用户黏性。

2012 年 5 月，微信发布了 4.0 版本，该版本的主要更新包括两个方面：增加了朋友圈和开放 API 接口。首先是朋友圈，朋友圈可以说是张小龙带领的微信研发团队的一个创造性的发明，有很多体现其产品情怀的细节。与脸书、微博、博客（空间）等社交网站不同，微信朋友圈的设计延续了微信的双向好友关系，即只有互相是好友才能查看对方的评论。这种设计使得互相的人际交往没有向二度关系扩散，有效地保护了用户的隐私，凸显了微信这款产品相对于其他社交产品的独特之处。

微信 4.0 版本新增的第二个主要功能是开放 API 接口。API 接口开放后，微信支持从第三方应用向微信通讯录里的朋友分享音乐、新闻、美食、摄影等消息内容扩展，从而进一步增加用户之间的互动，同时 API 接口的开放有可能使微信在将来成为一个强大的移动应用平台。2012 年 7 月，微信公众平台开始内测，从此微信从一个成功的产品演变为一个真正的平台，就此也开启了微信的商业化进程。

可以说，微信 4.0 版本，尤其是朋友圈功能，实现了微信这一互联网产品的革命性变革。作为一款产品，通过朋友之间的 UGC① 与频繁互动来增加用户的活跃度，保持用户的黏性，它成功创造了吸引熟悉朋友之间互动的卖点。在更深远的意义上，正是在移动互联网条件下，全新的朋友互动方式的塑造和智能手机终端上社会性空间的营造，为网络社会的交往方式和空间生产方式创造出了新的发展机遇。

公众平台升级："朋友圈"进一步发展

在微信 4.0 版本的交往方式和社会性空间发生剧变之后，微信的版本进一步升级，微信"朋友圈"进一步渗透到现代人生活的方方面面。可以说，微信发展到现在，已经在很大程度上改变了现代人的交往方式乃至生产生活方式。

2013 年 8 月 9 日，微信发布了它的 5.0 版本。这一版本中，微信研发团队对微信的公众平台进行了升级，将其分为订阅号和服务号。订阅号主要为用户提供信息和咨询，为媒体和个人提供了一种新的信息传播方式，同时也满足了用户在微信上阅读长文的需求。服务号旨在为用户提供服务，企业和组织可以利用它自定义菜单，并获得如支付等高级接口的使用权限，服务号给企业和组织提供了更强大的业

① UGC（User Generated Content）指用户原创内容，是伴随着以提倡个性化为主要特点的 Web 2.0 概念而兴起的。它并不是某一种具体的业务，而是一种用户使用互联网的新方式，即由原来的以下载为主变成下载和上传并重。

务服务能力与用户管理能力。为了避免过多的订阅号信息对用户产生干扰，微信产品团队还分别对两类公众号做了特殊规定和设计，如分别规定了每天的消息发送条数，并特别对订阅号的消息做了折叠设计。

5.0 版的微信还增加了表情商店、扫一扫、收藏、游戏中心、微信支付等功能。首先是表情商店，在这里有各式各样的表情供用户选择，能够满足用户的视觉化沟通需求。其次是扫一扫功能，用户可以扫条码、图书和 CD 封面、街景，还可以翻译英文单词。扫条码、扫图书和 CD 封面成为用户查看购买商品的入口，扫街景增加了产品的趣味性。再次是游戏中心，在这里用户可以和自己朋友圈的朋友们一起玩游戏。打飞机、连连看等再普通不过的游戏，由于朋友排行榜的存在，也变得像病毒一样在“朋友圈”疯狂传播着。最后是支付功能，5.0 版本中首次出现的“微信支付”功能正式开启了微信商业化的大门。通过绑定银行卡用户可以在公众号、扫二维码、App 中实现一键支付，如此就满足了用户快速便捷安全的移动支付需求。

2014 年春节前夕，微信 5.2 版本发布，微信群中抢新年红包成为微信新玩法，并随着春节假期的到来达到高潮。用户在微信群中疯狂抢红包，很多用户为抢红包、发红包而在微信支付中绑定了储蓄卡，微信支付的用户增长形成了一个高潮。春节过后，微信支付的新用户在很短的时间内呈几何级数增长。

截至 2017 年 12 月 14 日，微信的最新版本已经到了 6.5.24 版本。微信自 2014 年 10 月 14 日发布 6.0 版本之后，其更新换代的速度逐渐放缓。从 2011 年 1 月 21 日微信正式推出至今，微信像一张大网，将每个人同其他人紧密地连接在一起。微信客户端通过语音通话、摇一摇、附近的人、小视频、朋友圈分享等基础服务功能，让地理上的距离不再是人与人交流的障碍。同时，公众订阅号的推出，让普通的个体，也有自己的品牌。大量自媒体的涌现，使得普通资讯的生产、发行和消费摆脱了传统印刷技术和 PC 互联网的桎梏，信息在“朋友圈”中传播的效率显著提升。可以说，微信使得网络社会人们的交往方式和交往空间发生了根本性的变化，“连接一切”正在成为现实。

“微信，是一个生活方式”，这是微信官网的广告语。从图 1－2 我们可以看到，从 2015 年到 2016 年，微信用户的日均使用时长显著增长，2016 年每天使用微信时间达到 4 个小时及以上的用户有近 4 成。可见，微信正在像水和电一样渗入人们日常生活的方方面面，日渐成为网络社会人们日常生活不可或缺的组成部分。

微信发展到今天，网络社会中的大多数人已经形成了如此的生活常态：时刻关注微信朋友圈动态，甚至睡前的最后一件事和醒后的第一件事就是翻看朋友圈；乐

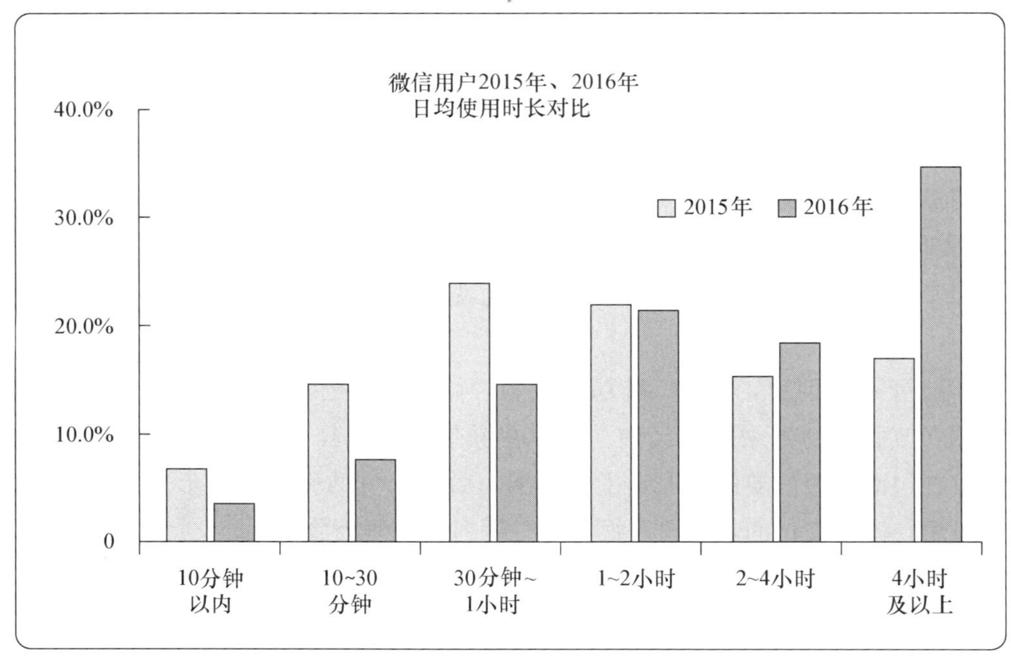

图 1－2　微信用户 2015 年和 2016 年日均使用时长对比图

于玩开心消消乐、欢乐斗地主、王者荣耀这类微信平台推出的游戏，并关注朋友圈好友排名；将微信阅读当作消磨时光的手段，离开手机或微信便感到空虚无聊；如果没有新的信息或存在未读信息，便可能产生紧张不安之感；常常以微信信息中的观点认识事物，甚至以此指导个人生活；抢微信红包、微信支付已经成为生活不可缺少的部分；等等。微信的快速发展以及用户对朋友圈消息、微信阅读等的高度依赖的事实，意味着微信生活的兴起不仅体现了互联网技术的进步，而且重塑了现代人的交往方式乃至生活方式。

微信“朋友圈”的出现与发展，展现了现代人的交往方式乃至生活方式的变革，体现了时间和空间的最大程度压缩，彰显了虚拟空间和现实空间重组和再造的神奇过程，也蕴含了网络社会空间生产的独特逻辑。而这些正是接下来我们借助微信“朋友圈”这一典型案例所要探讨的重要问题。

三、微信“朋友圈”中空间的重组与分化

随着网络社会的出现，过往的社会空间开始了自身新的位移，原本的位置、地点要素在网络社会中变得更具流动性，整个网络社会空间成为一个没有社会边界，没有阶级、身份、地点、时间限制的虚拟与现实空间的融合体。吉登斯提出了“时空延伸”，认为网络社会模糊了全球性与地方性之间的界限，导致了地理空间与时空的分离、时间与空间的无限延伸，导致了社会生活因不断重组而构建[①]。哈维则运用“时空压缩”的概念，概括了人类状态参数的多层面改变[②]。在网络社会空间中，时空延伸与时空压缩以并存的形式出现。在福柯看来，网络社会空间内的主体始终处于漂浮的状态，悬置于不同的位置与场景之中，呈现一种流动的状态[③]。卡斯特也运用流动空间的概念来描绘网络社会的空间特质[④]。

在网络社会，纯粹的互联网物理空间已不存在，存在的是一种社会实践中的新的网络——社会空间。微信作为中国互联网时代的产物，尤其是移动互联网时代的标志性应用平台产品，印证了上述理论家对于网络社会空间变迁的判断。尤其是微信所具有的朋友圈功能，以及微信群组聊天共同组成的微信“朋友圈”，从空间的视角维系和重塑了网络社会的社会关系，并在其发展中不断生产着社会性的空间。

个体化趋势和圈子文化并存的社会空间

二战以后，尤其是 20 世纪 50 年代以后，西方发达国家的个体化进程开始了。人们日益从工业社会的模式——阶级、阶层、家庭、性别身份——中脱离出来。由此带来的是生活方式的多样化和个体化，个体自身成为社会性的再生产单位。“无论在家庭中还是在家庭外，个体都变成了他们教育的和以市场为中介的生存以及相关的生活计划和组织的能动因素。生涯自身获得了一种反思性的规划。”[⑤]

而工业化正是现代人个体化趋势出现的重要原因。“在晚期现代性中，个体化

① Giddens Antony. The Constitution of Society：Outline of the Theory of Structuration. Berkeley：University of California Press，1984：110－126.

② David Harvey. The Condition of Postmodernity：An Enquiery into the Origins of Culture Change. Oxford：Blackwell Publishers Ltd.，1990：98.

③ Foucault. Sex，Power，and the Politics Identity. New York：The New Press，1991：231.

④ 卡斯特. 网络社会的崛起. 夏铸九，王志弘，等译. 北京：社会科学文献出版社，2001：384.

⑤ 贝克. 风险社会. 何博闻，译. 南京：译林出版社，2004：109.

是劳动市场的产物，并且在不同工作技能的获得、提供和使用中表现出来。”[①] 具体来说，劳动力市场所要求的教育资格、职业流动和同等者之间的竞争构成了个体化的推动力。此外，日益提高的生活标准和收入、劳动关系的司法仲裁、新的城市规划等也推动了个体化。由此，我们看到，步入现代社会以后，其制度本身的运作也要求一种个体化。

人类社会进入网络时代以后，社会生活个体化进一步加剧。电子产品、电视等深层次的技术趋势正使我们利用闲暇时间的方式更“私人化”和“个体化”[②]。正像胡泳曾在《人民日报》上指出的那样，当代中国正经历着从“个人计算机”阶段向“个人互联网”时代的转型[③]。“个人互联网”时代的来临，宣告了网络社会个体化进程的加快。我国以前通过组织（单位、协会等）来联络个人的模式逐渐失效，互联网令“我们现在的联络，正越来越多地依靠个人活动、网上联系与自发的网下会晤以及与熟人、朋友的朋友和陌生人之间的偶然碰面”[④]。个人越发积极地规划着自我的生活，个体也不再完全依附现有机构和非正式的团体，现实和虚拟社会都因之而变得更具流动性、更加自由无拘。李强进一步提出：一方面，计划生育政策令我国家庭逐步小型化，在互联网的催动下，网络社会个体化的倾向会日益凸显；另一方面，由于互联网起源于资本主义国家，它与西方社会的个人主义文化和机构设置相互契合，这便给强调整体主义的中国传统文化和社会关系带来了根本性的冲击[⑤]。

作为移动互联网时代的典型代表，微信无疑继续着中国网络社会的个体化趋势，甚至可以说代表着“个人移动互联网”时代的来临。“缺场交往”发展到极致，个体甚至无须坐在电脑前，就可以随时随地通过智能手机终端上的微信应用，查看“朋友圈”的消息、信息，发起以个人为核心的一对一或者一对多的联络，完全摆脱了空间的限制。

需要注意的是，以微信为代表的我国网络社会的个体化体现了“流动性”和“群聚性”的混合特征。在本土“差序格局”的影响下，经历个体化之后的网民呈现出了“小圈子”式的聚合，虚拟的圈子虽仍具封闭性，但它毕竟不再是乡土情境中的地缘或血缘联合体，而“流动的群聚”却成为网络社会个体化中的网民连接新方式。微信“朋友圈”这种个体化趋势和圈子文化并存的空间特性，在它与微博等

---

① Giddens Anthony. The Constitution of Society: Outline of the Theory of Structuration. Berkeley: University of California Press, 1984: 110-126.

② 普特南. 独自打保龄球：美国下降的社会资本. 规划师，2002（8）.

③ 胡泳. 应对互联网的个人化趋势. 人民日报，2010-01-19.

④ 胡泳. 网络个体化，个体网络化. IT 经理世界，2012（11）.

⑤ 李强，刘强. 互联网与转型中国. 北京：社会科学文献出版社，2014：2.

其他互联网交流平台的对比中，凸显得更加清楚。

与微博等互联网公共平台不同，微信融合人际传播与群体传播于一身，即微信是一对一、点对点的传播，目标群体更具有针对性。微信以“朋友圈”为基本架构，以QQ好友、手机通讯录和“附近的人”为关系链接。其中以QQ好友、手机通讯录为主。即，从微信用户关系来看，微信是建立在手机通讯录或QQ通讯录等强社会关系基础之上的。可以说，微信第一次大规模地将互联网交流方式牢牢嵌入手机所有者的日常熟人交往圈子之中，并且以其为根基。而微博平台则是互联网大众传播的代表，传播对象通常是不确定的陌生的多数人。微博是一个完全开放的信息平台，其可以实现一对一、一对多、多对一、多对多的交互传播，信息的发布者无法预知信息传播和接受的对象。而在微信中，需要双方彼此成为好友才可以交流和查看对方朋友圈，即使在同一订阅号中的不同读者，也很少有频繁互动，不同订阅号之间的交流也不是主流。

现实社会在场交往的构成因素包括沟通对象、时间、地点三个因素；而微信中“朋友圈”的形成是基于双方双向确认而获取的彼此的认证，从而让我们可以选择让哪些人关注我们，让哪些人看到我们发布的信息，这种双向确认的方式实现了个体边界的维护，增加了现代人在个体化趋势之下的安全感。同时，基于QQ好友和手机通讯录的强关系的微信“朋友圈”，契合了传统意义上建立在血缘、业缘和地缘基础上的人际交往，维系了原有的同学、同事、亲戚和朋友之间的熟人关系，形成了相对稳定和成熟的闭环交流通道①。即，微信“朋友圈”在强关系的驱动下，淡化了人际关系的物理空间属性，加强了人际传播的关系属性，在延续网络社会个体化趋势的同时，又牢牢地把我们保持在一个个圈子之中。

公共空间和私人圈子属性兼备的微信“朋友圈”

以1995年6月北京电报局向社会公众开放互联网接入服务为标志，中国正式开始进入网络化时代。共有媒体也先后经历了从电子邮件、讨论组、博客到微博、微信的发展进程，即从Web 1.0时代到Web 2.0时代的变迁。在这一发展变化过程中，网络公共空间日益扩大，普通网民的主动性和主体性愈发增强。

微信“朋友圈”延续了Web 2.0时代带来的自媒体的公开性，以及由此引发的网络公共空间的进一步建构。然而，微信“朋友圈”的独特之处在于，它虽然延续着博客、微博等Web 2.0时代互联网公共平台的非私密性，但又进一步将关系范围

① 童慧．微信的自我呈现和人际传播．重庆社会科学，2014（1）．

限定在熟人（“朋友圈”）的范围之内。从“交谈”的交互性来看，博客、微博类的交流允许接收者发表评论，而且时不时会有一些较为激烈的观点交锋出现，它的传播模式无疑更像大众传播。相比之下，“交谈”在微信这里表现为一简一繁的“赞”和“评论”，微信中的电子书写的接收对象，由“匿名的大众”转向了日常交往中的熟人。换言之，在微信平台上，不仅有一对一的私密对话，有各种“群”中多对多的热闹讨论，也有类似“自言自语”的一对多的“朋友圈”或是朋友群“广播”。这就使得微信“朋友圈”在保持互联网网络平台的公共属性的同时，还具备了私人圈子的独特属性。

周雪光把微博比喻成“公共广场”，把微信比喻作“封闭小区”[①]。相对于微博的信息广场，微信基于手机通讯录、QQ 好友等熟人关系，以家庭、朋友和任务为中心，在“朋友圈”之内进行点对点的精准互动和信息传递，更侧重于强关系之间的信息交流和问题解决。这种强关系的信息发布受到的干扰较少，更集中在私人圈子内。因为非好友无法获知发布者的动态，只有好友才能浏览和评论发布信息。个体之间的信息交流是在“屏蔽”他人的情况下进行的。每个人只能看到自己朋友的评论，而看不到陌生人的评论。基于微信用户的强关系和真实性，微信传播的内容在很大程度上被赋予私密性，在私人圈子内传播。

在微信传播过程中，基于熟人圈子的空间属性居于主导地位，但弱关系功能的开发和利用，也进一步扩大了微信的人际传播范围，也是微信“朋友圈”可以继续保持网络社会带来的公共空间属性的优势。微信不仅可以凭借强关系传递信息，也可以以弱关系为连接方式。弱关系传递的信息大致分为两类：一种是用户信息，可以通过查找附近的人（基于地理位置）、摇一摇和漂流瓶等功能接触陌生人——微信在强关系的基础上，对弹性社交也进行了很好的开发，微信中的“附近的人、‘摇一摇’、‘漂流瓶’及二维码的‘扫一扫’等功能都可以用来建立弹性社交网络，通过这些功能，微信用户可以随时与周边的人建立起一个临时的社交网络，而这个社交网络中的每一个点（用户）都会随着位置的移动而发生变更。这种弹性社交网络，使微信用户的社交变得更加即时、便利、广泛和活跃”[②]。另一种是通过 App 和公众平台接收陌生用户发布的信息。

这就带来了“陌生人”在熟人圈中的出场。这里所说的“陌生人”，既包括微信中专门通过“ 摇一摇”或“附近的人”功能发现的不认识的人，也包括那些在不断被转发过程中的文本的“原作者”。当然，对于大多数人而言，他们微信空间

① 2017 年 9 月 16 日，中国人民大学“网络社会变迁国际学术研讨会”周雪光教授发言。

② 詹恂，严星. 微信使用对人际传播的影响. 现代传播，2013 (12).

中的“陌生人”主要是后者。事实上，这些“陌生人”大多来自微信使用者的网络浏览，尤其是各种“推送”的“订阅号”，而且，在不断的转发过程中，似乎少有人注意到这些“陌生人”的姓名，总体上，他们在熟人圈中是以一种“匿名”状态存在着的。在这个意义上，说微信完全属于封闭式交往就不准确了，微信应当兼具封闭与开放的特性，微信“朋友圈”兼具公共空间和私人圈子的属性。

可喜的是，这种“陌生人”的进入有可能带来熟人圈的新公共性萌发。从历史演进的角度看，这个过程早在印刷书写时代就开始了，吉登斯指出，由于大众印刷媒介与电子通信日益融合，高度现代性的特征之一就是“远距离事件侵入到日常的意识中”。微信“朋友圈”不断呈现和转发的很多信息也溢出了狭隘的熟人生活圈，一些时下热门的公共议题就此得以进入熟人生活圈，而且微信“朋友圈”超越传统公共性的地方还在于，正是公共议题因熟人而非“大众传播”的提议、评论或转发，“远距离事件”也染上了“熟人”色彩，从而具有了某种接近性，甚至是亲切性，格外能够刺激、触动或引发人们讨论、行动，哪怕仅仅是浏览性的关注。

值得注意的是，微信呈现的公共议题更为多样化、碎片化，总体上与公共平台上的新闻联系得不是那么紧密（除非是重大社会热点问题，例如天津滨海大火、红黄蓝幼儿园虐童事件等），在一定程度上更为偏向日常生活化的观点及评论性文字（那些被转发的文本往往具有某种权威性）。而且，这些在不同“朋友圈”中被层层转发的文本，既成为新作者用来建构自我的新文本，又维持着一定程度上的固定面貌，它提醒着熟人圈中所有交流者：他们都因这位“陌生人”的存在而发生着新的公共联系。

此种公共性之新在于，无论参与者的地位高低，无论其内心多么情愿或不情愿维持熟人圈既有的身份等级，也无论其对这些议题采取深度卷入还是置之不理的态度，他可能都不得不承认，熟人圈中的既定身份是无法垄断的，也无法完全回避讨论何种议题，更无法决定或者无视围绕这些而产生的的种种意见。在此意义上，它类似于乔治·米德的乐观：当共同体的成员采取了“与更大的社会有关的生活态度”，便是“一个整合程度更高的过程”；于是，他们使“共同体得到了扩大和丰富”[①]，使微信“朋友圈”在私人圈子的基础上，进行了更高层次的社会整合，从而使其兼备公共空间和私人圈子属性，成为网络社会另一种新形态的共同体。

微信“朋友圈”：虚拟空间和现实空间的融合与再生产

网络空间并非脱离了时空的虚拟空间，相反，它与现实空间有着千丝万缕的联

---

① 米德．心灵、自我与社会．霍桂桓，译．北京：华夏出版社，1999：234-235.

系，甚至在某些方面直接成为现实空间的映射。微信“朋友圈”在很大程度上就是人际网络在虚拟场域的投影结果。

由图1-3可见，在微信用户朋友圈内容消费倾向对比中，超过六成的用户在朋友圈想看到的内容和自身在朋友圈分享的内容，都是个人的生活记录。由此也间接地证实了，以微信“朋友圈”为代表的互联网平台并不是单纯的网络虚拟空间，而是与个体的现实日常生活紧密相关的。网络社交正不断改变着我们对于空间概念的认知。日常生活中的人际交往不再仅在某一个具体物理空间场域中进行，我们不断地在现实物理空间与网络空间之间做出选择，或者同时在场，或是相互映射。在很大程度上，以微信为代表的互联网平台将个体从现实物理空间的局限中解放出来，扩大了空间交往的范围，虚拟空间与现实空间之间的界限也因此日渐模糊。而在这个过程中，个体有选择地、不断尝试和调整地将网络社交纳入日常生活空间。换言之，微信“朋友圈”是虚拟空间和现实空间融合与再生产的产物。

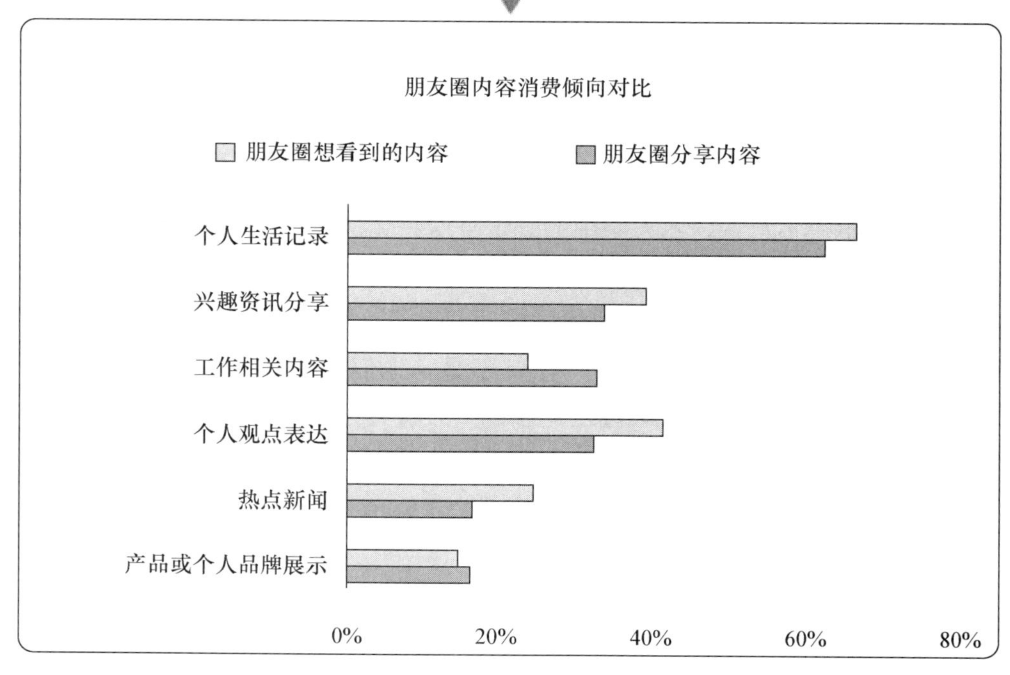

图1-3 微信用户朋友圈内容消费倾向对比图

微信，尤其是基于“朋友圈”的微信阅读的广泛流行，充分体现了网络信息传播的“脱域”特征。脱域（disembedding）是吉登斯社会理论的重要概念，通俗地说，是指社会关系摆脱时空“此时此地”限制的特征。吉登斯说：“在前现代时代，对多数人以及日常生活的大多平常活动来说，时间和空间基本上通过地点联结在一起。时间的标尺不仅与社会行动的地点相联，而且与这种行动自身的特性相联。”①

微信“朋友圈”能够实现虚拟空间和现实空间融合与再生产，在很大程度上正是依赖于这种基于“缺场空间”的“脱域”交往方式。列斐伏尔认为，人们生活的空间不应被分割为精神、物质与抽象，这些都应被视为社会实践的结果，因而对于社会生活与实践的观察，也不应拘泥于现实生活世界，即“在场空间”。列斐伏尔运用现象学、符号学与常人方法等理论，从三个维度对空间内容进行了诠释。第一，空间实践（spatial practice），即从日常生活时间出发论述社会空间的展开过程。第二，空间的表象（representation of space），即社会空间展开的观念形式或精神状态，社会共有观念的集体表象或社会表象。第三，表象的空间（representational space），即在感性意识活动支配下而展开的日常活动②。这三个维度从思想与社会生活两个方面来展现空间的内容与形式，由此可见，只有从广大社会成员立足于现实生活世界的立场来参与“缺场空间”活动，才能体现其现实内容与意义。

因此，“缺场空间”作为社会空间分化中的一个方面，其中的主要活动内容是符号交流、观念沟通、意义追求与价值评价。这一切是广大社会成员表达现实生活世界中各类感性意识的方式与途径，这一空间是感性层面的意识活动空间或知觉表达空间，它突破了场所规定和边界限制，展开了较列斐伏尔所论述空间表象更为丰富、范围更为广阔的空间。

如前所述，微信“朋友圈”的构成方式以强关系为核心。有了关系这一关键要素，微信“朋友圈”便可以轻松实现现实物理空间与网络虚拟空间之间简单灵活的切换。传统的面对面人际互动，要求互动双方必须同处一个坐标空间位置，身体在场成为互动的决定性因素，任何一方身体缺席都将造成互动无法进行。这种人际互动方式要求很高，除了既成的双方关系外，还要有互动的场所。但是，网络社会使得“缺场空间”的“脱域”交往方式成为可能，微信“朋友圈”就提

① 吉登斯．现代性与自我认同：现代晚期的自我与社会．赵旭东，方文，译．北京：生活·读书·新知三联书店，1998：18．

② 列斐伏尔．空间的生产（节译）．建筑师，2005（2）．

供了这样一个可替代的“虚拟场所”。虽然这个场所是不可触碰的、看不见摸不着的，但是，因为人际互动关系的存在，其在解放了沟通双方的身体的同时，实现了关系的维系和沟通互动，虚拟和现实两个空间可以瞬间转换，保证人际互动得以实现。由此，线上虚拟空间与线下现实物理空间实现了无缝对接，微信“朋友圈”也由此实现了虚拟空间与现实空间的融合和再生产。于是，在这一个流动的空间内，各类符号在微信“朋友圈”中的各种信息传递和互动行动中被组织起来，成为虚拟空间和现实空间的共同构成要素，成为网络化时代社会变迁的支配力量①。

网民能动性的彰显：微信“朋友圈”中空间的重组与分化

即时通信工具的出现实现了亲朋好友之间的无障碍沟通，我们可以轻松跨越时间、地点的阻隔实现信息的传递，而这种传递更多地表现为一对一的模式，在沟通范围、沟通效率上大打折扣；而微信“朋友圈”的出现恰恰弥补了这一缺陷。它模拟现实社交圈，在虚拟的平台环境下实现了对现实社交圈的镜像映射。但是，微信“朋友圈”并不是对现实交往空间的简单复制，而是在网民的个体能动性下实现了空间的重组与分化。

首先，微信“朋友圈”可以对现实的交往空间进行迁移和重构。

现实交往空间中的人际交往常常受到地理空间和时间的限制和区隔，即使同属一个圈子，人际交往也往往以点对点的交往方式为主，甚至经常出现交往断层。伴随个体因求学、婚配、工作等原因造成的地点变化，现实交往空间和核心交往圈子会随之发生变化。互联网技术，尤其是移动互联网技术实现了时空概念的压缩重构，使得现实空间和时间的限制和区隔不再成为个体交往的障碍。

依托移动互联网技术，现实社交圈延伸到微信社交平台。基于微信“朋友圈”，现实空间中的各种关系被重拾和发现，交往空间以不可思议的方式急速拓宽。因地理的割断而逐渐淡漠的血缘、亲缘和地缘关系圈子，因为微信“朋友圈”的技术帮助而重拾并得以维系；各种同门群、同事群、兴趣小组等微信群的建立，使现实空间中的交往关系得以清晰分类。微信群借助微信实时、快捷等即时通信特点，使得用户彼此联系的能力得以加强，效率得以提高，增加了个体之间听说表达情感的机会，增加了联系的经常性，节约了交往成本，提升了原初社会关系的活力，派生了

① 刘少杰. 网络化时代的社会结构变迁. 学术月刊，2012（10）.

一种“拟面对面”的亲密群体关系。

通过压缩时空，微信“朋友圈”不仅维持和重拾了“点对点”式的沟通交流，而且进一步成为扩音器，达到了“点对面”式沟通效果，大大提高了人际交往沟通的效率。微信“朋友圈”很好地实现了现实生活中“圈子”的功能，对现实交往空间起到了迁移和重构的作用。

其次，微信“朋友圈”实现了对个体交往空间的重塑与分化。

与人人网等其他社交网站（SNS）不同，微信“朋友圈”可以在分享后区分圈子。人们可以通过照片或内容的分享来发现彼此，之后联结起来。微信“朋友圈”的这一设计符合熟人社区形成和运转的特点和规律，也符合圈子的规律。其中的独特性在于，网民可以在分享和区分圈子的过程中充分展现个人的意愿，实现自身的能动性。于是，这种“先分享再集中”的独特方式使得网民的自主性得到了充分的重视，网民的能动性也得以充分彰显。网民利用微信“朋友圈”主动实现自身交往空间的重塑与分化，主要体现在以下三个方面：

第一，灵活使用群组功能。“人生而不能无群”，日常生活中的每个人都生活在一个个圈子之中。相比现实空间中那些难以被量化而又不易被察觉的交往圈子，微信“朋友圈”则为个人明晰和重新规划自身的交往圈子提供了灵活方便的工具。通过翻阅微信的通讯录，人们可以清晰地看到自己所有的社会关系。然而，通讯录所呈现的人与人的关系链条是链式结构，仍然不够明晰，网民可以进一步使用微信的群组功能，通过对通讯录上的链式交往结构进行分组整理，实现对现实交际网络的归类整合。于是，现实中无形交往的圈子在微信平台之上逐渐显象化，更重要的是，每个网民个体可以根据自己的需要，以分组的方式构建起网络空间的圈式结构关系网——这是以网民个体为核心，完全按照自身意愿与需求，网民自主自发构建的网络“新差序格局”人际交往圈。

第二，善用微信朋友圈新功能——圈内好友可见。所谓圈内好友可见，是指如果设置了“圈内好友可见”，网民主体发出的任何文字、图片等信息，将不再被推送给通讯录所有好友，而只有被设置的“圈内好友”才能看到推送的内容，而其他好友完全被屏蔽在这个空间之外，之后针对该内容的所有互动都将发生在同属一个圈子的人中。所以，作为信息发送者的每一个微信网民主体在其创造的圈子中都占据主导位置，掌握着空间的准入权，控制着互动的发展方向，维系和推动着圈内的人际交往。于是，善用微信朋友圈新功能——圈内好友可见的网民，自主地实现了网络空间的私密性社交，也真正掌握了自己交往空间的主动权，成为微信“朋友圈”的主人。

第三，有选择的自我暴露。在微信朋友圈中成员之间发送信息的前提条件是彼此身份认证确认。如果没有得到确认，任何人想通过虚拟空间在微信上成为另一个个体的好友都不可能，可见，微信空间好友关系的形成，充分包含着双方的自主意愿，取决于网民自我暴露的意愿程度。相比现实生活中很多被动的自我表露，微信"朋友圈"中的自我表露具有自主性，个体可以自由选择表露的程度。有的人会选择频繁地，甚至每天在微信朋友圈功能下发表自己的近况和想法，而有的人虽然关注微信朋友圈中的内容，但是却很少或从未在微信中发表自己的任何信息。此外，个体可以自主选择自我表露的范围，软件技术的发展使得用户可以决定信息的可见对象，在不同的圈子中同一个人可能会呈现完全不同的状态，例如在同学圈中某个个体能够侃侃而谈甚至成为主导角色，但是在另一个圈子中，比如说工作圈中，他却判若两人，沉默寡言。与现实生活中的自我表露一样，通过技术手段，微信"朋友圈"完全可以按照不同个体的意愿决定自我呈现的角度，搭建扮演不同角色的舞台，个体前所未有地实现了对所呈现角色的自主性和把控力。

于是，通过微信的技术手段，网民充分发挥自身的能动性，实现了微信"朋友圈"中空间的重组与分化。这不仅仅是一种交往方式和社会空间的变革，在这场空间变革中还孕育着更高层次的价值进步。在网民对自身交往方式和社会空间的自主性规划和重构中，我们得以窥见互联网时代网民的智慧和行动力，而其中就饱含着网络空间独特的时代价值。

四、网络空间的运作逻辑和时代价值

互联网发展到今天，已不再是一种小众、虚拟和独立的空间，它带来了个体与群体、虚拟与现实、独立空间与社会领域的深度交汇和融合，人类的现实社会已经将互联网纳入自身的运行轨道，互联网也已经成为人们生存的必备条件。在这种情况下，人们日常生活和工作本身就是在无形中进行着网络空间的生产，每个网民自觉不自觉地都化身为网络空间生产的主体。如表 1－1 所示，在列斐伏尔关注的都市空间的生产中，城市规划、城市化、大都市圈、世界城市乃至全球化等等都进行着空间的生产。在都市空间的生产中，空间本身实现了商品化，其中最典型的例子就是房地产经济。这是工业社会的主要模式。在网络空间的生产中，网络空间不再采取商品化的形式，但是流量（即点击量）源源不断的产出就是在生产着网络空间，这源于人们对网络的依赖。同时，网民成为网络空间生产的主体。这使得网络空间中的生产关系表现为：(1) 不再是谁占有生产资料，而是人们共享网络空间。从所有制形式来看，人们共享网络空间，只要愿意，普通人也可以自己创办网站、开通博客等，进而经营自己的网络空间。因此，网络空间的生产关系发生了重组，在网络空间的占有上，无所谓“资产阶级”和“无产阶级”了。(2) 参与主体的地位是很高的，尤其是身处网络空间中的网民有着选择的自主性和行为的能动性。

表 1-1　　两种空间生产模式的差异比较

	都市空间的生产	网络空间的生产
生产方式	日常的居住、交往、生活	对网络的依赖
生产主体	都市人或城市化中的人	网民
支配逻辑	空间的商品化	去商品化的流量产出

在网络社会空间生产逻辑的转变之下，广大网民开启了他们主动地营造网络公共空间的过程。从 Web 1.0 时代到 Web 2.0 时代的变迁过程中，网络公共空间日益扩大，普通网民的主动性和主体性愈发增强。成为网络参与主体和网络权力主体的网民群体，不再是“乌合之众”。有意识、有目的的网民行动，显示出明显的自省性特征。网民具有强烈的自我意识，会不断追问和反省当前所说所做的意义何在，并在自省中不断调整行动的策略和结构。因为每个人都成为参与主体，不再有明显的强势主导者，所以反思能力和自觉性便在自主的个体身上浮现。

从最初的互联网上的“众声喧哗”，到今天成规模的网络争论，我们可以看到普通网民独立思考的形成轨迹。表 1-2 以互联网公共话语空间中的争论作为一个侧面，试图展现普通网民从“乌合之众”向“理性网民”的转变过程。从互联网三阶段的递进式发展中，我们可以看到，普通网民从互联网的新奇的“旁观者”，逐步成长为网络话语或行动的主动参与者，甚至成为发起者和建构者。而在网民能动性增强的同时，普通网民也经历着理性[①]逐步增强和对自身权利要求日益迫切的转变过程。

---

① 需要强调的是，这里分析的中国网民日益成熟的“理性”维度，延续的是马克斯·韦伯意义上的理性，而非经济学的功利性理性或自然科学强调的理性主义。经济学和自然科学强调的理性主义发端于笛卡尔的哲学思想。情感、价值等因素因其多变和无法验证被认为处于理性的对立面。其结果则是，笛卡儿理性主义因对感性的排斥而无法用来理解人的多样化活动。韦伯一直明确反对将此种理性观念简单复制成社会学可接受的理性。他认为，人并非单纯的理性计算动物，而是情感、价值、感觉、计算等因素的综合体。因此，韦伯并不将理性建立在对感性的排斥之上，而是致力于对行动背后的意图和价值进行理解。参见王赟．被误读的韦伯社会学认识论：理解范式诸因素及其内部联系．社会学评论，2016 (1).

表 1-2　　中国互联网争论性话语的变迁

	第一阶段 （2006 年初至 2007 年初）	第二阶段 （2007 年中旬到 2008 年底）	第三阶段 （2009 年至今）
核心人物	对公共争论有前卫认识的先锋	有独立思考能力的争论发起者	
参与者和受众	其他网民	1. 与核心人物持有相同观点的坚定支持者 2. 敏感的有自我认识的网民个体 3. 占据争论位置的不称职者	
价值	观点与价值紧密相关，产生与旧观点对立的新观点	1. 容易产生奇特的新观点，人们在独立思考下往往容易得出相同的结论 2. 在公共争论中，网民个体开始自我认识和自我提升 3. 在常规的网络争论中，耐心、容忍度和多元性对话开始出现	
互联网争论不充分的可能原因	1. 对于公共性争论的错误理解 （源于传统的中国文化） 2. 网民不恰当或不成熟的个人表现	缺乏独立思考的实践	1. 缺乏独立思考的实践 2. 无限忠诚于现有政治和社会体制
需要解决的问题	尊重公共争论，挑战权威和精英的地位	需要形成独立思考的逻辑性和形成独立观点的能力 （a. 锻炼自身作为行动主体的能力 b. 在主流观点中保持独立性）	1. 需要形成思考的逻辑性和提升独立观点的能力 （a. 锻炼自身作为行动主体的能力 b. 在传统媒体的影响下，仍然能保持独立性） 2. 识别虚假的公共争论

在互联网公共空间的形成中，微信“朋友圈”还因自身的特殊性，创造了别样的空间生产逻辑和公共价值。微信“朋友圈”所萌发的公共性，很大程度上来源于“熟人圈”内部的一种关系变革。但是，这并不否认微信的公共性蕴含着严肃民主的可能，相反，在“熟人圈”的帮助下，源于微信“朋友圈”的公共性的产生更为自然、更加符合中国人的心理预期和社交习惯：微信既可依靠“熟人圈”所包含的现实身份交往约束实现某种个体的自律，又能使微信使用者从惯常的等级和支配中得以释放；它既不像微博或电子书写那般“众人狂欢”，也不像围绕着某些“新媒体事件”组织起来的在线运动那样旋起旋灭。微信“朋友圈”展示了一个网民自发能动的自我身份建构过程，在此过程中伴随着对他人平等存在的承认，在此过程中实现了对“社会”的本质意义的理解，产生了“公共性”联结，而这种方式产生的“公共性”联结往往比那种“娱乐化”联结更为牢靠，扎根也更深。

于是，在这个过程中，微信“朋友圈”以更中国化的方式生产出本土性的互联网公共空间。而本土性的互联网公共空间的不断成长，很可能成为对因公共生活的发育不良而出现的“个体化”趋势的一剂良药。我们也期待在这剂良药的作用下，类似哈贝马斯描述的“公共领域”在中国网络社会的出现。

参考文献

[1] David Harvey. The Condition of Postmodernity：An Enquiery into the Origins of Culture Change. Oxford：Blackwell Publishers Ltd.，1990.

[2] David Harvey. The Sociological and Geographical Imaginations. International Journal of Politics，Culture，and Society，2005，18.

[3] Dennis Smith. The Chicago School：A Liberal Critique of Capitalism. Houndmills，Basingstoke，Hampshire，and London：Macmillan Education LTD.，1988.

[4] Douglas Kellner. Globalisation，Technopolitics and Revolution，Theoria：A Journal of Social and Political Theory. The West in Crisis：Technology，Reason，Culture，2001，98.

[5] Edward Said. Culture and Imperialism. New York：Knopf/Random House，1993.

[6] Edward W. Soja. The Socio-Spatial Dialectic. Annals of the Association of American Geographers. 1980，70.

[7] Edward W. Soja. Seeking Spatial Justice. MN：University of Minnesota Press，2010.

[8] Foucault. Sex，Power，and the Politics Identity. New York：The New Press，1991.

[9] Harvey Molotch. The Space of Lefebvre. Theory and Society，1993，22.

[10] Lefebvre，Henri. The Survival of Capitalism. Trans. F. Bryanit. London：Allison and Busby，1976.

[11] Lefebvre，Henri. State，Space，World. Trans. Neil Brenner，and Stuart Eldent. Minneapolis • London：University of Minnesota Press，2009.

[12] Lefebvre. Space：Social Product and Use Value//Brenner，N & S，Elden. State，Space，World：Selected Essays. Minneapolis：University of Minnesota Press，2009.

[13] Michel Foucault, Jay Miskowiec. Of Other Spaces. Diacritics, 1986, 16.

[14] Santa Arias. Rethinking Space: An Outsider's View of the Spatial Turn. GeoJournal, 2010, 75.

[15] Wright Mills C. The Sociological Imagination. New York: Oxford University Press, 1959.

[16] 吉登斯. 现代性与自我认同：现代晚期的自我与社会. 赵旭东，方文，译. 北京：生活·读书·新知三联书店，1998.

[17] 吉登斯. 现代性的后果. 田禾，译. 南京：译林出版社，2000.

[18] 吉登斯. 社会学. 赵旭东，齐心，王兵，等译. 北京：北京大学出版社，2003.

[19] 百度文库"Web 1.0 与 web 2.0 的区别"，http://wenku.baidu.com/view/707b3df04693daef5ef73dd0.html.

[20] 鲍曼. 流动的现代性. 欧阳景根，译. 上海：上海三联书店，2002.

[21] 贝克. 风险社会. 何博闻，译. 南京：译林出版社，2004.

[22] 列斐伏尔. 空间的生产（节译）. 建筑师，2005（2）.

[23] 胡泳. 众声喧哗：网络时代的个人表达与公共讨论. 桂林：广西师范大学出版社，2008.

[24] 胡泳. 应对互联网的个人化趋势. 人民日报，2010-01-09.

[25] 胡泳. 网络个体化，个体网络化. IT 经理世界，2012（11）.

[26] 微信用户数达 9.63 亿！腾讯 2017 第二季度净利润 164 亿元.（2017-08-16）. http://www.techweb.com.cn/internet/2017-08-16/2574449.shtml.

[27] 李强，刘强. 互联网与转型中国. 北京：社会科学文献出版社，2014.

[28] 刘少杰. 网络化时代的社会结构变迁. 学术月刊，2012（10）.

[29] 刘少杰. 网络化时代的社会空间分化与冲突. 社会学评论，2013（1）.

[30] 卡斯特. 网络星河：对互联网、商业和社会的反思. 郑波，武炜，译. 北京：社会科学文献出版社，2007.

[31] 卡斯特. 网络社会的崛起. 夏铸九，王志弘，等译. 北京：社会科学文献出版社，2001.

[32] 米德. 心灵、自我与社会. 霍桂桓，译. 北京：华夏出版社，1999.

[33] 普特南. 独自打保龄球：美国下降的社会资本. 规划师，2002（8）.

[34] 童慧. 微信的自我呈现和人际传播. 重庆社会科学，2014（1）.

[35] 王赟. 被误读的韦伯社会学认识论：理解范式诸因素及其内部联系. 社

会学评论，2016（1）．

［36］詹恂，严星．微信使用对人际传播的影响．现代传播，2013（12）．

［37］中国互联网络信息中心．第40次中国互联网络发展状况统计报告.（2017-08-04）．http://cnnic.cn/gywm/xwzx/rdxw/201708/t20170804_69449.htm.

年度专题报告

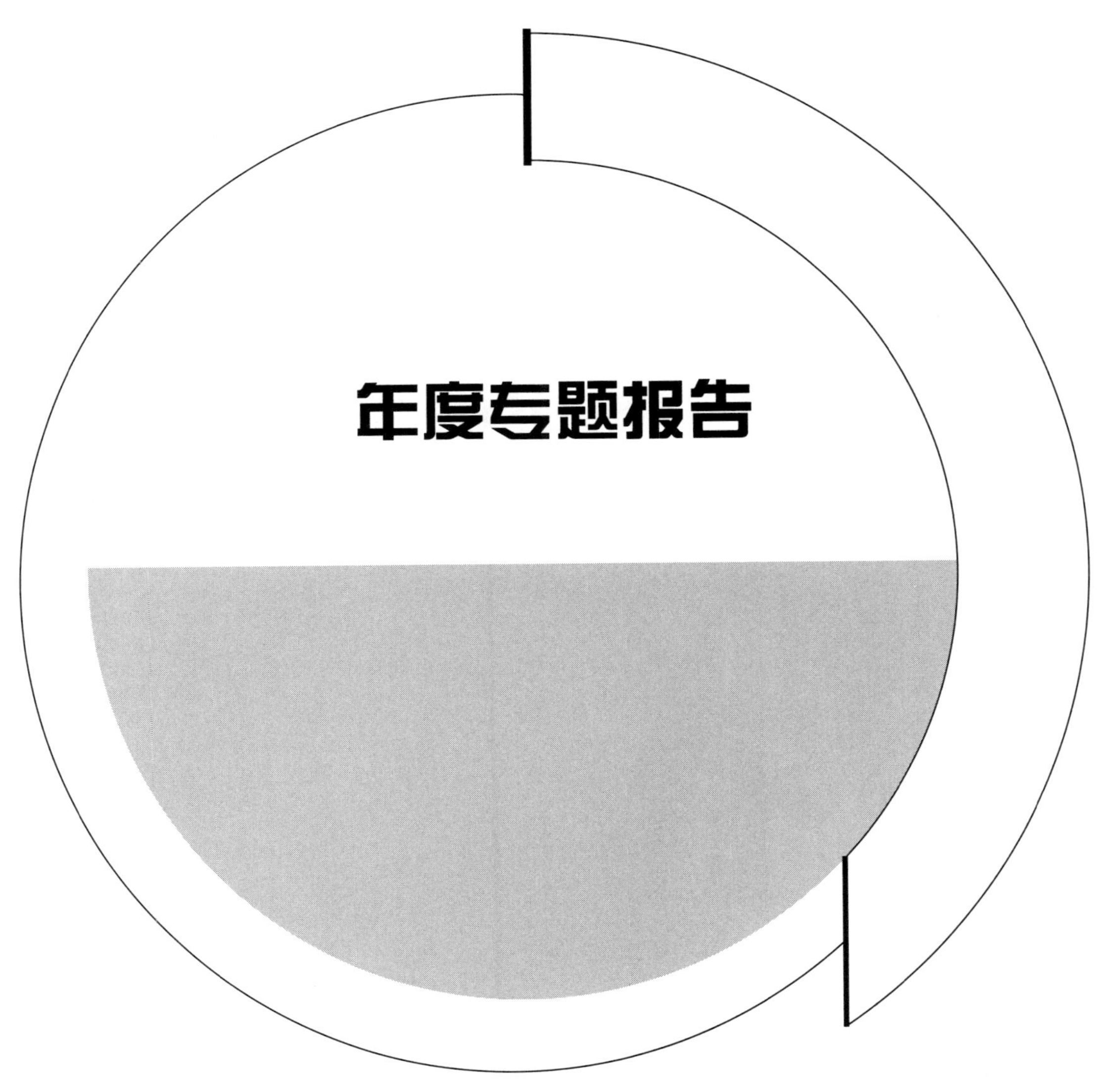

第二章　网络表达中的分歧与共识：从“产妇坠楼事件”谈起

引　言

2017 年 8 月 31 日 20 时左右，陕西一名产妇从榆林市第一医院 5 楼分娩中心坠下，因伤势过重，抢救无效死亡。

2017 年 9 月 3 日，院方在微博发布《关于产妇马××跳楼事件有关情况的说明》。在声明中，院方表示在产妇待产的过程中，主治医师曾多次建议剖宫产，但均被家属拒绝，最终导致了产妇的跳楼自杀行为。之后，死者家属发布《关于榆林一院“产妇马××坠楼事件有关情况的说明”我们家属有话说》，在这个声明中，家属驳斥了院方的说法，声称产妇、家属两次要求剖宫产，但医生以无须剖宫产为由拒绝，家属还表示，曾托熟人要求医生进行剖宫产。

此时，事件尚未引起过多的关注。但 9 月 4 日晚，《华商报》发布了一条微博，名为《绥德待产孕妇坠楼死亡 院方称曾三次建议剖腹产均被家属拒绝》。此微博一出，立即引起了社会的关注。随着其他媒体的转载与报道，网络舆论纷纷剑指家属。但由于家属方面的澄清，也有一小部分的网民对医院的声明表示质疑。

随着事件关注度的提高，网民们的讨论也越来越多。在舆论的压力下，院方于 9 月 6 日发布了《关于 8·31 产妇跳楼事件有关情况的再次说明》，在其中贴出了《护理记录单》中家属三次拒绝剖宫产的记录，并贴出了产妇“下跪要求剖宫产”的视频截图，院方再一次将责任推给了家属，表示医院不存在监护问题。同一天，产妇丈夫的堂哥接受采访，表示截图中产妇并不是由于请求剖宫产而下跪，而是由于疼痛难忍。产妇丈夫在微信公众号“新京报”中，贴出与产妇的聊天记录，表示当时未感觉到妻子情绪异常。产妇母亲表示，他们的决定都是听从医生的建议，不存在因为钱的问题拒绝剖宫产。一时间，网络争论四起。网民们对于“到底谁拒绝了剖宫产”“产妇之死的责任到底归属于哪一方”产生了巨大分歧。

9 月 7 日，榆林市卫计局发布调查结果：虽然产妇坠楼与医院诊疗不存在因果关系，但是医院存在防范突发事件意识不强、监护不到位等问题。9 月 8 日，产科副主任、助产护士接受采访，表示产妇当时指标正常，不需要剖宫产，生产时未向家属提议进行剖宫产。舆论进而向家属一方倾斜。

9 月 11 日，据知情人士透露，院方已与家属达成和解，签署了赔偿协议，但协议的条件之一是家属不再接受媒体采访。同一天，榆林市卫计局公布了这一事件的处理结果：医院 2 人被停职，需对管理方面存在的问题和薄弱环节进行整改。至此，事态逐渐平息①。

从社会学的角度看，“产妇坠楼事件”不是一个纠结于孰是孰非问题的事件。此事件就像其他网络热点事件一样，网民们的“声音”表达着对当事人的态度、舆论倾向、思考探究等。与此同时，“声音”中凝聚的信息权力也使得事件进一步被澄清，促使权力主体关注网民所重视的现实性问题。此外，虽然分歧自古有之，但是在如今的网络社会中，分歧以网络争论的方式，赤裸裸地呈现在了大家的面前。而这样的局面也引出了一些问题：难道争论中只有分歧存在吗？分歧的背后是否潜藏着共识呢？这种关于共识的思考，也是为了更好地理解分歧，凝聚共识，推动一种良性的互动与沟通，从而有助于构建一个更加和谐的社会。

一、互联网时代的“想象力”

“产妇坠楼事件”之所以可以成为一个网络热点事件，除了媒体的报道，微信、微博的推动外，还应归功于互联网时代的“想象力”。社会学家赖特·米尔斯提出了社会学的想象力，人们可以根据所了解到的情况来增进理性，这样的一种思考视角赋予人们一种换位思考的能力，有助于达到“共情”。同时，这种“想象力”也是一种发散思维能力，使人从单一事件联想到社会结构，从现在联想到过去，从他人联想到自身②。如今是互联网时代，信息传播方式及交流方式已经发生了巨大的

① 榆林产妇跳楼事件九次反转背后的舆论隐像.（2017－10－13）. http://sh.qihoo.com/pc/detail?check=9071a7a6a52fb46f&sign=360_e39369d1&url=http://www.yidianzixun.com/article/0HSwI4Zh.

② 郗春媛. 社会学的想象力：共情、洞察及重塑：读米尔斯《社会学的想象力》. 社会科学论坛（学术评论卷），2009（8）.

改变，一个事件通过网络传播，可以迅速变成一个网络热点事件。人们根据其所了解到的情况，进行换位思考，对事件中的人物产生“共情”，并且在网络的作用下，将个体对于个体的“共情”进一步推广到一种“广泛共情”的状态。同时，人们的观点、思想不断进行碰撞，网民常常可以“大开脑洞”，由此及彼，将单一事件的讨论推广到更多、更广泛的领域。

一场迟到的关注

为什么说对于“产妇坠楼事件”的关注是一场迟到的关注呢？通过对事件时间线进行梳理可以发现，产妇坠楼于 8 月 31 日就已经发生了，但是直到 9 月 5 日才引起大家的广泛关注与讨论。

其实早在 9 月 1 日，产妇坠楼事件就已被爆出，报道的具体内容如下：

> 8 月 31 日晚 8 点左右，在绥德二康住院部五楼，一名年龄不到 30 岁的待产孕妇从楼上坠下身亡。据知情者透露，出事产妇年龄为 27 岁，系绥德吉镇人，事发时该孕妇怀孕已足月，当时在家属的陪同下正在待产室待产。事发后，家属及医院及时处置，绥德警方也赶到现场勘查情况。目前，善后工作正进行当中[①]。

此报道只对事件做了一个简单的叙述，并未加入任何的感情色彩，也没有带明显的偏向性，比较客观。但也正是因为这样，这篇报道并未引起大家的关注。

如此，我们来反观 9 月 4 日的那条微博，该微博以《绥德待产孕妇坠楼死亡 院方称曾三次建议剖腹产均被家属拒绝》为标题，而这样的标题，恰恰可以引起大家关注。之后，此文被网易新闻、新浪新闻等多家媒体网络转载，推动“产妇坠楼事件”成为网络热点。

近年来，随着互联网的发展，向我们扑面而来的是各种各样的信息，而媒体或者网站为了能够获得关注度，实现经济效益，常常会拟一些夺人眼球的标题，其内容也常常具有片面性。在这里，我们可以看一下另一起产妇死亡事件。2014 年 8 月，产妇张某因羊水栓塞死在手术台上。湖南的一家网络媒体报道了此事，并以《产妇惨死手术台 医生护士跑路 医院称已尽全力》作为标题。此报道一出，舆论纷纷剑指医院，控诉医院草菅人命。随后，这篇报道迅速被其他网络媒体、微博微信等自媒体转载。而在转载的过程中，又出现了一系列倾向性明显的标题，如《湘潭产妇死在手术台，医生护士全体失踪》《产妇死于手术台，医生护士集体玩失踪》，

① 榆林产妇坠楼事件为何先剑指家属，后质疑医院?.（2017－09－20）. https://mp.weixin.qq.com/s?__biz=MzAwNzIwNDM0Mw==&mid=2651519268&idx=1&sn=97b58ece4de5b68a5367d079c3e7dc10.

这样一来，社会一片哗然。医院及其医护人员在此期间承受了巨大的舆论压力。之后，湘潭卫生局官方微博发布消息：产妇羊水栓塞，引发多器官功能衰竭，全力抢救无效死亡。紧接着，更多的事实被《人民日报》《新京报》《南方都市报》等报道出来，网民才逐渐回归理性①。

在“产妇坠楼事件”中，9 月 4 日的微博报道中仅截取了医院的片面说辞，而无视家属一方的声明，这样具有强烈倾向性的标题，很容易引起网民的不满与愤怒，这样就在将家属推向舆论的风口浪尖的同时，吸引了多家媒体的聚焦与追踪报道，从而推动此次事件成为轰动一时的网络热点事件。

手机社交媒体的作用

现如今，生活节奏加快，人们已经很少有时间享受喝茶看报的悠闲时光了。但是与此同时，碎片化时间增多，手机社交媒体的出现恰恰帮助人们打发了这些零散的时间。人们不仅可以利用这些时间进行人际交流，还可以通过简单地上下滑动了解资讯。便利的手机客户端的使用，使人们可以随时随地查看自己所关注事件的发展状况、最新进展。

对于手机社交媒体，这里主要以微博、微信为例进行分析。它们在用户互动方式、信息传播方式等方面均有一定的差异。格兰诺维特提出，强关系是指两个行动者之间接触时间较长、互动频率高，较为亲密，在一定程度上可以提供情感支持，相互具有互惠性的一种社会关系；反之，则为弱关系②。从这一定义来看，微博属于弱关系，微博上的好友大多是泛泛之交，没有太多的感情基础，没有密切的线下交往，互动较少；而微信属于强关系，微信好友大多有线下的接触，常以点赞、评论等方式进行互动。就信息传播方式来说，微博更倾向于大众传播，是一种扩散性的传播，以娱乐性新闻、公共性话题为主，而所获得的信息也是来自多方面、多领域的；而微信的信息传播方式具有一定闭环性特质，即信息在同处于一个圈子内的人们之间传播，但是由于自媒体的兴起，微信公众号迅猛发展，一篇文章可能在朋友圈内被不同的人反复转发，阅读量常常突破 10 万。

回到“榆林产妇坠楼事件”上，微博、微信等手机社交媒体在传播事件、引发讨论上发挥了巨大作用。就微博而言，它成为事件叙述、澄清的发源地。榆林一院分别于 9 月 3 日、9 月 6 日两天在微博上发布了关于此事件的声明，并在微博中附

① 张志杰. “标题党”现象的危害及治理研究：以新媒体对湖南产妇死亡事件的报道为例. 东南传播，2015 (3).

② 格兰诺维特. 镶嵌：社会网与经济行动. 罗家德，等译. 北京：社会科学文献出版社，2015：57-58.

上了家属签署的手术知情同意书及监控录像的截图。而产妇家属的《关于榆林一院“产妇马××坠楼事件有关情况的说明”我们家属有话说》这一声明，也经由他人在微博公布出来。医院、家属双方虽各执一词，但是就对事件的推动来说，这几条微博的力量不可小觑，其阅读量相加，突破千万。

判断一个事件是否足够热门，除了微博的阅读量与讨论量以外，还要看各大微信公众号是否就此事件进行了推送，其阅读量是否足够大。事件经过9月5日的发酵后，不论是主流媒体还是自媒体都对此事件有原创的文章发出，例如，主流媒体《人民日报》的公众号发表了《产妇跳楼事件，国家卫计委回应了!》，自媒体女拳文化发表了《产妇跳楼深度分析——你的命捏在谁手?》，公众号“她刊”发表了《待产孕妇被逼跳楼：那些能活着生下孩子的女人，都要感谢丈夫的不杀之恩》，而且这三篇文章的阅读量均超过十万次。这些文章与事件是一种相互促进的关系，事件的高热度是原创文的创作动力，而文章在顺应热点的同时，也进一步激起了广泛的讨论。在微信中，腾讯新闻的影响不容忽视。每一个使用微信的人，在没有特意关掉这一功能的情况下，都可以接收到它的推送内容。腾讯新闻于9月5日、9月6日连续两天报道了“产妇坠楼事件”的有关进展与情况，使一些尚未关注到此事件的人也能够对其有所了解。

围观者“想象力”的运用

如今的网络时代是一个信息驳杂的时代，但这也促进了“想象力”更好地发挥。网民一方面根据所获得的某一角度的信息，去推论或者想象整个事件的因果关系；另一方面通过“想象力”，对事件中的人物产生“共情”，去体会其当时的所思所想，以求理解其行为，而且有的人会根据其产生“共情”的点，联想到自己的经历，进而发表自己的感受。另外，网民还会运用发散思维，联想到与此事件有关的其他领域。

“产妇坠楼事件”的前期，由于医院最先发布声明，声称“医院曾向家属建议剖宫产，但遭到了产妇及家属的拒绝”，又由于有媒体立即就此发布新闻，进一步强化了家属“不顾孕妇感受，坚持顺产”的形象。加之自古以来中国的婆媳关系就处于一种既复杂又微妙的状态：在封建社会中，婆婆占据支配地位，而现如今，又有不少的影视剧渲染“恶婆婆”的形象[①]。由此，不少网民联想到一出家庭伦理大戏，例如有网民评论道：“在生死关头，爱人和婆家对她竟能如此自

① 宋钰颖．浅析电视剧中“婆婆”的刻板印象．大众文艺，2013（5）．

私冷漠，也可想而知，她步入婚姻、怀孕到临产的这段时间，受到过多少心灵的伤害。”① 由此我们看出，网民根据自己所获得的信息，加之某些固有想法，想象出了整个故事。

网民的“想象力”还体现在其“共情”的能力上。通过“共情”，深入对方的内心，去体验他的情感、思维，以更好地理解问题的实质。在微博中，我们能够看到站在孕妇的角度去思考问题的评论，例如：“我感觉是她老公一直说为了儿子怎样怎样，从来没有一句话考虑过孕妇。伤透了心。”② 网民通过“共情”，去想象孕妇的内心世界，从而对其行为产生自己的理解，并给予合理化的解释。此外，网民也会将事件联想到自己身上。有网民评论道：“我也是顺产的，真的很痛苦，不停地哭闹发脾气，觉得没有人能理解和分担这痛苦，想死的心是真的有。”③

“想象力”还体现在充分运用自己的发散思维，由单一事件扩展至其他领域，并进一步探究事件发生的根本原因。对于单一表象的想象与争论仅仅在于对事实的求索，而发散思维的联想则更为深入与广泛，探究事件背后隐藏着的根本问题。在“产妇坠楼事件”中，社会舆论关注的焦点不仅在于事故的责任到底应归咎于哪一方的问题，而且在于更深层的问题，例如：为何中国无法推广无痛分娩？剖宫产为何要取得其家属的同意？当然，也正是因为这样的一个事件，使民众关注到了这些日常中被忽视的问题。

二、网络社会的“声音”与民众的“认同”

卡斯特指出：“信息技术革命和资本主义的重构，已经诱发了一种新的社会形式——网络社会。”④ 虽然网络是虚拟的，但网络所连接的是一个个真实存在的人。网络社会所发出的“声音”就是普通大众的声音，即网民通过各种媒介进行网络表达，行使信息权力。网民在抒发感情、表达态度的同时，也在一定程度上影响着现实中的权力掌握者。而且，在这过程中，网民在寻求身份认同的同时，也建构着网络社会认同。

---

① 关于产妇马××跳楼事件有关情况的说明.（2017-09-03）. http://weibo.com/ttarticle/p/show?id=2309404147846650691960.

② 同①.

③ 关于8·31产妇跳楼事件有关情况的再次说明.（2017-09-06）. http://weibo.com/ttarticle/p/show?id=2309404148785562391048#_rnd1508936114513.

④ 卡斯特. 认同的力量. 曹荣湘，译. 北京：社会科学文献出版社，2006：1.

平等的网络表达

我们所讨论的网络表达主体仅仅指公民个人，不包括政党、机构、社团等社会团体组织。在此限定下，我们来对网络表达下一个定义：指公民个人在网络中，凭借交流平台，来表达自己的观点、感情、意愿和态度倾向的一种网络行为。

那么网络表达究竟是如何做到平等的呢？众所周知，网络与现实最显著的不同就是网络的虚拟性，不论是网络论坛抑或是网络社区，都不存在一个实体的地点，仅仅通过一个虚拟的空间将大家聚集在一起，这样的虚拟性为平等建立了基础。此外，网络的匿名性是使网络表达能够在一个平等的状态下进行的重要原因。一方面，匿名性在很大程度上给予网民一种安全感，可使其在不被他人注视的情况下，表达自己的观点与态度。尤其是针对一些较为敏感的问题，匿名的网民更加敢于表达出自己的见解。另一方面，匿名性带来了身份的平等性，不论是政府的官员、社会的精英还是普通百姓，都是以网民的身份存在于网络之中，消除了由于身份、地位、金钱而产生的不平等。在现实生活中，话语权往往被精英人士所掌握，但是网络却能减少甚至消除这种情况，所有的网民都能根据自己的理解对公共事件阐述自己的观点和态度，也可以进行交流与讨论。

在现实生活中，由于资源的稀缺性以及其他的一些原因，每个人所能够获得的资源是不同的，但是在网络中则不同。网络公平、平等地对每一个公众开放，任何人或者任何组织都不能完全地霸占它。也正是因为如此，每一个参与到网络表达中的人都处于完全平等的地位上[①]。

网络表达可以分为个人表达与公共表达：个人表达是指人们在微博或者微信朋友圈等社交媒体中发表的记录生活的图片与文字，所发表的内容仅涉及个人生活经历与心情；公共表达是指针对公共事件所表达的态度、观点，在新闻客户端、微博等有关热点事件的信息下进行评论[②]。后一种方式也就是我们所说的平等的网络表达，任何人都可以根据自己的理解对事件发表自己的评论，且不存在自上而下的命令意味。虽然网民间存在争论，甚至会出现骂战的情况，但是就双方的地位而言，二者是平等的。

回到“产妇坠楼事件”中，一位博主发表了关于此事件家属一方的有关声明，他在微博下评论道：“截至目前，笔者只是实事求是地向广大网民朋友呈现出各方

① 倪传焱．网络表达中的政府角色转变研究．南京：南京理工大学，2013.

② 徐一凡．公共事件中大学生的网络表达研究．郑州：郑州大学，2016.

情况，还未真正发表自己观点，敬请期待!”[①]。从这一条评论中我们可以看出，即使是自认为汇总了情况的博主，也并不是抱着一种“我掌握真相，广而告之”的心态，而且这也隐含着即使之后发表相关看法，也只是一种自己的观点，并不代表真相的意思。所有的态度、看法都是以平等的沟通交流为前提的。由此，我们再来看一下其他网民的反应，同样既有表达支持的，如“今天不发声，明日没人为我们发声！不站队，力求真相，向自媒体达人致敬!”，也有表示反对的，如“你自己先摸着良心把话说顺了，带有情绪的引导还说别人水军，我看你够了”[②]。由此可见，网络表达确实是以平等的沟通与交流为前提的，而且这一观点已深入人心。

“声音”的力量：行使信息权力

信息权力与以往的传统权力有所区别。在说明信息权力之前，我们有必要先梳理一下传统权力。在此，我们先来看一下韦伯对于权力的解释，韦伯认为：“权力意味着在一种社会关系里哪怕是遇到反对也能贯彻自己意志的任何机会，不管这种机会是建立在什么基础之上。”[③] 也就是说，权力是一种强行的贯彻力。他还将权威划分为三种类型：法理型权威，基于理性、法理制度的合理性；传统型权威，基于传统的神圣性以及由传统授命的统治者的合法性；卡里斯玛型权威，基于领袖的非凡人格魅力[④]。但是无论这三种权威所依据的基础有多么不同，它们都还是基于实体的权力。而信息权力则不同，它既不存在一个固定的权力领袖，也不是一个实体权力，甚至不存在一个固定的、能够贯彻其意志的组织，它只是在交流与沟通中形成的。不在场的网民基于网络平台发表观点、传递信息，并对时事进行评论，在这样的过程中，所展现出的一种权力，我们称之为信息权力[⑤]。这样的一种非实体权力，会对我们在现实生活中的行为产生影响。

在传统的观念中，权力一直掌握在执政者手中，普通民众即使有所不满，但由于长久以来的禁锢，大多也只能服从。但是网络社会的崛起对于人们的权力意识起了一个强有力的刺激作用。人们发现在网络中没有任何一个人能霸占话语权，也没有任何一个人能够成为网络社会的“权威”，每一个社会成员都具备发布信息、表达观点的条件与能力，都可以成为信息权力的掌握者和施行者，至此，权力的主体

① 关于榆林一院“产妇马茸茸坠楼事件有关情况的说明”我们家属有话说.（2017-09-03）. http://weibo.com/ttarticle/p/show? id=2309404147998258007160.

② 同①.

③ ［德］韦伯. 经济与社会：上卷. 林荣远，译. 北京：商务印书馆，2006：81.

④ 瑞泽尔. 古典社会学理论. 王建民，译. 北京：世界图书出版公司，2014：225-230.

⑤ 刘少杰. 网络化时代的权力结构变迁. 江淮论坛，2011（5）.

由政府等机构或组织转向了普通民众[①]。

除了权力的主体转移外，信息权力与传统权力的不同还体现在权力运行方向发生了逆转，由自上而下的强制性转为自下而上的影响力。就“产妇坠楼事件”来说，我们来做一个设想，如果是在没有网络参与的传统权力的运行机制下，事件会如何发展呢？大概是：产妇坠楼后，家属悲痛欲绝向医院讨说法，医院给出解释，家属无法接受。最后的结果无非两种：第一种，不了了之，家属接受产妇已坠楼的事实；第二种，家属起诉医院的监护问题及诊治问题，但是起诉结果我们不得而知。但是，在网络社会中，在医院、家属以及网民等均拥有信息权力的情况下，事件是如何发展的呢？医院在微博上发表了对事件的解释后，家属的声明也在微博上发出，此时网民的舆论比较偏向于医院。之后医院方面发表再次声明，家属也通过微信公众号贴出与妻子微信聊天的截图及死者母亲的发声。此后，网民的意见就有了很大的分歧。最终，医院与家属达成和解协议，其中涉及了补偿金额的问题，也包括家属不能够再接受媒体采访的要求[②]。由此，我们可以发现，虽然网民并没有利用其所掌握的信息权力找寻出真相，并不能得知促使产妇跳楼的责任到底归于哪一方，但是这种信息权力的影响力，这种舆论对事件关注的压力，确实促成了双方的和解。

网民信息权力拥有不容忽视的力量，权力的运行从普通民众开始，通过对所获得的信息做出判断，通过互相的交流与讨论，产生一致抑或不一致的意见。而不一致的意见则会促进对事件的讨论，从而扩大其影响，这样的舆论压力与关注度也会促进双方达成协议或和解。

从“产妇坠楼事件”的最终结果可以看出，即使存在诸多争议与分歧，信息权力也发挥着很大的作用。卡斯特曾写道：“从历史上看，对舆论和图像的信息和表达方式加以控制，一直是国家权力的维系工具。”[③] 但是如今，信息权力的影响力是如此巨大，若是出现舆论一边倒，那么情况又将如何呢？

我们可以从“山东辱母案”法院一审和二审的不同判决中窥见一二。2016 年 4 月 14 日，于欢及其母亲被催债人用极端恶劣的手段进行长时间的侮辱后，于欢用刀刺伤了 4 人，其中一人因失血过多死亡。2016 年 12 月 15 日，聊城市中级人民法院开庭审理此案，法院认为：于欢并不存在防卫的紧迫性。2017 年 2 月 17 日，一

---

① 刘少杰．网络化时代的权力结构变迁．江淮论坛，2011（5）．

② 白兆东．产妇坠亡事件双方和解：院方赔钱 家属“沉默”．(2017-09-10)．http://news.ifeng.com/a/20170910/51941348_0.shtml．

③ 卡斯特．认同的力量．曹荣湘，译．北京：社会科学文献出版社，2006：309．

审判处于欢无期徒刑。2017 年 3 月 23 日，《南方周末》刊发了这一起事件，随后凤凰网和网易的介入报道使这一事件迅速升温，成为大家在网络上热议的话题。在这起事件的评论中，可以发现网民一边倒地支持于欢，认为法院的审理有失公正，刑罚过重。此后，被告人于欢提出上诉。2017 年 6 月 23 日上午 9 时，山东省高级人民法院宣判于欢由无期徒刑改为有期徒刑 5 年，法院认定其刺死 1 人行为系防卫过当①。

在“山东辱母案”中，我们可以管窥到信息权力的力量。虽然舆论并不能代替法律，但是两者之间并非完全对立，法律应吸取舆论中可以接纳的部分。从事件的结果来看，法院的审判也的确吸纳了民众的意见，将无期徒刑改为有期徒刑 5 年，并承认其防卫的正当性。这个事件的过程很好地体现了信息权力自下而上的影响力。舆论的一边倒使信息权力最大化：网民作为一个普通的群体，通过在网络上不断地发声，汇集力量，并对拥有现实审判权的法院施加压力。若没有舆论的压力，二审结果会是如何我们不得而知，但是我们不得不承认，信息权力的确在其中发挥了巨大作用，在一定程度上影响了法院的判决。

渴求认同

卡斯特认为：在如今的社会网络背景下，“认同”已经不再是传统意义上的角色和角色设定②。不可否认，认同的性质似已发生了一定程度的变化，但是尽管如此，我们仍不能完全抛弃其传统意义。

从传统意义上来看，认同指的是一种个体的身份认同，实质上是个体寻求他人以及社会认可的过程③。自己在多大程度上被他人所接受以及自己处于社会中的何种层次、地位等问题都是人们所关心的。如今，随着虚拟空间的发展，人们开辟了获得他人评价的新领域，每个人都希求通过网络，达到获得认同的目的。

朋友圈的点赞可以充分证明这一点。有多少人为了获得更多的点赞数，下载各种拍照软件。另外，值得一提的是，如果在微信中搜索“朋友圈点赞”这几个字，可以获得这样的一些文章：《别抱怨别人不给你朋友圈点赞》《为什么有的人从来不在你朋友圈点赞》《为什么 ta 的朋友圈点赞比你高》。这些文章进一步从侧面证实了人们对于朋友圈点赞的极大关注，有人甚至会为此产生烦恼。而这种行为以及焦虑情绪的背后，无一不透露出大众渴求得到他人认可的心理。

---

① 辱母案. https://baike.so.com/doc/25352122-26369005.html.

② 卡斯特. 认同的力量. 曹荣湘，译. 北京：社会科学文献出版社，2006：5.

③ 刘少杰. 网络化时代的权力结构变迁. 江淮论坛，2011（5）.

不仅是微信，在微博中也同样如此。当起微博博主，分享各种经验或技巧，如健身、护肤、美食等。雪莉·特克尔曾写道：“如果你和一个陌生人分享一些私人的事情，你希望得到他人的认同。匿名不能阻挡我们情感的投入。”①

人有一种与生俱来的对被孤立的恐惧，所以人们总是希望有更多和自己观点相同的人。回顾“产妇坠楼事件”中网民的评论，可以发现其中大部分都表明了自己的立场，支持医院抑或是家属，甚至有一些人晒出图片来证明其判断，而这样做的目的无非是希望更多人加入自己的阵营，希望自己所表达的观点能够得到他人的认同。如今，我们每个人都将自己投射在网络社会之中，网络的虚拟性与匿名性也不能阻止我们对认同的渴求。

而卡斯特所关注的则是另一层面的认同，是一种来自大众的集体认同②，即网络群体对某一事件或社会的评价、认可及接受③。在这之中，通过经验的影响或是网络互动，形成共识，进而演变为群体认同。如此一来，卡斯特所说的认同中，共识就显得尤为重要了。

三、网络分歧中的共识与行动

在文化、价值观多元的时代，大家在观点上存在分歧是非常正常的一种现象。但是，值得我们注意的是，过于强调分歧是没有必要的，以消除分歧为最终目的更是毫无意义。分歧与共识本就是不可分割的共同体，分歧的存在也就意味着共识是存在的，这种共识既指一种源头性的共识，也指在不同群体内部产生的共识。在共识的前提下，群体总会做出一些行动，有可能是深入挖掘事件的内在原因或机制，也有可能在群体作用下，采取一些不太理性的行动。

分歧背后的共识

在所有的网络行为中，都存在着一个“默认共识”，那就是网民个人可以对事件发表自己的看法，且这种评论可以为他人所见，会对他人产生影响。只有在这个前提下，人们才愿意发表评论，我们才可以看到针对“产妇坠楼事件”的上万条评论。虽然这些评论所针对的对象各有不同，但是这些评论在发出时，都被发出者默

① 特克尔. 群体性孤独：为什么我们对科技期待更多，对彼此却不能更亲密?. 周逵，刘菁荆，译. 杭州：浙江人民出版社，2014：247.

② 卡斯特. 认同的力量. 曹荣湘，译. 北京：社会科学文献出版社，2006：6.

③ 刘少杰. 网络化时代的权力结构变迁. 江淮论坛，2011（5）.

认为是有意义的。在现实生活中，我们常说“最怕空气突然安静”，而在网络世界中，对公共热点事件的评论却从来不用担心这一点，不论是否被明确回应，评论都会被他人看到，并起到一定的影响作用。

关于分歧与共识，我们常常可以听到“搁置分歧、扩大共识”这样一种说法，在这个意义上，分歧与共识是相互对立的两个方面，需要抛开意见不一致的部分，而专注于意见统一的内容，并将其扩大。但是，分歧与共识远远不是相互对峙的关系，分歧的背后存在着共识，其根本源头就在共识之中。在分歧与共识的问题上，我们往往专注于分歧，而忽略了隐藏在背后的共识。有学者曾写道：“之所以会出现‘分歧’，只是在同一理解层次中没有发现它们之间的‘结合点’而已，这个结合点即常言的‘最大公约数’。”①

分歧与争论总是吸引眼球的，在对于事件的讨论中，我们可以很快地发现人们的争论点。我们可以看到网民在关于产妇之死的责任归因上存在分歧，但是这个分歧背后的共识是什么呢？这个分歧之上的“最大公约数”是什么呢？虽然网民的关注方式各有不同，但不论是朋友圈的文章转载，还是热门微博下的评论点赞，其相同点在于他们都关注“产妇坠楼”这一个事件，这就是其中最根本的一个共识。若把“产妇坠楼事件”看作一个圈子的话，那么所有关注这个事件的人都是这个“看不见的圈”中的一分子，不论发表怎样的意见，意见间的分歧有多大，涉及什么领域的问题，这一切都是由这一个事件衍生出来的，也就是说，都没有超出这个圈子的范围。

此外，网民聚焦于同一事件也是由于一种“基础共识”的存在。众所周知，生育无时无刻不在发生，在生产过程中，难免会出现难产而死的情况。而由于科技的进步，因生育而死亡的现象越来越少。在此前提下，在如今这个时代，却出现了因生育的疼痛而选择自杀的产妇，这是令人感到非常疑惑的一点。“产妇在如今的科技水平下却因为疼痛而跳楼自杀，这是不应该发生的”，这便是基础共识。也正是基于此共识，才会有之后到底是医院的责任还是家属的责任，到底是医院未提议剖宫产还是家属坚持顺产的分歧与争议。

对于基础共识，我们也可以从“教授殴打清洁工事件”中窥见一二。陕西科技大学 2016 年刚聘请的教授、海归博士葛某因环卫工收垃圾挡住了他的车，而对其推搡殴打②。这起事件之所以能够获得关注，不仅是因为打人的行径，更是因为打人者的身份。尽管网民对于判决的轻重存在分歧，但是分歧背后的“教授不该打

---

① 陈付龙．分歧到共识：和谐交往的价值图景演绎．思想理论教育，2014（2）．

② 教授殴打清洁工被处 10 日拘留 西安教授打清洁工事件始末．(2017-10-10)．http://www.jvnan.com/shehui/202544.html．

人”的共识是显而易见的。民众认为教授应该是一个有文化、有修养的形象，而与打人者的形象相去甚远。在教授的形象违背了大家的基础共识后，这件事才会引起广大网民的关注。

共识之下的深度思考

“产妇坠楼事件”中，大众基于“产妇无特殊原因，不会选择自杀”这一共识，互相争论责任归属问题。但是除此之外，也有不少网民对这一事件进行了更加深入的思考，挖掘这一事件背后所潜藏的深层问题。

首先是医疗方面，为什么在已经有了无痛分娩技术的情况下，竟会出现这样的不幸呢？由于无痛分娩的普及率低，大众对这项技术并不十分了解，所以首先想到的是安全性的问题。难道是因为这项技术并不安全？会对产妇及胎儿造成伤害吗？事实上，无痛分娩技术产生至今已经有 100 余年的历史了，在欧美国家早已普及，并不存在所谓的安全问题。“公开资料显示，在欧美国家，无痛分娩的比例高达 80%以上；但在我国，这个比例却不到 10%。”[①] 据此，网民继续发问，造成我国无痛分娩普及率低的原因是什么呢？原来，“欧美等发达国家 1 万个患者对应的是 2.4 个麻醉师，我国这个数字仅为 0.5。数据显示，我国麻醉师的缺口达到 30 万”[②]。可想而知，在如此巨大的麻醉师缺口下，又如何推广无痛分娩呢？

其次是法律方面，为什么一定要在家属签订同意书后才可进行手术呢？为什么产妇本人无法选择自己的生产方式呢？原来，产妇签署了授权书，将签署相关文书的权利交给了她的丈夫。值得一提的是，根据有关规定，在接受手术时，必须征得患者同意，并取得其家属的同意。只有在无法取得患者意见时，才必须经由家属同意并签字。“可是，现实却是医院在实施手术或特殊治疗的时候，很少是由患者本人签字同意的，而是基本都靠患者家属或者关系人签字同意才算确认。为什么会这样？仔细想想，完全可以理解医院的做法。因为即便患者本人签字同意，一旦出现医疗事故和意外情况，医院也仍然会面临被患者家属追责，甚至医闹等纠纷事件的风险。如果取得患者家属的签字认定，至少会降低这种风险承担。况且，患者本人签字同意时如何认定是否有自主意识，是否与家属意愿完全一致，都是可能纠缠不清的麻烦。”[③] 所以，医院基本上都是在患者家属签字同意后才会进行手术或特殊

① 榆林产妇坠楼引发对“无痛分娩”高度关注 中国麻醉师缺口 30 万.(2017-09-22). http://www.chinairn.com/news/20170922/095157780.shtml.

② 同①.

③ 张颖. 产妇坠楼事件法律问题分析.(2017-09-08). http://china.findlaw.cn/lawyers/article/d587769.html.

治疗。

最后是女性的地位方面。除了因为麻醉师有缺口，是否还因为生产仅与女性有关而不受重视呢？若病床上是“他”，是否无痛分娩会普及得更快呢？对于生育这件事情，大多数人（尤其是男性）更为重视结果，甚至孩子的性别也比母亲是否舒适更为重要。但是生产的疼痛是非比寻常的。若把疼痛分为1～10级的话，那么生育的疼痛就是最高的10级。即使麻醉剂被研发出来后，也未被允许使用在分娩妇女身上。在历经了几十年的社会运动后，妇女的生产疼痛才得以减轻。若需要生产的人是男性，那么政府是否就会大力支持推广无痛分娩技术了呢？[①]

共识之下的网络集体行为

9月6日，在医院贴出了家属的三次拒绝剖宫产记录和产妇跪地的三张监控视频截图后，社会一片哗然，舆论沸腾了。在这条微博下有上万条评论都在指责家属，谩骂甚至诅咒。值得一提的是，网民不仅以个人评论的方式对家属进行指责，而且常常回复他人的评论，进行“友好”互动，即在对他人的指责表示支持的同时，以更加激烈的语言咒骂家属。更有甚者，有网民在评论中贴出了产妇丈夫的身份证号、电话号码等私人信息，不少网民都跟风评论道，要发短信、打电话对其进行辱骂。

不可否认的是，在这种行为背后，也有着共识的影响。除了上文说到的“最大公约数”以及“基础共识”外，还有一种共识是通过相互的沟通交流产生发展的。虽然网络中没有群体之间的明确界限，但是每个人都知道自己的观点与态度。网民会在互动交流中，找到与自己观点相同的人，组成一种虚拟的、无边界的群体，并形成一种群体性的共识。在此，不得不提的一个概念是“集体心智”。古斯塔夫·勒庞认为，每一个人在作为个体存在的时候，都是理性的、有礼貌的、有教养的，但是当个体进入集体之后，个人会在互动交流中受到群体的感染、影响、暗示，经过这样的过程，其思维和行为方式就会逐渐趋于统一，形成一种“集体心智”。在“集体心智”的影响下，个人的理性、人格意识会被逐渐削弱，极易被煽动，行为变得冲动而急躁[②]。也就是说，网民进入某一讨论平台，形成了群体共识后，个体对事件的判断就会受到群体的感染与影响，在形成“集体心智”后，其行为越发趋于情绪化。

---

① 李珊珊．无痛分娩这项技术，全中国只有1%的产妇享受过.(2017-09-06). http://www.dxy.cn/bbs/topic/37525741? keywords=%E6%97%A0%E7%97%9B%E5%88%86%E5%A8%A9.

② 熊一丹．解读群体心理：读勒庞的《乌合之众》．新闻世界，2014 (8).

在群体性共识与“集体心智”的作用下，形成了网络的集体行为。顾名思义，网络的集体行为与现实中的集体行为最大区别就是：它是发生在虚拟世界之中的。现实中的集体行为是一种线下的、实在的互动过程，往往是在特定的区域，聚集了一些特定的人，进行一些非常规或非理性的行为。但是网络的集体行为就不同了，它可以跨越时空的界限，实现非实体性的聚集。通过缺场交往，跨越空间的障碍，最大限度地联结世界上各个角落的人。互联网也消除了时间的制约，信息瞬时即达，且在任何时间都可以发表评论。所以，如今要实现人群聚集比以往任何时代都容易，只要有一个共同的兴趣关注点，一个网络聚集就可形成，集体行为就有了基本的前提。

在此，我们也可以看一下“王宝强离婚事件”中的集体行为。2016 年 8 月 14 日，王宝强在微博发表了离婚声明，明确说明了自己妻子马蓉在婚内出轨自己的经纪人的事实。在明星效应下，事件瞬间成为热点。显然，这样的一个“妻子出轨，兄弟背叛”的事件，刺激到了公众的神经，明显地违背了公众的“基础共识”，舆论全部倒向王宝强。又加之“集体心智”的影响，掀起了“全民骂马蓉”的网络热潮。在一些毫不相关的微博内容下，都可以看到对马蓉的指责。

但是，这种网络上的集体行为与现实中的相比，有几点区别。首先，网络上的集体行为的破坏力相对较小。不可否认，在网络中发生的事情的确会对现实产生非常大的影响，但是就破坏力而言，网络集体行为的破坏力远不如现实集体行为的破坏力。具体来说，现实的集体行为，如游行示威，可能会造成交通堵塞，影响人们的正常工作与生活；更严重的情况是由于人们聚集在一起，在群体的影响、感染下，由于群体情绪过于激动而发生暴力流血事件。而网络上的集体行为，其破坏力常表现在由于同一时间的大量点击，服务器发生故障，社交媒体瘫痪，这虽然会对人们的生活产生影响，但破坏力较弱。其次，网络集体行为也具有暂时性的特点。其兴起的原因在于大家的关注，而在关注度减弱或是有新的事件转移大家的注意后，此前的集体行为就会逐渐消退。

四、网络行为的影响与引导

网络社会中，分歧的背后隐藏着共识，而由共识所引发的行为，不仅具有线上的影响，也对我们的日常生活产生了巨大的影响。这些行为在对现实世界积极促进的同时，也产生了一些危害，所以需要通过线上与线下双管齐下，对网络行为进行引导。

网络暴力危机：正视分歧，凝聚共识

众所周知，网络的虚拟性、匿名性给予了人们畅所欲言的机会。在网络中，现实中真实的人转换为一个个电子屏幕，伴随着真实感降低的是道德感知的下降，人们呈现出一种无所顾忌的状态。尽管有些时候，他们的立场是在正义的一方，但他们用键盘敲出来的字却往往令人不敢苟同。话语的恶劣程度甚至使人怀疑他们是否真的知道这句话的意思。但是，即便他们知道这句恶毒的话意味着什么，也不会想到这句话会对他人造成怎样的影响。即使是再洒脱的人，也不会对别人的谩骂无动于衷。比较典型的是那些公众人物，我们可以看到公众人物对网络暴力的控诉，他们甚至因为无法排解其所带来的心理压力，而出现了心理抑郁。

而且，更为可怕的是，伤害往往不仅针对网络事件的当事人，还发生在发表意见的网民之间。在"产妇坠楼事件"中，我们知道网民分成了两大阵营：一方支持医院，认为家属不顾亲情，拒绝剖宫产，从而导致了产妇自杀；而另一方则对家属表示支持，认为医院为了推卸责任，抹黑家属，不顾事实真相，并因为监护不当，致使产妇死亡。分处两大阵营的人针锋相对，对于持反方向意见的网民"破口大骂"，其中有的人选择回骂，而有的人选择默默忍受。

分歧并不可怕，每一个人所接收到的信息以及对信息的理解力、理解角度都不同，所以有分歧是非常自然的，但可怕的是大家无法认识到这一点。很多人好像没有办法接受他人与自己的意见不一致。当然，从侧面的角度看，这也是一种需要他人认同的表现。

此外，我们不仅需要有正视分歧、接受分歧的能力，也要有发现共识、凝聚共识的力量。我们可以做一个类比，当我们专注于一个人的缺点时，往往就会忽视其优点；若我们过分关注分歧，也会忽略共识的存在。当对支持家属一方抑或对支持医院一方的网民发表谩骂的评论时，他们好像忘记了被自己辱骂的人不过也只是同自己一样，发表了对事情的看法罢了。"我要说出我自己对事件孰是孰非的看法"，这不就是两者之间的共识吗？若是无法接受分歧的话，为什么不去指责那些没有关注此事的人呢？批判他们为什么连一个产妇的性命都不关注，因为他们才是与你有更大分歧的人啊。所以如果不指责他们的话，又为什么要咒骂与自己有一定共识的人呢？

在这里，并不是说不允许网民间互相讨论，甚至争论。我可以不同意你的说法、看法，但是我捍卫你表达的权利，就像我捍卫我自己说话的权利一样。只不过需要改变一下方式、方法。互相胡乱地咒骂并不是我们所提倡的方式，如此方式只会导致社会冲突。那么我们该如何做呢？就像哈贝马斯的沟通行动理论一般，应该诉诸良好的沟通，即行动者通过语言交流寻求相互理解，从而使社会重新建立共识，协调人际交往①。所谓沟通，其目的是达至相互理解的状态，所以网络上网民的互相谩骂，便算不上沟通。此外，哈贝马斯提出了一种“理想沟通情境”，在实现有效沟通的过程中需要遵守以下三条要求：首先，要确保所说的内容是能够反映相关事实的。其次，在交流的时候，要遵守沟通的社会规范，也就是说所使用的语言要使对方能够接受，满足正当性。最后，是我们所使用的话语需要使对方感觉到真诚，感觉到我们在表达自己内心的想法②。虽然这样的要求有一种理想模型的意味，但是，我们也可从中得一些沟通的启发。在“产妇坠楼事件”的评论中，我们可以发现很多评论都不满足这几点要求。发表评论者往往满足于自己发泄情绪的需要，而不去考虑这些话是否符合现实中的社会规范，也不去在意对方是否能够接受，这样的情绪性表达完全背离了我们所说的理想沟通的正当性。

这样的网络暴力行为是需要规范与杜绝的，网络表达是需要相应的道德约束的。现阶段，公民的自律意识以及互动交流能力都需要进一步增强③。由于网络社会的虚拟性和匿名性，部分网民只关注自由表达的权利而忽视了网络道德，自律意识亟待加强。此外，网络暴力事件也揭示了公民互动交流能力的不足。这不仅体现在网络暴力的对象上，也表现在围观群众的反应中，若大家都可以在网络上清晰地说明事情的情况并进行一种友好的互动，也就有可能防止网络暴力的产生与蔓延。

网络时代的线下暴力

在“集体心智”的影响下，暴力不仅仅发生于虚拟世界中，还发展到了现实世界。在“产妇坠楼事件”中，医院曾两次在微博中发表产妇坠楼的声明，尤其是在监控视频的截图曝光后，舆论纷纷直指家属。而线上的谩骂也在“人肉搜索”后，随着个人信息的泄露，转向了线下的骚扰。在得知产妇丈夫的电话号码后，众多网民纷纷表示要对他进行短信、电话的轰炸。9 月 6 日到 7 日两天内，产妇丈夫的手机上收到了网民 500 多条谩骂短信和 300 多个骚扰电话。虽然在这些网民看来他们

---

① 祝雄林．哈贝马斯的沟通行动理论研究．传承，2012（12）．

② 谢立中．哈贝马斯的“沟通有效性理论”：前提或限制．北京大学学报（哲学社会科学版），2014，51（5）．

③ 李玲，黄健荣．论当下中国公共治理中的网络话语表达．探索，2010（4）．

是在伸张正义，但是这样的方式，对于一个普通人来说，完全是难以承受的。这样的行为更是对公民权利的践踏。

有些人认为网络上的语言暴力没有什么大危害，只要选择不去浏览，就可以防止其对自身造成伤害。但是，如此这般的线下暴力又如何躲避呢？难道需要通过更换手机号解决？在这里，也并不是说不允许网民表达自己的态度，但是采取这样激烈的手段，除了宣泄情绪之外，又有何意义呢？这样的举动对于他人会造成巨大的伤害。此外，线下的暴力不仅是对个人，还有可能对整个社会造成巨大的影响。

2016年7月，建立在菲律宾共和国阿基诺三世政府非法行为和诉求基础上的南海仲裁案仲裁庭作出了非法无效的所谓的最终裁决[①]。在网络“集体心智”的渲染下，网民也将线上的行为发展成了线下的暴力。网民除了在网上发表各种评论、图片抵制菲律宾外，也把这种抵制的矛头对准了肯德基、麦当劳。7月17日上午，一群民众聚集在一家肯德基门口，并打出横幅进行围堵，横幅上写着：“抵制美日韩菲，爱我中华民族，你吃的是美国肯德基，丢的是老祖宗的脸。”此外，当时网络上曝光的一些视频资料显示，很多家肯德基、麦当劳门前都聚集了大量的民众，甚至有一些民众进入店内痛斥其中的顾客，指责其不爱国。而这样的行为也通过互联网的迅速传播而进一步聚集了更多的民众。但是，这些民众的线下行为非但没有起到什么作用，还对普通民众造成了影响。肯德基的雇员绝大部分是中国人，肯德基的主要供应商多数也是中国企业[②]。而这样的线下抵制行为不仅伤害了当时在店内用餐的中国顾客，还伤害了更多的中国同胞，伤害了国家利益。

这样的一些事件暴露了民众缺乏对于极具煽动性信息的判断能力。网民发泄情绪，盲目从众，打着爱国旗号，缺乏理性思考，冲动抵制。在这样的情况下，需要政府加强网络监管。第一，加大对于网络媒体的监管。有些网络媒体在利益的驱使下，为了博取更多人的关注，断章取义，歪曲事实，对网民的暴力行为起了助推作用，要加强对网络媒体的引导。第二，落实网络服务提供商的责任与义务。网络服务提供商要对网络传播的信息予以关注，承担起相应的责任。第三，完善网络立法，监管网络暴力。网络立法要对个人的行为进行更为详细的规定。例如，要对

① 南海仲裁案最终裁决今日正式宣布 中方不接受不承认.(2016-07-12). http://mil.news.sina.com.cn/china/2016-07-12/doc-ifxtwihq0112760.shtml.

② 李智，戚易斌．中外媒体谈抵制肯德基事件：理性爱国是最正确选择.(2016-07-20). http://news.china.com.cn/world/2016-07/20/content_38922164.htm.

“网络水军”进行立法治理，要建立对于虚假信息的惩治机制，切实做到对于网络行为依法管理[①]。值得一提的是，在立法方面，国家已经出台了相应的法律法规。2016 年 11 月 7 日，十二届全国人大常委会第二十四次会议通过了《中华人民共和国网络安全法》，该法对网络运行安全、网络信息安全、监测预警与应急处理均做了规定，并已于 2017 年 6 月 1 日起正式施行。此外，国家互联网信息办公室于 2017 年 8 月 25 日公布了《互联网跟帖评论服务管理规定》。“出台《规定》旨在深入贯彻《网络安全法》精神，提高互联网跟帖评论服务管理的规范化、科学化水平，促进互联网跟帖评论服务健康有序发展。”[②]《规定》已于 2017 年 10 月 1 日开始施行。

网络问题的治理：倒逼机制

网络监管对于网络热点事件来说，大多是一种事后的补救。例如在“产妇坠楼事件”中，产妇丈夫的身份证号及手机号码被网民泄露，这是侵犯他人隐私权的行为。即使通过网络监管，对相关的信息进行删除，但其所造成的影响已无法清除。所以，网络监管对于事件本身，仅仅有事前的威慑作用或事后的补救作用，无法从根本上解决问题。

虽然网络热点事件爆发于虚拟的网络之上，但其根源仍然是在线下、在现实世界之中，所以我们需要网络、现实双管齐下的治理。我们可以看到网络社会的自由、平等为公众创造了表达态度与诉求的机会与平台。对于传统纸质媒体发布的信息，读者往往仅享有知情权，而不会对事情的发展起到任何作用。在这情况下，即使读者有自己的意见，也无处发表。微博、微信等网络社交媒体恰恰为读者提供了发表意见的机会，去权威化的网络体系使大多数的民众有了话语权，由此所形成的一种信息权力具有强大的倒逼作用，能够有效地以自下而上的方式迫使社会组织、权威机构甚至政府做出让步与改变。

网络舆论倒逼事件澄清。我们可以明显地看到，在公众的激烈讨论下，在舆论的巨大压力下，不论是家属还是医院都不得不反复地在网络上进行事件澄清，不断地透露事件的细节。此外，网络舆论与网络媒体相互促进。一方面，网络媒体的报道引起民众对事件的关注。另一方面，随着讨论的深入，为了获得更大的阅读量与关注度，媒体的采访也在不断地深入，其采访对象从主治医生与产妇丈夫扩展到产

---

① 傅慧芳，张君良．公民网络表达的迷失与进路．理论探讨，2011（2）．

② 国家互联网信息办公室公布《互联网跟帖评论服务管理规定》．(2017－08－25)．http://www.thepaper.cn/newsDetail_forward_1774315.

妇的母亲、产妇的婆婆、产妇丈夫的堂哥、产房的护士等等。由此所获得的多方面、多角度的信息，使事件更加立体地呈现在网民面前，进一步促进了事件的澄清。

网络舆论倒逼权力主体的关注与介入。“产妇坠楼事件”的高讨论度促使政府对此高度关注。“据了解，为妥善处理该事件，9 月 7 日，榆林市政府召开了专题会议，成立了由榆林市政府分管领导任组长、绥德县政府、市卫计局、公安局负责人为副组长，相关部门单位负责人为成员的榆林市绥德‘8・31’产妇坠楼事件调查处置领导小组。领导小组下设调查组、舆情组、善后组 3 个工作小组，对坠亡事件依法、依纪、依规进行查处。”① 公民的关注也推动了政府部门的介入，在一定程度上加快了事件的解决，也提高了政府的管理能力。

网络监督倒逼政府秉公用权，廉洁行政。网络舆论监督成为公民行使监督权的有效途径之一，网络的匿名性帮助网民减少顾虑，传播的瞬时性、交流的互动性可使网民最大程度地凝结，制约着政府的权力与行为。

网民通过自下而上的方式，督促着社会机构、组织、政府朝着更有利于广大人民群众的方向改进。由此可见，网络热点事件在暴露现实问题的同时，也通过舆论的倒逼机制使该现实问题得以缓和或解决。

结　语

通过“产妇坠楼事件”，我们可以管窥网络社会的“声音”所产生的巨大影响。不可否认，即兴的网络表达会掺杂网民的个人偏好，匿名的网络表达会助长情绪性发泄，增加言辞激烈、刻薄的可能性。但是，网络表达始终是一个普通民众发出真实“声音”的渠道。同时，网络表达以凝聚起来的力量行使信息权力，也督促着社会朝更好的方向发展。此外，即使对立双方有较大的分歧，因分歧而产生一些冲突，也是有积极作用的。这种冲突可以作为“社会安全阀”，既缓解了双方的心理压力，又可作为预警，吸引权力主体的关注并做出应对。

此外，我们也可以从中看到分歧背后的共识所带来的影响。我们所说的“共识”，不仅是指对某一事件的聚焦，更是指基于交流互动而产生的共同认识。从总体上来看，网络分歧可能会大于共识，所以我们在互动过程中，要承认分歧存在的合理性，培养包容分歧的能力。不仅如此，我们更需要培育网络共识。就像线下共

---

① 榆林公布产妇坠亡初步调查结果：医院诊疗合规 监护不到位.（2017-09-08）. http://news.cnwest.com/content/2017-09/08/content_15364184.htm.

识的形成需要沟通和规则一般，线上也需要这样的规则，这就要求我们在网络参与和讨论的过程中，培育一种沟通伦理。另外，在扩大网络共识方面，政府部门的外部监管作用也不容忽视。政府可以通过对网络媒体、网络服务提供商的监管，通过一些强制性的手段，对互动方式进行一定的限制。由此所形成的一种更为广泛的共识，也将有效维护社会的和谐与稳定。

参考文献

［1］涂尔干. 社会分工论. 渠东，译. 北京：生活·读书·新知三联书店，2000.

［2］陈付龙. 分歧到共识：和谐交往的价值图景演绎. 思想理论教育，2014，(2)：47-51.

［3］傅慧芳，张君良. 公民网络表达的迷失与进路. 理论探讨，2011 (2)：20-23.

［4］卡斯特. 认同的力量. 曹荣湘，译. 北京：社会科学文献出版社，2006.

［5］李玲，黄健荣. 论当下中国公共治理中的网络话语表达. 探索，2010 (4)：71-76.

［6］刘少杰. 个人行动的社会制约：评迪尔凯姆关于个人行动、集体表象和社会制度的论述. 黑龙江社会科学，2009 (5)：152-158.

［7］刘少杰. 网络化时代的权力结构变迁. 江淮论坛，2011 (5)：15-19.

［8］格兰诺维特. 镶嵌：社会网与经济行动. 罗家德，等译. 北京：社会科学文献出版社，2015.

［9］韦伯. 经济与社会：上卷. 林荣远，译. 北京：商务印书馆，2006.

［10］宋钰颖. 浅析电视剧中“婆婆”的刻板印象. 大众文艺，2013 (5)：183-184.

［11］倪传焱. 网络表达中的政府角色转变研究. 南京：南京理工大学，2013.

［12］瑞泽尔. 古典社会学理论. 王建民，译. 北京：世界图书出版公司，2014.

［13］郗春媛. 社会学的想象力：共情、洞察及重塑：读米尔斯《社会学的想象力》. 社会科学论坛 (学术评论卷)，2009 (8)：149-153.

［14］特克尔. 群体性孤独：为什么我们对科技期待更多，对彼此却不能更亲密?. 周逵，刘菁荆，译. 杭州：浙江人民出版社，2014.

［15］谢立中. 哈贝马斯的“沟通有效性理论”：前提或限制. 北京大学学报 (哲学社会科学版)，2014，51 (5)：142-148.

［16］熊一丹．解读群体心理：读勒庞的《乌合之众》．新闻世界，2014（8）：290－291．

［17］徐一凡．公共事件中大学生的网络表达研究．郑州：郑州大学，2016．

［18］祝雄林．哈贝马斯的沟通行动理论研究．传承，2012（12）：66－67．

［19］张志杰．“标题党”现象的危害及治理研究：以新媒体对湖南产妇死亡事件的报道为例．东南传播，2015（3）：123－124．

［20］白兆东．产妇坠亡事件双方和解：院方赔钱 家属“沉默”．(2017－09－10)．http://news.ifeng.com/a/20170910/51941348_0.shtml．

［21］李珊珊．无痛分娩这项技术，全中国只有1％的产妇享受过．(2017－09－06)．http://www.dxy.cn/bbs/topic/37525741？keywords＝％E6％97％A0％E7％97％9B％E5％88％86％E5％A8％A9．

［22］李智，戚易斌．中外媒体谈抵制肯德基事件：理性爱国是最正确选择．(2016－07－20)．http://news.china.com.cn/world/2016－07/20/content_38922164.htm．

［23］榆林公布产妇坠亡初步调查结果：医院诊疗合规 监护不到位．(2017－09－08) http://news.cnwest.com/content/2017－09/08/content_15364184.htm．

［24］关于榆林一院“产妇马茸茸坠楼事件有关情况的说明”我们家属有话说．(2017－09－03)．http://weibo.com/ttarticle/p/show？id＝2309404147998258007160．

［25］关于8·31产妇跳楼事件有关情况的再次说明．(2017－09－06)．http://weibo.com/ttarticle/p/show？id＝2309404148785562391048＃_rnd1508936114513．

［26］关于产妇马××跳楼事件有关情况的说明．(2017－09－03)．http://weibo.com/ttarticle/p/show？id＝2309404147846650691960．

［27］张颖．产妇坠楼事件法律问题分析．(2017－09－08)．http://china.findlaw.cn/lawyers/article/d587769.html．

［28］国家互联网信息办公室公布《互联网跟帖评论服务管理规定》．(2017－08－25)．http://www.thepaper.cn/newsDetail_forward_1774315．

［29］教授殴打清洁工被处10日拘留 西安教授打清洁工事件始末．(2017－10－10)．http://www.jvnan.com/shehui/202544.html．

［30］南海仲裁案最终裁决今日正式宣布 中方不接受不承认．(2016－07－12)．http://mil.news.sina.com.cn/china/2016－07－12/doc-ifxtwihq0112760.shtml．

［31］榆林产妇坠楼事件为何先剑指家属，后质疑医院?．(2017－09－20)．https://mp.weixin.qq.com/s？__biz＝MzAwNzIwNDM0Mw＝＝&mid＝26515192-

68&idx=1&sn=97b58ece4de5b68a5367d079c3e7dc10.

［32］榆林产妇坠楼引发对“无痛分娩”高度关注 中国麻醉师缺口 30 万.（2017-09-22）. http://www.chinairn.com/news/20170922/095157780.shtml.

［33］榆林产妇跳楼事件九次反转背后的舆论隐像.（2017-10-13）. http://sh.qihoo.com/pc/detail? check=9071a7a6a52fb46f&sign=360_e39369d1&url=http://www.yidianzixun.com/article/0HSwI4Zh.

［34］辱母案. https://baike.so.com/doc/25352122-26369005.html.

第三章　从围观他人到呈现自我：网络直播与短视频热潮中的草根文化

引　言

近两年，网络直播与短视频兴起，掀起了一阵“全民直播”“全民娱乐”的热潮。随着移动互联网和具有摄像功能的智能手机的迅速普及，中国互联网进入了一个“随走、随看、随播”的“移动视频直播 Web 3.0 时代”。网络直播和短视频业务呈爆炸式发展，吸引了大量用户和投资，成为国内互联网行业增速最快的领域。通过智能手机等简易的信息采集设备，用户即可将信息以视频直播或短视频的形式发布到平台上供受众实时观看。网络直播和短视频通过移动互联网搭建了一个场景化社交平台，促进了信息传播形态和交互方式的变革，极大地提高了信息传播的交互性、真实性、实时性和开放性。更重要的是，网络直播和短视频改变了受众在媒介中的角色和地位。网络直播和短视频的传播内容主要为用户生产，用户不仅是内容的观看者，也是制作者和传播者。由于网络直播和短视频的门槛比较低，普通人也获得了发声的权利，所以传播结构呈现出去中心化、多元化趋势[①]。

根据中国互联网络信息中心发布的第 39 次《中国互联网络发展状况统计报告》，截至 2016 年 12 月，网络直播用户规模达到 3.44 亿，占网民总体的 47.1%[②]。虽然国家从 2016 年底加大了对网络直播行业的监管力度，但直播行业仍然保持稳步增长趋势。根据艾媒咨询的数据，2017 年上半年中国互联网直播

① 马川. 我国网络直播平台的传播策略研究. 济南：山东大学，2017.

② 中国互联网络信息中心. 第 39 次中国互联网络发展状况统计报告.（2017-01-22）. http://cnnic.cn/hlwfzyj/hlwxzbg/hlwtjbg/201701/P020170123364672657408.pdf.

用户规模达到3.92亿，较2016年增长26.5%，至2019年预计用户规模达到4.95亿[①]。短视频行业没有标准的统计数据，但“快手”一家的注册用户数量据说在2017年就达到6亿，日活跃用户7 000万[②]。

网络直播从起步到爆发不过短短10年时间，却经历了起步期、发展期、爆发期等多个阶段。从2005年到2013年，网络直播市场随着互联网模式演化起步，以“YY”“6间房”“9158”为代表的PC秀场直播模式为众人熟知。到了2014年、2015年，网络直播市场进入新一轮的发展期，尤其是随着电竞游戏直播的出现，在大量游戏玩家的推动之下，网络直播“一夜爆红”。2016年，网络直播市场迎来了真正的爆发期，用户在脱离电脑后通过移动手机客户端实现移动秀场直播。手机视频直播成为视频秀场的新兴模式，备受各大直播平台的青睐。可以说2016年是移动直播的元年，网络直播市场真正进入全民时代。随着VR技术的发展和日渐普及，接下来，视频秀场可能迎来VR直播时代，届时用户能够沉浸到直播现场中，通过VR技术，可以瞬间“穿越”到屏幕对面，与主播零距离互动[③]。

在这样一个“人手一台摄像机、人人皆可当网红”的全民直播时代，人们不仅在看明星、追网红，更是在呈现自我。直播和短视频的内容五花八门，从游戏比赛到吃饭、睡觉、聊天无所不包[④]。有人在记录自己的跑酷生涯，也有人在表演“乡村非主流”的搞笑短剧；有人在弹各种钢琴曲给粉丝听，也有人讲各种段子[⑤]。在这里人们尽情展示自己，将生活中不同的一面展现给大家看，草根也能汇聚众多目光[⑥]。在草根的自我展示中，网络直播和短视频平台上形成了独特的草根文化，产生了一大批“接地气”的草根网红，形成了“老铁”“666”等网络流行语。

全民直播时代的网络草根文化推动着网络直播和短视频业务的飞速增长，但也出现了信息内容劣质、低俗、色情等问题。2016年11月4日，国家互联网信息办公室发布了《互联网直播服务管理规定》，该规定主要实行“主播实名制登记”“黑名单制度”等强力措施[⑦]。2016年12月2日，文化部印发《网络表演经营活动管理

① 艾媒咨询. 2017上半年中国在线直播行业研究报告.(2017-08-11). http://www.sohu.com/a/163882473_483389.

② 巨大体量下平稳增长 快手用户破6亿.(2017-09-04). http://tech.china.com/article/20170904/2017090455657.html.

③ 百度知道大数据：起底网络直播发展史.(2016-06-08). http://tieba.baidu.com/p/4617534858.

④ 赵梦媛. 网络直播在我国的传播现状及其特征分析. 西部学刊，2016(16).

⑤ 低调5年拥有3亿用户 揭秘“隐形独角兽”——快手.(2016-07-26). http://www.iheima.com/zixun/2016/0726/157645.shtml.

⑥ 刘畅. “炮哥”红遍快手直播 从普通青年到明星主播逆袭传奇. 现代营销（创富信息版），2017(6).

⑦ 国家网信办发布《互联网直播服务管理规定》.(2016-11-04). http://www.cac.gov.cn/2016-11/04/c_1119846202.htm.

办法》，对网络表演单位、表演者和表演内容进行了进一步的细致规定[①]。网络直播和短视频兴起的背景和原因是什么？其独特运行机制和亚文化有什么样的理论意义？“野蛮生长”的网络直播与短视频行业有怎样的社会影响？这些问题都值得我们深入思考。

一、“全民直播”时代的来临

网络直播和短视频为何能如此风行？“全民直播”时代是如何到来的？这可以从技术扩散、心理需求和经济驱动三个方面进行分析。

从技术扩散的角度看，“全民直播”的实现得益于移动互联网时代智能手机向城镇和农村的进一步下沉扩散。据相关数据初步估算，农村互联网普及率约为31.5%，城镇互联网普及率约为65.8%，农村互联网普及率低于城镇约35个百分点，城乡互联网普及率差距仍较大。但移动宽带网络等基础设施的覆盖、智能手机的普及以及农村人口网络生活习惯的形成，都为农村互联网的形成和爆发提供了初步软硬件条件，农村互联网在2016年前后已经到了爆发的前夜。近年来，随着农村宽带网络的普及，3G、4G等移动网络在农村大规模覆盖；同时，随着国产智能手机厂商的崛起，大量平价优质的智能手机在农村迅速获得普及，农村居民越来越习惯通过手机上网，广泛地接触移动互联网。随着移动互联技术的发展以及移动终端的普及，移动互联网为广大农村尤其是西部边远地区实现全民接入互联网带来了福音。移动互联网是真正的互联网，它天然属于广大农村，它不受时空所限，为具有居住分散、收入较低、文化程度不高这些特点的广大农村非网民转换成网民提供了最佳契机[②]。

一家权威市场研究公司公布的一组关于2016年上半年中国智能手机品牌销量的数据显示，上半年我国销量最大的智能手机品牌是华为，出乎意料的是排在第二位的不是全球知名的苹果和“为发烧而生”的小米，而是很少被人提及的OPPO。OPPO之所以能够成为智能手机行业的一匹黑马，就是因为它主攻三至六线城市，换言之，就是主攻小县城、乡镇、农村市场，这些地域的购买力相比于一、二线城市要低很多，但是人口数量很大。OPPO主打中低端手机，价格基本上是在1 000元

① 文化部关于印发《网络表演经营活动管理办法》的通知.（2016－12－12）. http://www.mcprc.gov.cn/whzx/bnsjdt/whscs/201612/t20161212_464766.html.

② 雷军建议：加大农村移动终端普及 推行手机下乡.（2016－03－07）. http://tech.qq.com/a/20160307/048501.htm.

至2 000元之间，这个价格大多数人都可以承受，因此它很容易打开四线以下的市场。在北上广深等一线城市工作的年轻人很少使用OPPO，因为这不是它主攻的市场，在一线城市的街上也很少看到OPPO的体验店。而在一些小县城却不一样，虽然地域不大，但是OPPO的线下体验店却是处于饱和状态①。OPPO销售策略的成功，证明了智能手机在中小城市和乡村具有巨大需求和推广潜力，而网络直播与短视频正是借助了移动互联网和智能手机下沉扩散的“东风”才得以兴起的。

移动互联网和智能手机不仅为基层群众使用网络直播及短视频提供了便捷、廉价的技术手段，也通过微信、微博、移动支付等前期的积累为网络直播与短视频提供了良好的移动互联网生态系统，使其可以借助这些渠道进行传播和变现。比如，直播工具被嵌入微博移动端和直播功能中，在微博平台上可以和主播进行互动交流，发起个人形式的直播；短视频可以通过微信转发至好友和朋友圈。一方面，用户在直播过程中可以积累关注度，好友可以观看直播内容，强化沟通属性和社交属性。另一方面，在通过微博、微信进行分享的过程中让更多的人参与其中，有利于扩大影响范围②。很多主播还会建立微信群或QQ群，通过在群里的沟通互动拉近与粉丝的距离，提高粉丝的黏度。

从心理需求的角度看，每个人都想获得他人的认可和关注。但是，传统的人际联系具有时空的局限性、反馈的单向性，普通人无法像明星一样受到万人瞩目。当互联网提供的一个全新的平台出现时，它能够满足人被围观和聚焦的乐趣，自然会吸引主播入驻和网民围观③。这也解释了为什么在直播和视频中可以看到那么多恶搞、低俗甚至自虐等怪异行为，那些现实生活中的普通人没有钱、没有文化、没有地位，甚至没有长相，他们从小到大基本很少获得别人的关注和欣赏。为了得到关注和认可，一些主播不惜以扮丑、自虐来博取观众眼球。比如在快手上，最容易火的一招就是自虐。所以上面充斥着自虐的视频：自虐式喝酒、自虐式吃东西、炸裤裆、跳冰河④。

人们在直播或短视频平台上的自我展示和围观行为，是对暴露癖和窥视癖的满足。网络直播是一种视觉围观行为，主播在这种凝视中产生愉悦之感。直播者乐意

---

① 抢占农村智能手机市场，OPPO甩了小米和华为几条街.(2016-09-17). http://www.sohu.com/a/114487619_450537.

② 贾超然．社会化媒体语境下网络直播平台的传播特征及发展趋势探析．新媒体研究，2017（1）.

③ 冯哲辉，廖欣玥．泛娱乐化生态中新媒体的价值观引领策略：网络直播给我们的启示．教育传媒研究，2017（5）.

④ 霍启明（×博士）．残酷底层物语，一个视频软件的中国农村.(2016-09-03). http://www.sohu.com/a/113503200_465413.

被围观，围观让一切东西包括最无聊的东西变得“趣味盎然”。直播烤串、发呆、睡觉、吃饭，生活中所有琐碎的事情进入一场 24 小时的实体大型演出[①]。主播呈现的这些内容满足了粉丝和观看者对他人私人生活的窥视欲，从网络主播舞台场景的构建中，可以发现多数直播都在自己的房间之内。在过去，闺房是女性私密的空间，而现在转变为一种自我展示的场所[②]。

从经济驱动的角度看，在直播或短视频平台上积累的关注度有一定的变现能力。有关草根网红成功逆袭年入千万的消息不断出现，吸引了大量年轻人进入网络直播和短视频行业。网络主播的盈利模式主要有三种：第一种是时薪，直播平台会根据主播每小时的直播人气支付薪水。就这种盈利模式来说，网络主播的收入跟人气画等号。也就是说，人气越高，收入越高。第二种是礼物，就是网友花钱买礼物送给网络主播，网络主播在直播平台层层扣款后拿到分成。比如，礼物“游轮”是 1 314 元人民币一艘，网络主播能拿到 400 多元的提成。第三种是衍生副业，比如接广告、卖东西、做电商[③]。

长期以来，受限于渠道和资源，草根在互联网上只能扮演一个自嗨者的角色，除非能够一夜成名，否则想要改变自己的生活简直是天方夜谭。网络直播和短视频平台彻底打破了过去垄断互联网内容生产和传播的壁垒。只需要一台手机，就能够成为一名主播，而庞大的用户基础让主播成为时下最热门的行业，越来越多的普通人希望利用互联网来改变自己的生活。平台提供的仅仅是流量和粉丝的入口，某些主播可以基于这样的用户发展自己的淘宝店业务。在斗鱼等直播平台上，存在着直播自己手工制作辣酱并且在线销售的主播群体，这种小规模的“直播+电商”也是一种可行的获取收入的方式[④]。

辽宁海城是一个知名的“直播小镇”，当地已经涌现了“大佛”“小白龙”“小水”等好几名身价百万的主播。海城的矿产资源不少，而且多年前已形成以服装和皮具生产销售为特色的产业链，劳动力并不需要远走他乡打工。尤其是现在海城的年青一代，从小就在“轻松赚钱”的环境中长大，没吃过什么苦。对他们来说，做直播是个“好到不能再好”的选择。一位主播有次直播吃狗粮，仅 3 分钟就收到了

---

① 冯哲辉，廖欣玥．泛娱乐化生态中新媒体的价值观引领策略：网络直播给我们的启示．教育传媒研究，2017（5）．

② 袁爱清，孙强．回归与超越：视觉文化心理下的网络直播．新闻界，2016（16）．

③ 揭网络直播利益分成内幕：主播到手提成仅打赏费 35%．（2017－03－21）．http://finance.sina.com.cn/roll/2017-03-21/doc-ifycnpvh5171492.shtml.

④ 江宇琦．东北主播如何在直播时代拯救自己和家乡?．（2016－06－28）．http://bagua.ifensi.com/article-3886210.html.

1 000 元的“打赏”。23 岁的小楼刚从大学毕业半年，但从事直播已整整 1 年，工作地点就在海城市南台镇的家中。坐在电脑前的她，需要做的就是“亮亮自己的沙哑音质嗓”，或者和观众聊聊最近的热门话题。“打赏”不断，“收到一个‘火箭’就差不多 2 000 元了，一天能收到一个就不得了”。自直播以来，小楼的月收入超过 3 万元是常有的事。而大多做直播的海城青年，无不认为“动动嘴皮子”就能月入过万①。

但事实上，真正通过网络直播跨入高收入行列的人少之又少。北京市文化市场行政执法总队与共青团北京市委开展的调研显示，33.1％的网络主播月收入 500 元以下，14.6％的网络主播月收入 500～1 000 元，15.9％的网络主播月收入 1 000～2 000 元，18.0％的网络主播月收入 2 000～5 000 元，不到一成的网络主播月收入 5 000～1 0000 元，还有不到一成的网络主播月收入万元以上。而所谓身价百万千万的网红，其实也有很大的泡沫成分。网络直播这个行业现在没有十分规范的制度和行情，完全就是商演厂家报个价，经纪公司再哄抬起一个价，最后双方协商，能达成一致的就合作，市场行情可以说是非常混乱②。

二、网络权力下沉与网络草根文化兴起

一般来讲，互联网上的内容生产主要有两种模式，一种是强调专业人士和专业团队运营下输出内容的 PGC（Professionally-generated Content）模式，一种是以用户自主贡献内容为主的 UGC（User-generated Content）模式③。UGC 内容生产模式是指用户生产内容的方式，网络直播和短视频是自媒体时代下 UGC 模式应用于视频的成功案例④。网络直播和短视频在社交媒体发展的基础上应用移动互联网技术，以视频直播的形式为网民提供了信息汲取的新渠道。“移动化全民直播”能够将小众化的现场直播转变成全民讨论、参与的工具。用户直接参与讨论，并且自我生成有效内容，提高了传播的速度和积极性⑤。

当前的直播和短视频基于网络技术平台转向一种以私人化、个性化特质展示为主的形式。直播与短视频在向移动直播前进的过程中，出现的显著变化是从对公众

① 陈凯姿．直击东北直播小镇：“直播平台归根结底还是东北人的”?．(2016－11－27)．https://weibo.com/ttarticle/p/show? id=2309404046511469125910.

② 揭网络直播利益分成内幕：主播到手提成仅打赏费 35％．(2017－03－21)．http://finance.sina.com.cn/roll/2017-03-21/doc-ifycnpvh5171492.shtml.

③ 王佳媛．“低俗”定位：粉丝经济新思路：以快手视频为例．中国报业，2017（6 下）．

④ 陈洁．网络直播平台：内容与资本的较量．视听界，2016（3）．

⑤ 贾超然．社会化媒体语境下网络直播平台的传播特征及发展趋势探析．新媒体研究，2017（1）．

的直播转向对私人的直播，在内容上从对宏大客观事件的报道转向对日常琐事的传播。这使得互联网传播在主题上发生了由公共空间向私人领域的转向，在技术手段上则由专业化团队运作转到人人借助手机和自拍杆发声①。

网络直播和短视频是视频直播技术与大众文化的结合，具有电视的仪式感，也具有网络媒体的草根性，具有交互性强、视角平民化、审美差异化、弱审查化、注重体验、题材多元及内容碎片化等特点②。在网络直播和短视频平台上形成了一种独特的互联网草根文化，这种文化具有以下几个方面的特征：

第一，娱乐化。娱乐化是网络直播和短视频主播最大的特点，从1998年YY直播以秀场闻名以来，网络直播的主播们充分体现了“娱乐至死”的精神。不论是在早期兴起的秀场、游戏解说中，还是在新兴的御宅文化、泛生活类直播中，主播选择的直播内容都带有娱乐因素，能让观众体会到快乐。

第二，低俗化。为了吸引更多的观众“打赏”，一度出现过网络主播以色情、暧昧等内容作为卖点的现象。类似斗鱼直播的“郭mini”在直播间换衣服这样裸露隐私部位的新闻层出不穷。虽然在有关部门的三令五申下色情内容有所减少，但是各种暧昧的行为与语言依然存在。与更多出现在女主播身上的色情、暧昧相比，男主播在直播中更容易说脏话，形成语言暴力③。

第三，多元化和去中心化。网络直播和短视频进入了全民时代，充分挖掘了平时隐藏在人群中的主播。网友制作的内容五花八门，表现出来的行为方式千奇百怪。不论是野外抓蛇还是阿拉伯语教学，都有主播在网上直播④。网络直播和短视频经历了从公众话题向私人话题，从严肃的社会大事件向琐碎的私人小事件，从专业的制作团队向拥有手机的个人的转变，直播不再以主流意识的构建、阐释和诉说为动机。互联网是网状结构而非层级结构，靠节点连接，虽然每个节点的权重不同，但没有任何一个点是绝对的权威。“去中心化”意味着权威的消解，以及新媒体中精英阶层和社会把关人的缺失，大众获得权力时，在现实中被法律和道德绷紧的弦松了下来，将一切严肃的东西拿来唏嘘、消解、娱乐，当失范和出格行为发生时，缺乏理性、权威的声音来矫正，不良的价值观念和言行得到纵容，加剧了泛娱乐化的趋势⑤。

---

① 袁爱清，孙强．回归与超越：视觉文化心理下的网络直播．新闻界，2016（16）．

② 冯哲辉，廖欣玥．泛娱乐化生态中新媒体的价值观引领策略：网络直播给我们的启示．教育传媒研究，2017（5）．

③ 曾一昕，何帆．我国网络直播行业的特点分析与规范治理．图书馆学研究，2017（6）．

④ 同③．

⑤ 同②．

第四，明星化。在观众面前展露的形象气质吸引到观众后，主播俨然成了明星，人气高的主播甚至可以达到数十万乃至数百万的人气值。虽然直播和短视频平台上也有明星效应，但这里的明星有很强的平民色彩，很“接地气”，而且网络直播与短视频提供了“人人可以当网红”的机会。

第五，商业化。不少主播在直播时推销自己的或合作的电商店铺，吸引粉丝前去购物，利用电商具有的直接变现能力，将自己的粉丝转化为购买力。主播还可以鼓励粉丝给自己送礼物，换取言语奖励、微信号、房间管理员权限等对应的奖励。

第六，碎片化。网络直播和短视频不需要拿出一整段时间聚精会神地观看，而是可以在零碎时间观看，并且随时可以停止观看。一般来说，平台上的娱乐性内容没有很强的逻辑性，观众不论何时观看，都能从中获得快乐，不需要拘泥于固定的一段时间①。

UGC 模式下的互联网草根文化本质上是网络化时代权力结构变迁在文化上的反映，而且是智能手机与移动互联网时代网络权力进一步下沉的结果。刘少杰指出，网络社会的崛起引起社会生活十分复杂的变化，其中最突出的变化是社会权力结构的变化。来自基层社会以社会认同构成的信息权力，成为最有活力、影响最广泛的新型权力。在网络社会中，信息权力的主体已不再是传统社会中意识形态的控制者和政治权力的控制者，而是在人数上占绝对优势的广大普通社会成员。因为计算机和现代通信技术的普及应用，每一个社会成员都具备了发布信息、表达观点和抨击时弊的条件与能力，都成为信息权力的掌握者和施行者。于是，处于基层甚至底层的社会成员拥有了信息权力，并且拥有了表达和发挥信息权力的有效形式和便捷途径，例如微博、QQ 群和上网跟帖等。而当基层社会成员拥有并能有效表达信息权力时，权力的运行机制也发生了变化②。

然而，长期以来，掌握互联网话语权的是大城市青年白领，互联网主流文化反映的是他们的偏好与品位。更多真正的草根是“沉默的大多数”或者只是围观的“吃瓜群众”，并没有发出自己的声音，更不能让自己的声音得到较大的反响。而移动互联网时代的直播与短视频以“底层狂欢”的形式唤醒了草根的力量，让他们不只“围观他人”，更可以“呈现自我”。互联网和短视频之所以能在很短的时间内横扫数以亿计的中国基层群众，其中很重要的原因是它复活了乡村文化。过去民间流行的民俗戏剧以及演艺人走街串巷的草台班子表演，因为登不上电视等主流演出渠道的大雅之堂，在电视成为农村和乡镇群众的主流娱乐方式后就逐渐淡出了人们的

① 曾一昕，何帆．我国网络直播行业的特点分析与规范治理．图书馆学研究，2017（6）．

② 刘少杰．网络化时代的权力结构变迁．江淮论坛，2011（5）．

生活，而网络直播与短视频又让它们重获生机。似乎所有外界认为“低俗”的真播内容无非是当年备受欢迎的各种逢年过节赶集时看到的杂耍的升级版。根据 2010 年第六次全国人口普查结果，我国大专以上文化程度人口仅占总人口的 8.7%，也就是说全国高中以下文化程度的人占九成以上，但过去的社交平台很少以这一部分人群为目标用户。事实是，在号称连接一切的互联网上，他们发声的平台并不多，而那些满足了这部分人发声需求的平台产品一般都具有操作简单和低门槛的特点，内容则难以避免地被诟病为庸俗和“非主流”审美①。

从地域上看，在网络直播和短视频平台上引领时尚的并不是人才济济的北上广，而是非常“接地气”的东北，形成了一枝独秀的“东北现象”。从网络直播和短视频领域流行开来的网络流行语“老铁”就是一个东北方言，指关系很好的朋友。东北人幽默、开朗、放得开，又给人亲切感，这使得他们在网络直播和短视频平台上收获了更多的关注和支持。对“花椒直播”“陌陌直播”“一直播”“9158”“6 间房”“KK 直播”等多个素人秀场类平台统计发现，平台上“最热门主播”中，东北人占了近一半，甚至超过一半。有趣的是，目前秀场类直播平台上超过 80%的热门主播是女性，而其余不到 20%的男性主播几乎都来自东北。可以说，东北主播占据了国内秀场类主播的半壁江山。其中，一种名为“喊麦”的音乐表演形式特别受东北主播的欢迎，也出现了“MC 天佑”这样从底层走出来的超级网红②。

“一人我饮酒醉/醉把佳人成双对/两眼是独相随/我只求他日能双归/娇女我轻扶琴/燕嬉我紫竹林/我痴情红颜/我心甘情愿/我千里把君寻……”这段唱词捧红了无数的直播喊麦 MC，其中就包括“MC 天佑”。这个 1991 年出生的小伙子连职高都没有读完，却在 26 岁的年纪就已经年入千万，坐着 110 万元的房车，住着 200 多平方米的豪宅。这一切都是他坐在电脑前喊麦喊出来的。没有人想得到，这种根植于底层、出现不到 20 年、尚且粗糙简陋的音乐风格，能以这么快的速度为众人接受③。

音乐可以与品位联系在一起，因而具有社会分层的意义。嘻哈等黑人音乐诞生时带有很强的非主流、反抗秩序的底层色彩，之后被纳入美国主流文化中。喊麦是近几年才开始活跃在大众中的一种音乐文化，它最鲜明的特征就是用具有强

---

① 刘丹如．过年在农村待了 5 天，我终于知道为什么快手能横扫 4 亿中国人．(2017－02－03)．http://36kr.com/p/5062927.html.

② 占据秀场直播半边天 东北主播为啥容易火?．(2016－08－29)．http://finance.china.com.cn/roll/20160829/3881443.shtml.

③ 吴静宜．喊麦，MC 天佑们的自我狂欢与救赎．(2017－05－02)．https://www.huxiu.com/article/192948.html? rec=similar.

节奏感的音乐配合喊出来的押韵词句，这些词句没有节奏和韵律的变化，像是配上了音乐伴奏的快板。喊麦中的说唱和当代中国说唱类似，只是因为喊麦歌手自身文化水平和经济条件的限制，喊麦中的说唱质量普遍较低，歌词简陋、配乐嘈杂、节奏混乱，得不到主流说唱界的认可，只好自成一派。经过中国底层文化浸泡的喊麦 MC 节奏统一如快板，每句字数没有严格限制，但几乎句句押韵；内容多围绕着男女关系、兄弟情义、苦闷生活，但又大量夹杂着江山、红颜、帝王、征讨、权谋这些网络小说词汇。比如另一首有名的喊麦曲目《刀山火海》里就充满了这类意象："踏天道/废天帝/斩冥王/鬼神泣/灭海皇/破天逆/孤身扛起这天地。"①

在掌控互联网话语权的白领精英看来，喊麦是一种粗俗又滑稽的表演，是一群没文化的底层群众在审丑，根本称不上是文化。但是，人们不得不开始接受这个现实：那些没有办法用文字为自己抢到发言权的沉默群众，正在通过直播和短视频平台喊出自己的声音。这是一群天天出现在每个人的生活中，却永远被遗忘的人——快递小哥、搬家师傅、汽修大哥、保洁阿姨……他们的娱乐需求往往被忽视。在这个连看二人转都要花一百元买门票的时代，免费的直播间迅速填补了他们的娱乐空缺，恢复了昔日大街上看杂耍的传统：戏免费看，钱随意给。而为这群人表演的，也正是他们的同侪。这些通过直播平台日进斗金登上人生巅峰的主播，曾经也是底层人民的一员；在身价上亿以后，也依然保持着明显的阶层烙印。不仅仅是天佑，其他网红 MC 也大多出身底层："MC 阿哲"原来是卖面包的，"MC 利哥"是修车的。而正是他们的底层经验带给了他们强大的感染力与号召力。在一线城市白领看来低俗的喊麦歌词，却正好切中了粉丝们的需求。歌词里的拼搏与背叛是他们的写照，看似意淫的"败帝王，斗苍天，夺得皇位以成仙"也正是他们对成功最朴素的幻想②。

如今在收入上跻身上流的天佑，在主流文化里依然没有多少话语权。2016 年 3 月，太合音乐推出"全球原创音乐现金榜（T 榜）"，以奖励原创音乐新作。天佑试图上传自己的喊麦作品参赛，但发现比赛规则中明文表示不接受喊麦作品。有记者联系了四位乐评人对喊麦发表看法时，也遭到了一致拒绝。其中一位表示："我是一个正经严肃的乐评人，请尊重我的职业。"然而，再多的嘲讽与不屑都无法阻止资本涌向喊麦，不少音乐人也开始加入喊麦的阵营，帮助制定规则，使其逐渐向主

① 吴静宜．喊麦，MC 天佑们的自我狂欢与救赎．(2017-05-02)．https://www.huxiu.com/article/192948.html? rec=similar.

② 同①．

流审美靠拢。音乐人梁欢就是其中之一，在他看来，“喊麦就是中国的黑人音乐”[①]。

三、“全民直播”的社会影响

网络直播和短视频推动了一种新的信息沟通和社交模式，使得网络交流从“图文时代”进入到“视频时代”，从而使得交流更加生动、更加全景化，实现了网络交流的进一步感性化。在网络交流的图文时代，网民表达的价值要求通常直接指向具体人物或具体事件，在字数简短、传递快捷的网络交流中，来不及也没必要去进行概念界定和逻辑推论，大部分是与具体事物直接对应的感性表达。在几十个字或几句话的表达中，包含着赞扬与嘲讽、调侃与抨击、传闻与段子，有时仅是一张图片、一个表情包，但其中的感觉、知觉和表象都清晰可见，并且在这些具体、直接和形象的感性表达中，价值评价毫不遮掩地呈现出来[②]。尽管在图文时代，网络交流已经比较随意和直接，但不管是图片还是简短的文字，在传递信息时都有一个概括和抽象的过程。而网络直播和短视频则以更加全景化的信息和更强的实时互动性进一步推动了网络交流的感性化，未来有可能重构全社会的信息沟通和社交模式，比如可能会颠覆传统的课堂教学方式。

但是，在这种高度感性化的网络交流中，也有很多社会失序的表现。而且，生动、丰富、快速更新甚至实时互动的海量视频信息，要比图文信息更加难以提前审核，更加难以通过敏感词进行过滤，增加了网络监管的复杂度和难度。网络直播和短视频行业存在着如下一些产生不良社会影响的问题：

内容低俗色情。网络直播和短视频最受公众诟病的就是这一点，不管进入哪一个平台，人数最多、推荐力度最大的都是美女的秀场，并且这些直播间或多或少都带有一点挑逗性质。不可否认的是，很多观众喜欢看带有色情或暧昧的表演，利益的驱动促使主播消费女性文化，以获得更多的关注与“打赏”。作为平台，本应加强这方面的管理，但是在巨大的金钱与流量利益诱惑下，平台默认甚至放任主播的这种行为[③]。

残酷的底层狂欢。网络直播和短视频中的作品有严重的粗制滥造和内容庸俗的问题，在这些平台上可以看到自虐视频、低俗黄段子和各种行为怪异的人[④]。一些主播

---

① 吴静宜．喊麦，MC天佑们的自我狂欢与救赎．(2017-05-02)．https://www.huxiu.com/article/192948.html? rec=similar.

② 刘少杰，王克蛟．网络交流中的感性意识形态．福建论坛（人文社会科学版），2015（12）．

③ 曾一昕，何帆．我国网络直播行业的特点分析与规范治理．图书馆学研究，2017（6）．

④ 霍启明（×博士）．残酷底层物语，一个视频软件的中国农村．(2016-09-03)．http://www.sohu.com/a/113503200_465413.

会以扮丑来博取观众眼球，在某直播平台上的“热门”中，有一个来自东北的男性主播用一种材料把自己的脸涂成黑色，拿着奇怪的道具与观众聊天、唱二人转、讲低俗“笑话”，除了脸部装饰外，该主播还不时做着鬼脸，配合着不雅观的肢体动作①。

网络暴力。网络直播和短视频平台上，有些主播会爆粗口，也经常有主播受到言语攻击，在滚动的评论中经常出现污秽、暴力的言语，同时还有站在所谓道德的制高点上的人身攻击与侮辱，如“去死”“娘炮”以及更严重的辱骂性词语②。而这种网络暴力经过平台放大后，加重了网络评论空间的戾气，让其他观众心里不舒服，产生了连锁反应③。

商业逻辑下的拜金主义。网络直播平台引入了虚拟币的运行机制，用真实货币购换不同价位的礼物，礼物的设定与社会共同创造的意义和价值符号有关。如红唇、玫瑰花、樱花雨、爱心等符号代表喜爱，游轮、保时捷、飞机等符号代表奢侈富有。将金钱换成礼物，其中暗含着消费的逻辑。一些人会享受送高价礼物获得主播关注和尊重的快乐，主播的粉丝数与影响力能够帮助他们得到线下活动的邀约，让他们有机会参加商业活动④。

对青少年成长的负面影响。除去淫秽色情、语言暴力外，网络直播和短视频在青少年的价值观建立上造成了极大的负面影响。许多网络直播和短视频没有信息价值与知识价值，仅仅是无聊时的一种消遣，但是却能深深吸引涉世未深的青少年。连很多成年人都会陷入网络直播不可自拔，缺乏自制力的青少年如果像沉迷游戏一样沉迷网络直播，网络直播对其人生的负面影响是不言而喻的⑤。除了作为观看者受到影响外，很多青少年本身就是表演者。在快手平台上，一个只有八九岁的肥胖小孩吸引关注的特技是模仿成人抽烟、喝酒，而且这些视频都是他母亲拍摄的。网络直播平台上还能看到很多公开秀恩爱的小孩，他们秀接吻、秀怀孕，其中最小的孕妇只有十五岁⑥。也有一些中学生幻想通过直播和短视频成名，将大量的时间精力投入其中，从而荒废了学业⑦。

---

① 占据秀场直播半边天 东北主播为啥容易火?.(2016－08－29). http://finance.china.com.cn/roll/20160829/3881443.shtml.

② 冯哲辉，廖欣玥．泛娱乐化生态中新媒体的价值观引领策略：网络直播给我们的启示．教育传媒研究，2017（5）.

③ 曾一昕，何帆．我国网络直播行业的特点分析与规范治理．图书馆学研究，2017（6）.

④ 同②.

⑤ 同③.

⑥ 霍启明（×博士）．残酷底层物语，一个视频软件的中国农村.(2019－09－03). http://www.sohu.com/a/113503200_465413.

⑦ 陈凯姿．直击东北直播小镇：“直播平台归根结底还是东北人的”?.(2016－11－27). https://weibo.com/ttarticle/p/show? id=2309404046511469125910.

私人生活领域的过度曝光。网络直播和短视频的关注点从公共话题转移到了私人生活，并且通过网络视频信息的方式将私人生活中的细节展示到公众面前，导致了私人生活领域与公共领域之间界限混乱以及私人生活过度曝光的问题。有些人为了吸引眼球，不惜展示一些个人生活的隐私信息。有些人为了出名或获利，甚至利用未成年人来博取关注。平台上展示和流传的这些隐私信息尤其是未成年人的隐私信息，可能会在特定情况下对个人独立的人格和自尊心构成威胁。

多元化表象下的产品同质化。现在流行的网络直播和短视频平台产品与内容同质化严重，不同平台的直播间风格、内容都十分相似，给人千篇一律的感觉[①]。观看不同平台不同房间的主播会发现许多相似的场景，主播的相貌差别不大，主播的穿着风格类似，主播的口头语言整齐划一，主播的手势也像是培训过。网络直播平台给个体表现自我的空间，但大家却变得整齐划一。因为在大众文化背景下，"网红"本身成为被模式化、批量化、套路化生产的伪个性的文化商品[②]。

产品和内容的同质化也导致了严重的经济泡沫。网络直播和短视频平台受到了资本的热捧，平台的数量也一直增加。下载站的数据显示，手机直播软件达 1 519 款，短视频软件达 400 款[③]。但是，这一商业模式的持续盈利能力却并不理想。真正能够获得高收入的网红主播很少，能够给平台带来盈利回报的主播更是少之又少。网络直播平台的主播，称得上一线的，只有万分之一，甚至更少。每个平台只有四五个一线主播，这些一线主播确实能给平台带来很大的收益。这就导致平台会力捧那些高薪签约的主播，基本上会把 80%的资源都用在一、二线主播身上。而大部分小主播都不能让平台赚钱，有的甚至是亏钱的。因为带宽费很高，除了人力成本之外，大量的设备投资成本也十分高昂，所以，许多直播平台都在亏损。不过，平台也不能没有这些小主播，如果都是大主播，那就不再是全民直播，其商业模式也就垮了。所以，平台需要通过融资填补这些不能直接盈利的小主播带来的亏损[④]。

结　语

在网络直播与短视频的热潮中，中国互联网进入了一个"全民直播"时代。这

① 曾一昕，何帆．我国网络直播行业的特点分析与规范治理．图书馆学研究，2017 (6).

② 冯哲辉，廖欣玥．泛娱乐化生态中新媒体的价值观引领策略：网络直播给我们的启示．教育传媒研究，2017 (5).

③ 郭靖．短视频和网络直播双方越来越"神似"，两者之间必有一战.(2017-11-09)．http://www.chinaz.com/news/2017/1109/826525.shtml.

④ 揭网络直播利益分成内幕：主播到手提成仅打赏费 35%.(2017-03-21)．http://finance.sina.com.cn/roll/2017-03-21/doc-ifycnpvh5171492.shtml.

得益于移动互联网时代智能手机向城镇和农村的进一步下沉扩散，也因为网络直播与短视频正好满足了底层群众自我展示和渴望被关注的心理需求以及人们日益碎片化、感性化的网络使用习惯。网络直播与短视频也是一种新型的互联网经济形态，资本的推动和普通人借此成名致富的愿望催生了一个庞大的用户群体。

在网络直播和短视频平台上形成了一种独特的互联网草根文化，让过去所谓“众声喧哗”的网络舆论场相形见绌。这种草根文化具有娱乐化、低俗化、去中心化、多元化、明星化、商业化、碎片化等特征，它是移动互联网时代网络权力进一步下沉的反映。网络直播和短视频以十分“接地气”的形式唤醒了草根的力量，让他们不只“围观他人”，更可以“呈现自我”。网络直播和短视频推动了一种新的信息沟通和社交模式，使交流更加生动、更加全景化，实现了网络交流的进一步感性化，但也产生了低俗色情、网络暴力、拜金主义、过度曝光、同质化等负面的社会影响。

面对网络直播和短视频行业中出现的社会失范与经济泡沫，有关部门加大了监管力度，相继出台了《关于加强网络视听节目直播服务管理有关问题的通知》《互联网直播服务管理规定》《网络表演经营活动管理办法》等规定，以加强互联网直播规范管理，促进行业健康有序发展。2017 年 4 月，国家互联网信息办公室会同有关部门关停了“红杏直播”“蜜桃秀”等 18 家传播色情淫秽内容的直播企业。2017 年 5 月，文化部处罚了“一直播”“在直播”等 10 家纵容主播传播非法内容的企业。

虽然网络直播和短视频平台上的内容看起来低俗、“非主流”，但它正好反映了在数量上占有优势地位的中小城市与农村地区网民的偏好及需求。尽管存在不少问题，这种真正平民化乃至草根化的互联网空间也是非常可贵的。相信在加强监管之后，网络直播与短视频平台上形成的草根文化能够朝更加良性、有序的方向发展。

参考文献

[1] 陈洁. 网络直播平台：内容与资本的较量. 视听界，2016 (3).

[2] 冯哲辉，廖欣玥. 泛娱乐化生态中新媒体的价值观引领策略：网络直播给我们的启示. 教育传媒研究，2017 (5).

[3] 贾超然. 社会化媒体语境下网络直播平台的传播特征及发展趋势探析. 新媒体研究，2017 (1).

[4] 刘畅. “炮哥”红遍快手直播 从普通青年到明星主播逆袭传奇. 现代营销

（创富信息版），2017（6）.

［5］刘少杰．网络化时代的权力结构变迁．江淮论坛，2011（5）.

［6］刘少杰，王克蛟．网络交流中的感性意识形态．福建论坛（人文社会科学版），2015（12）.

［7］马川．我国网络直播平台的传播策略研究．济南：山东大学，2017.

［8］王佳媛．“低俗”定位：粉丝经济新思路：以快手视频为例．中国报业，2017（6下）.

［9］袁爱清，孙强．回归与超越：视觉文化心理下的网络直播．新闻界，2016（16）.

［10］曾一昕，何帆．我国网络直播行业的特点分析与规范治理．图书馆学研究，2017（6）.

［11］赵梦媛．网络直播在我国的传播现状及其特征分析．西部学刊，2016（16）.

［12］艾媒咨询：2017上半年中国在线直播行业研究报告.（2017－08－11）．http://www.sohu.com/a/163882473_483389.

［13］百度知道大数据：起底网络直播发展史.（2016－06－18）．http://tieba.baidu.com/p/4617534858.

［14］占据秀场直播半边天 东北主播为啥容易火?.（2016－08－29）．http://finance.china.com.cn/roll/20160829/3881443.shtml.

［15］国家网信办发布《互联网直播服务管理规定》.（2016－11－04）．http://www.cac.gov.cn/2016－11/04/c_1119846202.htm.

［16］郭靖．短视频和网络直播双方越来越“神似”，两者之间必有一战.（2017－11－09）．http://www.chinaz.com/news/2017/1109/826525.shtml.

［17］霍启明（×博士）．残酷底层物语，一个视频软件的中国农村.（2016－09－03）．http://www.sohu.com/a/113503200_465413.

［18］江宇琦．东北主播如何在直播时代拯救自己和家乡?.（2016－06－28）．http://bagua.ifensi.com/article－3886210.html.

［19］雷军建议：加大农村移动终端普及 推行手机下乡.（2016－03－07）．http://tech.qq.com/a/20160307/048501.htm.

［20］刘丹如．过年在农村待了5天，我终于知道为什么快手能横扫4亿中国人.（2017－02－03）．http://36kr.com/p/5062927.html.

［21］陈凯姿．直击东北直播小镇：“直播平台归根结底还是东北人的”?.（2016－

11－27）．https：//weibo. com/ttarticle/p/show？ id＝2309404046511469125910.

［22］文化部关于印发《网络表演经营活动管理办法》的通知.（2016－12－12）. http：//www. mcprc. gov. cn/whzx/bnsjdt/whscs/201612/t20161212_464766. html.

［23］吴丹．低调5年拥有3亿用户揭秘“隐形独角兽”——快手.（2016－07－26）．http：//www. iheima. com/zixun/2016/0726/157645. shtml.

［24］吴静宜．喊麦，MC天佑们的自我狂欢与救赎.（2017－05－02）. https：//www. huxiu. com/article/192948. html？ rec＝similar.

［25］揭网络直播利益分成内幕：主播到手提成仅打赏费35％.（2017－03－21）. http：//finance. sina. com. cn/roll/2017－03－21/doc-ifycnpvh5171492. shtml.

［26］抢占农村智能手机市场，OPPO甩了小米和华为几条街.（2016－09－17）. http：//www. sohu. com/a/114487619_450537.

［27］中国互联网络信息中心．第39次中国互联网络发展状况统计报告.（2017－01－22）．http：//cnnic. cn/hlwfzyj/hlwxzbg/hlwtjbg/201701/P020170123364672657408. pdf.

［28］巨大体量下平稳增长 快手用户破6亿.（2017－09－04）．http：//tech. china. com/article/20170904/2017090455657. html.

第四章　网络舆情反转的社会后果及其引导路径：基于“罗一笑事件”的舆情治理反思

引　言

2016 年 9 月初，深圳媒体人罗尔在其创办的个人微信公众号中，为被查出身患白血病的五岁女儿“罗一笑”发表若干真情博文，并开通网络打赏功能，这些博文逐步引发部分网友打赏和转发。两个月之后，11 月下旬，罗尔与好友刘侠风经营的小铜人公司合作，由该公司将罗尔文章整合并进行推送，其中《罗一笑，你给我站住》一文在朋友圈刷屏，博得无数网友同情并转发，对该文的打赏金额一度高达两百余万元。然而在 11 月底，数天时间内，罗尔被网友曝出拥有三套房产、两辆汽车，且在数家公司参股，加之儿童白血病报销比例大，其看病报销后自费只需三万多元，至此，网络舆论迅速反转，庞大的网民群体纷纷谴责罗尔的“带血营销”行为及其人品作风问题。

随着互联网技术的更替与演进，网民逐步由被动的浏览者转化为主动的信息分享者和舆论创造者，“人人都是记者”的自媒体时代逐渐来临，加之移动客户端和网络社交平台的加速融合，微信、微博等社交平台的普及使网民在网络空间中更为活跃，网络社交平台的交互性、即时反馈性、分享性尤使网民有了更大的言论自由权利和空间。尽管网民的表达渠道日趋多重，言论空间逐渐宽阔，发声方式日渐多元，但是由于理性表达意识欠缺、舆情监管机制匮乏、舆论表达引导不足等因素制约，类似“罗一笑事件”的网络舆情反转事件层出不穷、愈演愈烈，严重影响了网络空间的公意表达和网络社会的稳定和谐。网络舆情反转事件自 2013 年以来呈现出递增趋势，国内各大主流媒体对此现象亦有报道。比如，人民网于2015年12月25日发布了“2015年舆情反转典型事件”①，搜狐新闻于2016年12月27日整理发布了“2016年十大网络舆情反转事件”②，诸如此类，就是对舆情反转的诸多乱象进行整理的结果。从其产生机制来看，舆情反转既是在网络平台上网民对于事件态度、观点与行为发生转变的集中反映，亦是网民日趋强大的话语权的逐步彰显。但是，在“自由表达”这一话语权背后，隐藏着的更深刻的是网络舆情的错综复杂。网络信息的交互性使得信息传播速度和传播范围均成倍地加速和扩大，加之网络主体的多元化，极易造成舆情极端化；而舆情一旦反转则会掀起舆论发泄狂潮，对网络空间和实体社会均造成剧烈的冲击，影响网络空间的良性运行和协调发展，极易对实体社会的稳定和谐与社会建设的稳步推进产生巨大的负面影响。

“罗一笑事件”的演化过程显示，人性本善和网民的同情心促使网民纷纷打赏并转发，将事件往同情的方向推向高潮，然而当事件的原始素材更为完整地呈现于网民面前，截然不同的事实——罗尔不仅并非其口中的“穷酸文人”，而且坐拥为数不少的资产——带给众多网民巨大的心理落差，于是许多网民对之进行口诛笔伐，展开舆论谴责行动。对罗尔舆论谴责致使网络舆情急剧反转，引起了极大的社会反响。因此，深入还原这一事件中的舆情演化轨迹，详细剖析事件背后的舆论推力，将更有利于探究舆情反转的发生机制。总体来说，该事件中人性的善良与同情、市场营销带来的反转力量、公益信任的缺失以及自媒体提供的便捷慈善募捐平台都是牵涉其中的关键因素。“罗一笑事件”对网络舆情的传播路径造成了不良影响，并引发了人们对网络传播过程的谴责，对媒体与社交平台的质疑，对相关政府部门失职的失望，以及对网络常态公益事业的深深戒备。

对于具有社会轰动效应的网络舆情反转事件，研究者不仅需要剖析其中的问题，还需要在发现问题的过程中进行反思与介入。在“罗一笑事件”中，人们不仅需要反思网络舆情治理的问题与不足，还需要对被事件牵涉其中的参与者提出如下疑问：自媒体技术带来了铺天盖地的纷繁信息，网络信息甄别机制如何对这些信息进行筛选和甄别，进而找出可信赖的信息？互联网法律法规如何进一步完善和发挥效力？网民的理性和道德素养如何在其意见表达、行动过程中发挥效力？在网络舆

① 2015年舆情反转典型事件.(2015-12-25). http://society.people.com.cn/n1/2015/1225/c1008-27973887.html.

② 2016年十大网络舆情反转事件.(2016-12-27). http://news.sohu.com/20161227/n477020798.shtml.

情反转问题研究中，唯有深入了解问题背后的原因和产生机理，方能正确地反思舆情反转的过程，进而提出具有建设性的建议与措施，最终为网络治理注入新的力量，营造更加良好的网络舆论引导机制，促进网络空间的稳定与发展，最终为社会的稳定和谐提供支持。

一、“罗一笑事件”中网络舆情的演化轨迹

为准确还原事件，切实把握事件中舆情的演化路径，除了细致地收集网民关于事件的态度与行为的资料外，笔者还分别关注了罗尔个人公众号“罗尔”（微信号：le20160328），以及小铜人公司微信公众号“P2P 观察”（微信号：p2pguancha），聚焦于事件从开始到结束这一时间段，查看并深入阅读其公众号相关文章。综合调查发现，关于“罗一笑事件”的网络舆情演化轨迹大致经历了三个阶段，即由从初始时的同情，到真相披露时的舆情反转过渡，再到舆情反转，最终当事人遭致网民的强烈谴责。

同情：事件起始的情感助威

2016 年 9 月 7 日，罗尔的 5 岁女儿罗一笑在体检时，被查出血小板偏低，而后在儿童医院被诊断为极有可能患白血病。颇感伤心的罗尔于 9 月 9 日凌晨，利用公众号发表文章《我的世界开始下雪》，事后罗尔称因收到 100 元的赞赏，慌乱之下将该文删掉。罗尔又于 9 月 10 日和 11 日连续发表两篇文章，即《我们不怕讨厌鬼》及《〈我们不怕讨厌鬼〉之后》，在文章中说明，他共收到 54 笔赞赏，总计 2 930.42 元，同时他表明自己写作是为了给女儿笑笑祈祷而非筹集医药费，因给女儿买了少儿医保和商业保险，故不会因医药费而有太大压力。9 月 12 日，罗尔撰写《笑笑版〈嫦娥奔月〉》一文，在该文中取消了赞赏功能，并表示自己将会把之前收到的赞赏全部用于资助无力支付医疗费用的白血病患儿。

阅读了其相关情感推文后，网友纷纷留言祝福笑笑和支持罗尔。笔者摘取了三条代表性留言，具体如下：“为小天使祈祷，加油”“为宝贝一笑祈祷，宝贝一定安康”“笑笑有你们这么爱她的爸爸妈妈在身边照顾一定会很快康复的！祝愿笑笑每天都开心的笑！祝愿你们一家一起度过难关！”①。此时的网络舆论体现为同情与支持。

① 摘自罗尔微信公众号“罗尔”（le20160328）2016 年 9 月 11 日推送文章《〈我们不怕讨厌鬼〉之后》前三条留言。

罗一笑被确诊为白血病后，从9月13日起，罗尔在公众号内发表《耶稣，别让我做你的敌人》《笑笑一吻谢亲人》《老男人的〈三大纪律八项注意〉》等系列真情文章，并重新开通微信赞赏功能，在文末附上二维码，表示要将公众号建设成为关注白血病患儿群体的平台，将所得赏金全部用于资助白血病患儿。9月22日，罗尔发表文章《笑笑爸遗书》，文章表示，他本人将把9月9日以来发表的文章所收到的赞赏32 821.6元中的30 000元，用于资助10名白血病患儿，并表明，因申请私人公众号从事慈善事业过于复杂，自此以后，公众号内的文章收到的赞赏将全部视为对笑笑的个人资助。10月9号，罗尔在文章《谁的心中都有一把锤子》中透露，笑笑一个月的住院费高达四万多元，在10月21日发表的文章《我为什么充好汉》中透露自己面临着经济困窘，但罗尔表示，依旧会把9月11日前获得的赞赏用于资助白血病患儿，他还陆陆续续在公众号文章末附上受资助人的照片和收据。本就处于弱势地位的罗尔依旧能够帮助与自己处境相同的人，这使得网友对其更加支持与赞赏，他收到的留言祝福语不断，网络舆情不断扩散，参与支持的网民数量逐渐增加。

2016年11月25日，罗尔发表《罗一笑，你给我站住》一文，该文迅速刷爆朋友圈，这篇文章的赞赏和转发总量明显大于之前的文章，赞赏甚至一度超过上限。同时，罗尔与一家名为小铜人的金融公司展开合作，在小铜人公司微信公众号“P2P观察”里整合发表罗尔文章，读者每转发一次，小铜人捐款一元，捐款将全部用于罗一笑治疗。至此，“罗一笑事件”自9月9日萌芽到11月25日，短短两个月时间，犹如星星之火的网络舆情终成燎原之势。网友纷纷赞赏和转发文章以表支持，对弱势群体的同情和被同疾病勇敢抗争的家庭感动致使网民的情感喷薄而发，对患病儿童关怀和祝福的网络舆情快速发展，极速蔓延于微信等社交平台的网络空间中。

真相披露：舆情反转的前置条件

网民在表达情感关怀和进行经济打赏的同时，有知情网友对罗尔本人的诸多信息进行了深入的网络搜索。2016年11月30日，有网友经过搜索，曝光罗尔名下拥有三套房产、两辆汽车以及一家前景不错的公司，而与其合作的小铜人金融公司也被曝出涉嫌诈骗、造谣以及粉丝量作假的丑闻。由此，网络舆论开始转向，不少网民开始挖掘事实，披露真相。

陈福集等学者在研究网络舆情事件的话题演化时，对舆情事件生命周期模型进行扩充，认为舆情事件话题发展趋势主要分为初始话题、话题热化、话题蔓延、焦点转移、子话题衍生、子话题热化和话题衰退若干阶段[①]。在其研究基础之上，我们对网络舆情反转的舆情演化轨迹进行了重新梳理，认为它主要经历了以下几个阶段：初始舆情、舆情蔓延和热化、舆情焦点转移、舆情反转、舆情衰退。笔者认为，在“罗一笑事件”中，真相披露过程即为舆情焦点转移这一阶段，之前的网络同情与打赏期则属于初始舆情与舆情蔓延和热化阶段。由于“罗一笑事件”前期积聚了众多网友的广泛关注，因此真相披露这一舆情变化就显得尤为吸引眼球，为网民与社会公众所追踪和搜索。

披露事实真相需要一个过程，在这段时间内，舆情演化处于一种过渡阶段，它渐渐不再聚焦于“罗一笑事件”最初始的焦点，即不再以对一个天真烂漫却不幸患白血病女孩的同情和支持为主要舆情发展轨迹，而是转移至这一事件某些方面的真伪性问题之上，即舆情开始以追究当事人罗尔的真实家庭境况为主要发展方向，至此偏离了原来的主要轨迹。随着事件的推进，当事人罗尔过去在其公众号中发表的关于自己家境的文章以及相关采访罗尔的视频证实了他确实拥有房产、汽车等资产，而这些罗尔却未曾在近期的打赏性文章中提及。

正是网民对罗尔有意或无意隐藏的事实真相的披露，使网络舆情从初始对身患白血病的罗一笑的深深同情和经济打赏，发展到对罗尔深恶痛绝地谴责和谩骂，事实真相的逐渐披露在这一过程中充当了舆情反转的前置条件，它兼具舆情过渡和加剧舆情反转烈度双重作用。

谴责：舆情反转的道德压制

随着罗尔的个人信息不断被披露，深圳市儿童医院也于 2016 年 11 月 30 日在官方微博发文，公布了罗一笑截至 11 月 29 日三次住院的费用情况：住院费用共计 204 244.31 元，其中医保报销支付 168 050.98 元，罗尔自付 36 193.33 元。这与罗尔在其微信公众号文章中所呈现的费用细节有不符之处，加之罗尔本人靠微信文章获得的网友打赏金额就高达两百多万元，网络舆情出现反转，对罗尔“卖女营销”行为的讨伐谴责不断出现。2016 年 12 月 1 日，微信官方就“罗一笑事件”发布说明称，经当事人、深圳市民政局以及腾讯等多方商议决定，将罗尔个人公众号所获得的两百五十多万元以及“P2P 观察”所获得的十万多元赏金三日内全部退还至网友。

退还打赏金之后，12 月 4 日，当事人罗尔在接受采访时表示，自己确实有三套

① 陈福集，马梅兰. 网络舆情事件的话题演化分析：以成都女司机为例. 情报杂志，2016 (5).

房产和两辆汽车，但其中深圳的房子要留给儿子，而东莞的两套房产一套归前妻所有，一套留着给自己养老。罗尔受访的财产澄清视频不仅未能给网友一个满意的交代，反而在被引爆的网络舆论上“火上浇油”。

至此，在揭露罗尔家境真相后，网络舆论过渡到以谴责为主的网络舆情发展轨迹之上，此时的网络舆情主要围绕着罗尔隐藏资产、儿童白血病看病报销比例大的事实和借病危女儿营销炒作以及罗尔本人作风问题，在网络平台上对罗尔发出声讨和谴责。笔者在知乎网上随机截取的当时的评论展现了这种讨伐，具体如下：“我有三套房，我的广告公司蒸蒸日上，我的策划费数以万计，但我是个穷人，我女儿生病了得靠公众号文章的赞赏。希望孩子和父亲都能早日康复”，“利用不忍人之心，一则破坏人与人之间的信任，二来拉低整个社会的道德底线，三来破坏医患关系，四来破坏医保农合的政府公信力，所谓千里之堤毁于蚁穴，你不知道哪天这些人做的恶，反过来让大家都不好过”，“这么小就成了营销工具，孩子怪可怜的”①。

“罗一笑事件”的网络舆情发生反转后，出现了对罗尔一片谴责且呈席卷之势的舆情变化格局，事件也在舆论谴责的道德压制下和时间流逝中逐渐淡出人们的视野。需要指出的是，尽管“罗一笑事件”出现舆情反转，网络主导舆情从对罗一笑的同情和支持，发展到在真相披露时的舆情过渡，最后发展到对罗尔的谴责，事件的主要舆情轨迹不断演变，但网民对事件中五岁的白血病患儿罗一笑的同情始终存在。

二、舆情反转的发生机制

从 2016 年 9 月初的初步发酵，至同年 12 月的尘埃落定，“罗一笑事件”在近三个月的时间内经历了网络舆情的巨大反转，对网络社会公益产生了深远影响，因此探究其舆情反转的发生机制非常必要。根据“罗一笑事件”的网络舆情演化轨迹，我们将该事件网络舆情发生反转的机制归因于以下四个方面：同情心被操纵成为诸多网民个体舆论反转的潜在动力，刻意的营销导致市场吞噬情感引发事件反转，对公益信任的缺失催化并加剧舆情反转，以及快速便捷的自媒体平台为舆情反转提供便利温床。

---

① 如何看待《罗一笑，你给我站住》.（2016-12-02）. https://www.zhihu.com/question/53146119.

被操纵的同情心：网民舆情反转的潜在动力

媒体人罗尔在微信公众号的相关文章中，用文字和图片等信息传播手段记录了一家人与白血病的抗争史，笑笑天真可爱、善良乐观，却不幸患上白血病，即便如此，这个温暖的家庭还是努力地与病魔做斗争。这一事件无疑触动了网民的怜悯之心，饱含情感和正义感的网民在同情和悲悯的情感触发下，想要为这个家庭尽微薄之力，从而引发了大规模的对文章的转发和经济赞赏行动。网民的同情心成为其支持行动的触发点，也为网民个体舆情反转埋下伏笔。

网民同情心的产生根源诸多，但大体上可以分为内发性要素和外引性要素两种，网民的同情心既有可能只受到某一因素的作用，亦有可能同时受到两种因素的影响。同情心产生的第一种要素为内生性要素，它主要体现为网民个体自身的善与悲悯之心，这是由个体的本能和社会道德共同作用的结果。罗尔的文章和照片在网络空间的快速传播，迅速引起了网民心中的强烈共鸣，引发他们的同情心，进而促使他们做出点赞和转发行为。富有同情心的网民身负正义、传播爱心，想要让更多的人参与其中，帮助需要被帮助的人。这一过程既是网民传播爱心的过程，也是其寻求他人对自己的情感与心理做出回应性的共鸣与认同并采取类似行动的过程。因为互联网带来的正在凸显的结果是，它实现了在大规模的具有相似观点的人群中扩散消息，并协调他们采取联合行动的可能性①。这一同情心影响的内生性要素，集中体现了网民个体自身对自我同情心的控制。

同情心的外引性要素源于外界压力对网民同情心的形塑。网民作为网络场域中的个体，受到来自这一场域中其他人同情心的影响，顺势转发，这是由网络平台强大的交互性和快捷性所决定的。他者的认知和行为意义刺激了自我的行为。“罗一笑事件”中，在朋友圈看到该事件的网民成为信息的受众，部分人可能并未受到很大触动，但由于朋友圈是现实中熟人社会在网络平台的映射，在社会关系网络的道德约束之下，为了表现自己所谓的“合群”行为而做出转发的举动。这一具有从众性质的打赏行为符合助人为乐的正面价值观，且不需付出较大的代价，还可以为罗一笑的治疗贡献一份力量，何乐而不为呢？故而不少网民跟风转发，这种外引性要素是影响网民同情心的外在因素，是他人行为刺激了自己的同情举动。

由此，不计其数的赞赏和转发行为一方面展示了网民的同情心，另一方面亦使网民的崇高道德感在别人的转发中得到确认和强化。在内外因素的共同作用下，网

① Kay Lehman Schlozman，Sidney Verba，Henry E. Brady. The Unheavenly Chorus. Princeton：Princeton University Press，2012：483.

民被操纵的同情心使得同情和支持的网络舆情趋向迅速占据主导地位，成为后期网络舆情反转的巨大潜在力量。

刻意的营销：市场吞噬情感引发的反转力量

网民出于同情和怜悯对罗尔进行打赏，其行为具有网络微公益性质，与市场营利行为截然不同；同时，罗尔与小铜人金融公司合作，整合自己写的文章在其公众号上转发，公司承诺每转发一次，就以公司名义对笑笑捐助一元用于治疗，这本身亦具有公益属性。由于罗尔的打赏文章语言极富情感性和煽动性，这一系列文章在朋友圈不断刷屏，罗尔及小铜人公司微信公众号也因此涨粉数万，收到巨额赞赏。为给笑笑筹集医药费，罗尔并没有借助公共透明的众筹平台，而是依靠微信文章转发的方式营销，给商业营销装扮上慈善公益和情感支持的外衣，收割了不计其数的同情、爱心和赏金。

网民基于社会公益立场和同情心，对文章转发和赞赏，其本意在于支持和祝福白血病女孩笑笑，当市场力量被曝光后，诸多网民觉知自己真诚的情感被消费和欺骗，市场营销的目的性浮出水面，与人性的情感和道德发生碰撞，与公益的逻辑相悖，最终营销手段吞噬了情感和道德支持，引发了网民的愤怒与不满，为舆情反转积蓄了不断膨胀的力量。

对公益的信任缺失：舆情反转的催化剂

就其本质而言，公益往往具有志愿和无偿付出的特质。人们大多出于自身的情感、道德感和社会责任感等价值追求而从事相关公益服务。然而自2011年“郭美美事件”后，社会公众感到“公益慈善”这一传统的助人美德导引下的行为受到了利用，并直接将矛头对准中国红十字会，最终对公益组织和公益活动失望不已。近年来层出不穷的“骗捐”“诈捐”事件更是深化了网民等社会群体对公益慈善的不信任感，如2015年南京柯江夫妇被质疑利用四岁患罕见肿瘤的女儿骗捐600万，引发争议。同年比较有影响的“骗捐”事件还有广西防城港市杨某冒充天津港爆炸事件受害人家属，骗取捐款近10万元；安徽女子“救人被狗咬成重伤”，吸引社会捐助80多万元，但事实却是该女子被自己男友所养的狗咬伤，而非救人所致……类似的事件不断上演和快速传播，引发了公众对社会公益的信任缺失与质疑。

“罗一笑事件”，恰巧又涉及公益慈善的内容。罗尔在其公众号文章中表达出的因给笑笑治病而捉襟见肘的困窘，使网民见状同情不已，并纷纷为之慷慨解囊。后来其隐瞒资产之事一经曝光，让本就对公益日益失望的民众又一次受到所谓“公益”的欺骗，该事件因此也被定义为“骗捐”事件。“罗一笑事件”使社会公众对公益日渐弱化的信任感再一次受到重创，甚至引发了网民对公益慈善事业的信任危机。不少网民采取极端行为，在现实中对罗尔进行加倍谴责，在升温发酵的反转舆情中又添了一剂催化剂，加剧了舆情反转的强度和烈度。

快捷迅速的自媒体平台：舆情反转的便利温床

在互联网时代，尤其是进入 Web 2.0 阶段之后，对广大网民而言，今天的世界一个突出的变化就是参与信息交流的交易成本几乎为零[①]。随着互联网技术的更替，人们由被动的信息接受者转变为主动的新闻发布者，自媒体[②]（we media）时代使得人人都能成为“记者”。从起初长篇大论的博客，到绘声绘色的播客，再到短小精悍的微博，人们都在创造、共享自己和别人的故事，在此自觉或不自觉的行为中，很容易凝聚成网络社会共识，呈现网络社会力量（更多地表现为话语权力）的集聚效应。这种力量往往借助现实事件，使其形成所谓的“网络事件”而广为流传、发酵，对有关各方产生强大的舆论压力，以期维护社会公平与正义。

与此同时，《2016 年度中国慈善捐助报告》显示，2016 年度国内捐献总额达 1 392.94 亿元，社会捐助关注度排名前三的依旧是教育、医疗、扶贫和发展；个人捐赠大幅提升，捐赠额创记录达 293.77 亿元，占捐赠总额 21.09%，同比增长 73.59%；此外网络募捐日益规范，移动端成为主流，民政部于 2016 年指定了首批 13 家慈善组织互联网公开募捐信息平台[③]。由此可见，在互联网时代，网络公益越来越成为个人从事公益的重要平台之一。

“罗一笑事件”中，网民通过微信公众号赞赏平台对罗一笑进行捐助，相较于传统的线下现场募捐，捐助效能得到极大提升。在网络公益中，微信等社交平台提供了更为便捷迅速的捐助平台，网民只需随手转发文章链接就能实现捐助，而且需要支付的成本大大降低，除了几乎为零的网络流量费之外，基本无须其他成本。用

① Shawn M. Powers，Michael Jablonski. The Real Cyber War. Urbana，Chicago，and Springfield：University of Illinois Press，2015：30.

② 这一概念最早由谢因·波曼（Shayne Bowman）与克里斯·威利斯（Chris Willis）在一个名为“We Media”的研究报告中提出，该媒体中心（美国新闻学会媒体中心）副主任戴尔·帕斯金（Dale Peskin）在该报告导言中对自媒体给出了如下定义：“自媒体是通过数字技术链接全球知识，从而提供一种了解普通大众如何提供和分享自身经历和新闻的途径。”

③ 《2016 年度中国慈善捐助报告》发布，全年捐赠总额突破 1 392.94 亿元.（2017-11-03）. http://news.ifeng.com/a/20171103/52927881_0.shtml.

时少、成本低的便捷微信自媒体募捐平台迅速聚集了数以万计的捐赠者，集腋成裘，对罗一笑的赏金迅速集聚，最终高达两百多万元，各种支持和祝福亦是难以计数。

前文已述，短短几天内，微信公众号文章《罗一笑，你给我站住》就收到赏金两百余万元，且在朋友圈刷屏。正是自媒体日趋盛行的具有交互性和便捷性的网络平台，在极短的时间内创造了汇聚如此众多的人力、财力这一“奇迹”。但也正是这一创造“奇迹”的自媒体平台，为接下来的网络舆情反转提供了便利的温床。网络社交平台具有双重性，既能汇集数不胜数的同情、支持和祝福，亦能为难以穷尽的谴责和谩骂提供温床，这也是其无所不包的特性所带来的快捷迅速和舆情极化的效果。被同情心操纵的舆情在这里汇聚成河，将舆论推向顶峰，直至真相披露出来，前期汇聚的正面舆情立即消失殆尽，取而代之的是，谴责蜂拥而至，谴责的舆论如同事件初始同情和祝福的舆论一般被迅速引爆，蔓延至整个网络空间。

三、网络舆情反转的社会后果

从其发展的基本历程可以看出，“罗一笑事件”的网络舆情经历了巨大反转。从最开始对罗尔和罗一笑的正面支持转向对罗尔的负面谴责，舆情的这一反转过程对社会造成了一定的消极影响。需要追问的一系列问题是，“罗一笑事件”的舆情反转究竟是网民的“网络暴力”行为还是网络草根的“网络正义”伸张？网络媒体的责任何在？政府的监管责任何在？除此以外，对于网络社交平台以及网络公益，网民缺失的信任如何重构？

“网络暴力”还是“网络正义”？

王毅军等学者在思辨网络舆情的若干二律背反命题时指出，网民信息参与行为的积极作用与消极作用二律背反，一方面他认为网络舆情参与者在披露事实真相过程中的如“人肉搜索”等信息参与行为会侵犯当事人隐私，破坏网络和社会的道德与秩序；另一方面他也指出网络舆情信息参与者的非常规信息参与行为也会促进事件积极结果的产生[①]。其观点在于表明网络舆情的双面性。

聚焦“罗一笑事件”，亦可借用上述二律背反命题对其网络舆情反转加以剖析。

① 王毅军，高俊峰．网络舆情的二律背反解析．社会科学战线，2016（9）．

一方面，罗尔起初只想通过撰写文章为女儿筹集医药费，始料未及的是，自己的家底竟被翻出：三套房产和两辆汽车，名下还有一家公司。罗尔的现任妻子甚至被“人肉”出是“小三上位、未婚先孕”。而后罗尔做出了辩解：2004 年离婚，2009 年才与现任妻子相遇并结婚。他也对自己的房产、汽车以及公司做了相关解释。从事件演化过程来看，部分网民后期对罗尔的谴责已经偏离了原来的方向，更多的是对当事人隐私的侵犯和人格的诋毁。虽然互联网空间的隐私较为复杂，互联网隐私侵犯却是一个严重的问题，因为互联网的新技术使得隐私侵犯更为严重，更易发生，以及互联网使以新的方式侵犯隐私成为可能，更为重要的是，互联网改变了人们对隐私自身的界定①。此次网络舆情反转中，侵犯隐私以及造谣在一定程度上可以称为“网络暴力”。网民对当事人的质疑和谴责超越了适度的范围，有些人甚至恶意揣测和散布虚假信息，有意推动事件恶化，对当事人进行严重的人身攻击，造成了部分网络舆情信息参与者的舆论狂欢。

另一方面，当事人罗尔隐瞒家庭财产事实和儿童医保报销情况，在一定程度上对网民构成了欺骗，并且与小铜人金融公司合作的营销行为，表面上是为女儿筹集善款，却无法掩盖其营销的本质，最终真相被网民披露，其本人也遭受了来自网络舆情的声讨。需要指出的是，正是网络舆情参与者对事实的追踪，对真相的披露，使被当事人隐藏的事实逐步浮出水面，金融公司的营销目的也被公之于众。该事件舆情反转产生的舆论高潮引发了线上线下的极大轰动，倒逼政府相关职能部门介入治理，做出了将赏金退还网友的后续处理。“罗一笑事件”的舆情反转过程同时暴露出当下网络社会治理的漏洞和问题，这应该引起相关管理部门和学界的重视，从而促进网络社会良性治理以及网络空间秩序稳定。

从该事件的演化进程来看，其中网络舆情反转过程较为复杂，无论是“网络暴力”还是“网络正义”，都不能全面揭示事件的本质，该事件兼具“暴力”和“正义”双重特征。一般而言，网络事件的舆情反转往往伴随着事实真相的披露，在披露真相过程中网络舆情时常真伪难辨。真实客观的网络舆情会为正义助威，而虚假炒作的舆情构成了对当事人的暴力。多数情况下，网络舆情反转都会使“网络暴力”在“网络正义”的伸张过程中滋长出来，“网络正义”推动事件发展和网络舆情治理的进程，而程度较低的“网络暴力”能够促发网络舆情参与者的舆情宣泄狂欢，程度较高的则对当事人、整个社会道德和秩序产生极大的威胁和破坏。

---

① Frederick Schauer. Internet Privacy and the Public-private Distinction. Jurimetrics，1998（38）：555.

对媒体社会责任的反思

《罗一笑，你给我站住》一文在朋友圈刷屏，各大媒体为抢占舆论高峰纷纷报道，而当事件的“事实”逐步披露、网络舆论急剧反转时，各类媒体又争相报道，抢夺头条。客观公正、全面真实地传播信息是每一个媒体必须遵守的义务，也是其社会责任感的体现。然而，在“罗一笑事件”中，有些新闻报道带有极强的导向性，笔者随机摘取两条腾讯网视频新闻标题，分别为“罗一笑父亲接受采访，闪烁其词为什么‘有三套房还要募捐’”以及“深圳房子留给儿子东莞房子养老，自带鬼畜”[①]。显而易见，网络新闻媒体的报道有时具有极强的倾向，并未做到客观公正，“闪烁其词”以及“自带鬼畜”无疑将道德的矛头指向了罗尔。实际情况是，罗尔解释之所以没有卖房，是因为一套房子产权在前妻那里，而另外两套房子尚未拿到房产证，无法变现。由此可见，在报道新闻时，很多媒体不仅没有对所报道的消息进行确认，甚至跟风报道大量不确切新闻，有时对网络舆情反转起到了有意无意的推波助澜作用，进而加剧网络舆情的不稳定性和易反转性。

此外，王水雄在被微信公众号“社会学视野”推送的《罗尔“卖文救女”究竟是个怎样的故事》一文中指出，应该对部分媒体的社会责任进行反思，部分媒体似乎极力想要将“罗一笑事件”渲染成一个“带血营销”甚至是“骗捐”的故事，如此即可将网络舆情推向更高潮，但他们没有意识到的是，这“其实是在侵害‘有限的公益资源’，侵害人际之间的信任，侵害社会学所谓的一种‘社会资本’”[②]。如果连一些媒体都刻意歪曲事实以达到吸引眼球、获得利益的目的的话，那么公众就更难发掘事件背后的真相了。

由此观之，网络舆情反转与新闻媒体社会责任缺失进行大量不实报道存在一定的关联。某些新闻媒体社会责任缺失的直接后果就是媒体公信力下降，伴随着其报道的利益导向和吸引眼球趋向而来的将是社会公众对媒体信任度的降低。

对政府网络监管的质疑

“罗一笑事件”发生后，剧烈的网络舆情反转引起社会公众一片哗然，当人们再次回顾该事件时，很容易发现有关网络治理部门的失职。政府监管的缺位主要体

① 罗一笑当事人承认自己有三套房、两辆车.（2016－11－30）. https://news.qq.com/a/20161130/025279.htm.

② 参考微信公众号“社会学视野”（shehuixueshiye）2016年12月8日推送文章《王水雄：罗尔“卖文救女”究竟是个怎样的故事》。

现在三个方面。

其一，政府职能部门对媒体发布信息之真实性和可靠性监督的缺位。《罗一笑，你给我站住》一文在网络爆红后，媒体在对罗尔的新闻报道中将其勾勒成一个家境一般甚至有些困窘，但却为白血病女儿努力不放弃的伟大父亲形象；而当事件反转后，新闻媒体对罗尔的各种带有指责性的报道也纷至沓来。这些负面的新闻报道无疑会对网民的认知和判断产生相当程度的影响，进而成为网络舆情走向的决定性因素之一。媒体肩负报道社会事实的责任和义务，但这一责任与义务不应超过法律规定的范围，但是在“罗一笑事件”中，某些媒体的报道并没有严守新闻媒体的报道规范，而是一味博人眼球。一些媒体的违规报道行为并没有受到有效监管，由于种种原因，政府相关职能部门并没有及时调查事实真相，并对媒体做相关处理，甚至在一定程度上默许了媒体的肆意报道。政府相关部门对媒体新闻报道的监管缺位实则助长了媒体的气焰，推动了舆情的激化，造成了线上空间和线下世界的失序结果。

其二，相关职能部门对网络舆情的监控失位。事件发生初期，网络同情的舆论几乎呈现一边倒的趋势，且表现为迅速极化的趋势和状态，这造成了事件不断热化，成为网民关注的焦点事件之一。随着时间的推移，当事件反转后，网络舆情更加难以控制，前期正向情绪的积累和膨胀，加重了舆情反转时的剧烈程度。值得注意的是，政府相关部门的网络舆情监控中心在此事件中的作用需要强化。不论是对正向舆情的引导，还是对负面网络舆情的控制，在此事件中政府网络舆情监控中心的功能没有得到有效发挥。如果政府能够在“罗一笑事件”起始，察觉到网络舆情的可能趋势，并做好相关预警工作，该事件的网络舆情格局及其相关网络舆情发展或许会是另外一种情况。

其三，对网络公益慈善的监管不足。网络化时代，网络公益慈善日益为人们所熟知，网络个人打赏日渐流行，“罗一笑事件”充分呈现了网络公益日益流行的事实。然而在该事件中，一个显而易见的问题就是，由于政策法规的缺位和对传统政策路径的依赖，政府对网络公益慈善的监管不足。网民对罗尔文章的打赏在短短两个月余就已突破上限，很多网友甚至纷纷直接转钱至其账户，导致短时间内罗尔收到的赏金高达两百多万元。笔者认为，针对网络公益的新形态，政府相关部门并没有及时跟进，制定有针对性的政策。具体到该事件，职能部门并没有对事件中的微信打赏做到有效监管，直到赏金突破了两百万元、事件真相被披露引起了巨大的舆情遣责后，当地民政局被迫介入，与当事人以及腾讯方面协商将赏金退还。政府相关职能部门的这种“亡羊补牢”式做法成为其治理大多网络舆情的基本做法——

并非事前做好监控预警，而是事后补救，这在一定程度上制约了网络空间治理效率的提升。

不可否认的是，对于政府而言，网络场域的虚拟性、信息传播的及时性以及网络平台的交互性等网络社会的特殊性质，使得当下网络以及网络舆情治理面临前所未有的难题。然而面对这一治理难题，政府并未意识到应进行治理理念的更新、治理制度的重新设计、治理行为的创新，以及致力于提升网络治理的效率，致使网络舆情乱象滋生。“罗一笑事件”中网络舆情的极速反转给社会带来了极大的负面影响，映射出政府相关部门的职能失位，在很大程度上影响了政府的公信力。

对网络社交平台的信任危机

随着自媒体时代的到来，人们轻易地进入了网络社交圈，微信、QQ、微博等社交媒介日益为参与者信息传播、观念和情感分享以及社会交往提供了便捷的平台。“罗一笑事件”中，当事人罗尔的微信公众号文章正是通过微信这一社交平台被网民广知，并引起了巨大的舆论轰动效应。后期事件很快发生反转，最终引发更为剧烈的舆情反转。近年来，网络舆情反转事件不胜枚举，如 2015 年“成都男司机暴打女司机事件”“中国老太太日本碰瓷事件”以及 2016 年“上海女逃离江西农村事件”“江苏女教师监考中去世，学生冷漠置之事件”“河南抹香香事件”等等，迅速反转的网络舆情让线上网络草根与线下社会公众措手不及，也影响着网络社交平台传播的信息质量。网络信息铺天盖地、纷繁复杂，且真伪难辨，急速反转的网络舆情日益增多，使公众对网络社交平台产生了信任危机，参与者开始反思网络社交平台带给人们的究竟是及时的社会事实信息，还是不真实的骗局，信任危机在质疑声中也日趋加剧。

另外，就网民自身而言，互联网的发展和渗透使缺场交往逐渐成为社会交往的主要方式之一。这一技术的进步，首先带给人们的是信息获取方式和途径的变化，即信息获取方式更为多元，更加便利快捷，同时人们之间的信息传播和扩散变得更为迅速，网民能在短时间内接触到海量信息。“罗一笑事件”中信息在微信这一网络社交平台上迅速传播扩散，引起了舆论反转的结果。其次在接收到信息之后，接收者对信息的认知和解读产生了巨大变化。身在网络场域的网民对信息的认知较之于传统媒介时代有了极大的改变。网民对某一事件的认知极易在与他人进行评论与回复的互动中得以印证，并被强化，在此过程中，网民间的非理性情绪极易传播，个体的观点和附着于观点之上的情绪易被群体氛围感染，并朝着极端化的方向发展。再次是“沉默的螺旋”致使网民盲目从众，导致群体非理性。“罗一笑事件”即为如此，不论是前期汇聚的同情和支持的网络舆情，抑或是后期谴责声一片的网络表达，网民对该事件的认知和判断都在不同程度上因为网络社交平台的交互性和感染性而受到影响。“罗一笑事件”中，网民的同情心传染以及自媒体时代的“沉默的螺旋”致使网民对该事件的认知趋于盲目非理性。由此看来，网民作为网络信息的发布者和传播者，其自身认知的偏差和观点的非理性，亦会造成社会公众对其发布或传播信息真伪性的怀疑，引发信息传播中的信任缺失。

概言之，网络社交平台本身的交互性、感染性、便捷性，以及这些特性所带来的网民的非理性，在一定程度上增加了网络舆情反转的可能性，加之连续不断的网络舆情反转事件的快速发生，最终导致社会公众日渐对网络社交平台缺乏信任。

网民对网络常态公益事业的戒备

对于“罗一笑事件”，王水雄在其文章中指出，罗尔依靠微信公众号文章获得的赞赏金是罗尔凭借其才华的“创作收益”，不是摇尾乞怜而是自力更生；但当其与小铜人金融公司合作后，转发一次捐助一元的诱导分享行为使这一事件的性质发生了根本变化，使网友的赞赏染上了“募捐的味道”[①]。笔者在一定程度上认同这一观点，认为罗尔的募捐行为与微信这一网络社交平台结合的深刻意义在于，这种结合将“罗一笑事件”公益募捐演化成为自媒体时代的“互联网＋公益募捐”形式，这种新型网络公益募捐形式相比于传统的募捐，在内容和形式上均有了极大的改变；其募捐范围和速度相较于传统募捐都有了翻倍的扩大和提高，短时间内即可汇聚巨大捐款数额。“罗一笑事件”中，罗尔撰写的文章被小铜人公司的微信公众号“P2P 观察”推送，迅速在朋友圈扩散，几天内罗尔本人便收到赞赏金两百多万元。但这一“互联网＋公益募捐”形式的风险在于，所有的捐款资金都只由受捐助人以及网络公益平台受理，即在网络公益募捐的流程中，缺乏相关合法部门的介入和监督，受捐助人与平台的道德和自律素养成了募捐合法与规范最关键的环节。然而，由于网络场域的匿名性和虚拟性，很多信息难以考证，导致网络“骗捐”“诈捐”事件屡屡发生，不断上演，在“罗一笑事件”中亦是如此。罗尔有意或无意隐瞒自身财产状况，致使部分媒体和网友欲将其定性为当事人“家境殷实”的骗捐事件。

---

① 参考微信公众号“社会学视野”（shehuixueshiye）2016 年 12 月 8 日推送文章《王水雄：罗尔“卖文救女”究竟是个怎样的故事》。

需要指出的是，将商业营销与公益慈善相结合虽非罕事，但将个人公益作为公益慈善的常态，加之自媒体时代的网络社交平台的有力促动，“互联网＋个人常态公益＋商业营销”这一行为可能在引起极大影响的同时，亦为公众所诟病，因为这种公益模式已脱离了慈善公益“善、同情与爱”的本质，取而代之的是赤裸裸的商业盈利逻辑，“罗一笑事件”被指责为“带血营销”即是对这种模式的指责。

网络公益募捐内在的缺陷和外在的监管制度缺位，以及不断滋生的“骗捐”事件，使社会公众对“互联网＋常态公益”日益失望。“罗一笑事件”舆情反转后，让本就对网络常态公益募捐信任感逐渐丧失的社会公众对之更为戒备，因此亟待监管制度的出台与网络公益平台的完善。

四、多重利益相关者的协同互动：网络舆情的引导路径

“多重利益相关者主义”（Multistakeholderism）理论源于哈贝马斯的关于利益党派之间作为解决合法性理念争论方式的涉及理性、伦理性和公共性争论的理念。它假定在恰当的场景下和拥有共享的规范中，策略行动者能够在去除政治动机和压力下，进行传达、倾听、调整看法，就公共关注的实践达成一致[①]。哈贝马斯的“多重利益相关者主义”理论有四个基本的理论前提：利益相关者必须接受相互依赖的事实；愿意分享信息和彼此学习；同意一起协作，面对发现的问题；期望共享的商谈性的共意。虽然哈贝马斯主要从理论建构层面对公共事务治理的多元主体协同整合进行了论述，在经验指向上需要完善，也有不少学者对这一模式的经验运用提出了批评，但作为一种治理公共事务的理念，该理论在诸多领域得到了广泛的应用。在互联网社会治理中亦是如此。

究其本质而言，“多重利益相关者主义”的实质是私有部门、非政府部门与政府权威的协调与整合，它自 2003 年起就成为互联网治理讨论的核心[②]。在互联网治理领域，多重利益相关者主义理论常常被视为灵丹妙药。鉴于互联网依赖于私人和非营利机构的知识与经历，多数学者认为，借助对理性政策制定中常用创新性视角的认知过程，展开对互联网新生事物的治理，是非常关键和必要的。网络舆情反转乱象是互联网治理关注的一个方面，其治理亦需要公私协力、线上线下配合、多部门参与、多方力量整合的多元利益相关者协同。

① Jurgen Habermas. The Theory of Communicative Action：Vol. 1. Boston：Beacon，1984.

② Shawn M. Powers，Michael Jablonski. The Real Cyber War. Urbana，Chicago，and Springfield：University of Illinois Press，2015：129.

网络舆情反转不断侵蚀政府和媒体的公信力，亦对网络社交平台和网络常态公益事业造成了严重的公众信任危机，对社会舆论造成的负面影响不言而喻。该问题的产生，既与普通网民有关，亦与网络精英关联，既与非政府部门、私有机构关联，亦与政府职能部分相关，其治理策略应是多元参与者协同整合。由此，笔者尝试从网络立法、网络媒体社会责任感提升、网民媒介素养的培养和理性意识增长以及政府网络舆情监管等方面展开研究，为网络舆情治提出可供参考的综合性引导路径，以期减少网络舆情反转事件的发生，促进网络舆情良性运行和发展，进而促进网络环境的规范有序与和谐社会的稳定发展。

网络诚信立法和即时应对机制的完善

网络舆情反转乱象的治理需要政府相关部门加大诚信立法体系建设，同时在微观方面建构一套完整的网络舆情热点事件应对机制，由此宏观方面法律制度体系的治理保障，以及微观方面具体的应对机制，可以指导基层政府应对网络舆论热点事件。“多重利益相关者主义”强调参与主体的协调配合，真诚沟通，建立良好的磋商机制，以应对具体的公共事务。因此，在具体网络舆情热点事件的应对机制上，理应遵循“公私协同配合”与“软硬兼施”的治理策略。

首先，在网络舆情立法方面，应该加强现有相关规范性法律文件例如《关于维护互联网安全的决定》《互联网信息服务管理办法》等对舆情反转治理的针对性。现有的相关法律法规侧重维护信息安全、隐私和版权等，缺少专门针对网络舆情治理的规定。还需强调的是，网络舆情引导立法除了宏观考量之外，还需重视针对性和可操作性等维度，明确法律的边界，减少打网络“擦边球”行为。

其次，“多重利益相关者主义”治理策略倡导的具体网络舆情热点事件应对机制所遵循的“公私配合”“软硬兼施”等治理策略，实际强调的是治理过程中的多元主体互动，以及技术监控与舆论引导的双管齐下，具体流程图如图 4－1 所示。

在技术“硬监控”方面，应当遵循网络舆情的发展规律分阶段进行，根据事件发展的各个时期制定切实可行的应对策略。在网络舆情事件萌芽阶段，公共部门应当做好网络舆情预警工作，包括网络舆情信息采集和分析。网络舆情信息的采集主要涉及发掘信息来源、采集技术与采集方法三方面。具体而言，信息来源主要侧重于各类媒体的新闻报道以及网民评论和意见的性质与内容，互联网时代是各类文字、图片、视频等信息铺天盖地席卷而来的时代，借助相关技术，比如人工智能技术实时动态地采集信息尤为重要；采集技术主要以相关网站定向采集技术，网络垂

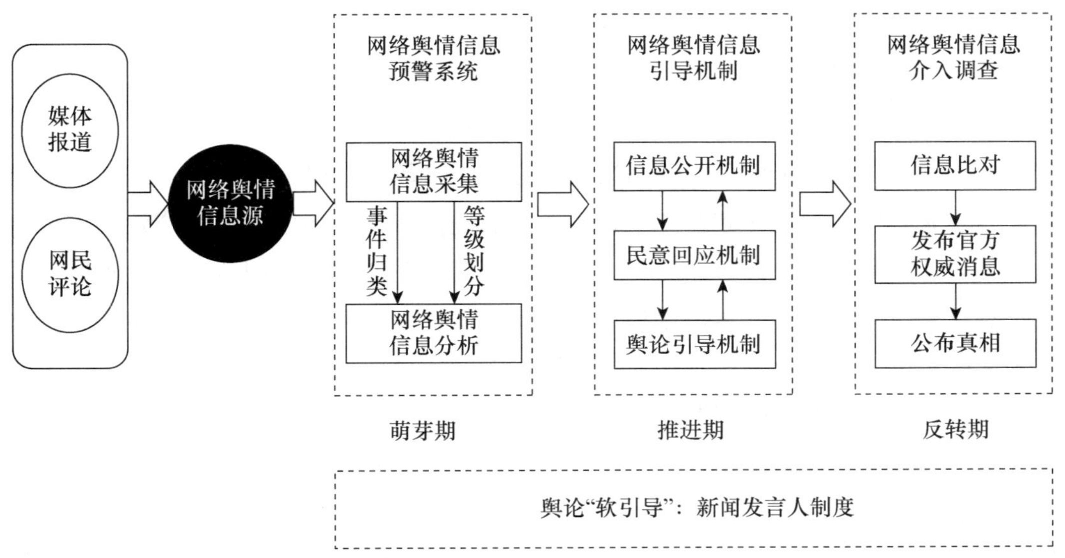

图 4-1 多元利益相关者协同的软硬兼施治理策略

直搜索技术，网络聚焦爬虫技术，需求配置采集技术和动态网、深度网采集技术等为典型①；采集方法包括增量式的互联网舆情数据采集、基于主题的舆情数据采集和基于用户个性化的舆情数据采集三种②。信息采集完成之后，对网络舆情信息的分析主要依靠人工智能和专家系统分析，并进行比对分析，以保证分析结果的精确性。

最后，在对网络舆情的严重性进行等级划分的基础上，将具体的引发网络舆情反转的热点事件进行归类，以便后续制定具体的治理方案，以提升介入效率。

在舆情演进阶段，应依据网络舆情涉及范围和影响程度等因素，将之划分为不同层级，及时建立信息公开机制、民意回应机制以及舆论引导机制，快速澄清真相，与民沟通，发布权威消息引导舆论。如出现舆情急剧反转，则应重新进行网络舆情信息和数据采集并分析，并且与以往信息做详细比对。在事件舆情反转严重，带来诚信危机等社会问题时，可以由政府强制介入调查，及时发布权威官方消息，公布真相，化解公众的疑虑。

就舆论“软引导”方面而言，政府职能部门首先应当树立科学的引导观念，以人为本，积极做好舆论引导工作。通过对网络舆情信息尤其是民意的深入分析，借助政府权威的形象和平台机构，即时发布官方意见，并通过官方微博、名人专家、网络大 V 等发布消息，增强官方意见的可信度。健全新闻发言人制度，成立专门新

① 郝文江，武捷．互联网舆情监管与应对技术探究．信息网络安全，2012（3）．

② 王允．网络舆情数据获取与话题分析技术研究．郑州：解放军信息工程大学，2010．

闻发言小组，并对小组成员进行定期引导与培训，以提升信息发布水平。

网络媒体社会责任感的提升

毋庸置疑，除了个别公益性网络媒体之外，多数网络媒体属于追求经济效益的企业。企业的生存理性使其在竞争日益激烈的现代市场经济中，将经济效益放在首位。因此，提升其对社会责任的关注和担当，使其在追求经济利益时考虑媒体的社会效益，显得尤为重要。本报告将从网络媒体出发，基于网络媒体行业建设和网络媒体从业人员素养建设，提升和强化网络媒体的社会责任感，以促进网络舆情反转乱象的治理和网络空间的和谐团结。

就网络媒体行业建设而言，其建设内容主要包括内外两个方面。对外应当建立一套详细明晰的社会监督机制，打造一系列网络媒体的社会责任赏罚机制。社会监督机制包括媒体受众、同类行业、行业协会以及网络媒体的第三方仲裁组织等，按照程序依规严格监督行业信息发布的相关议程，确保议程设置的正确方向。社会责任赏罚机制则通过一定的激励制度和配套措施，提升网络媒体责任绩效，增强其社会担当意识，塑造其社会责任感，如评选优秀网络媒体平台，并对其在业务准入、程序审批、税收规费以及投资融资等方面给予一定的政策倾斜，同时对责任缺失的网络媒体平台进行公开批评和惩罚。对内则应当将“企业社会责任”(CRS)融入网络媒体内部建设[①]，并在行业内部进行沟通分享，形成共识，遵循CRS理念，建立契约关系，避免行业危机。

在网络媒体从业人员自身素养建设方面，主要内容涉及网络媒体从业人员职业操守和道德素养培训、社会评价机制以及奖惩机制建设。在职业操守和道德素养培训方面，应该进行需求调查，根据实际制定详细可行的培训计划，借助专家的力量进行培训授课。同时，定期、分阶段地对从业人员的新闻伦理观、新闻职业道德准则等进行培训和考核，不断提升从业人员的职业操守和道德素养。针对社会评价机制建设，应当以全社会开放式参与评价的方式，整合多方评价结果，对从业人员的社会责任担当情况进行客观评价和检测，从而促进从业人员的内省与修正偏差行为。在奖惩机制建设层面，可以定期对从业者的工作状况、社会评价状况以及课程学习、考核状况展开综合考量，根据其工作绩效、社会责任担当状况和课程学习情况给予一定奖励，如采取提供奖金、优先晋升机会等激励措施，使之成为一名合格的网络媒体从业职员。

① 林建宗. 网络媒体社会责任推进机制研究. 科学决策，2010（12）：25-31.

除此之外，网络媒体尤其是大型网络媒体平台联合设立“媒介素养日”——类似于天猫“双十一”的一个网络虚拟节日———也有利于提升网络媒体的媒介素养。在“媒介素养日”当日，各大网络媒体不仅可利用文字、视频、图片等多元形式推出本年度网络新闻反转的典型报道、反转新闻的新闻评论锦集、新闻反转所带来系列影响，亦可以借此推送媒介素养的相关知识，以提醒网民群体以及网络媒体自身对于网络信息应当持有理性的态度，进而逐步提高网民媒介素养。网络“媒介素养日”可定在每年年末，或是一件具有重大影响且具有代表性的网络新闻事件反转的同一时间，以起到警示作用。

网民媒介素养的培养与理性意识增长

自媒体时代的到来，使诸多网民拥有了“媒体人”的身份。但众多网民基本媒介素养的缺失和理性意识的匮乏，造成虚假信息迅速传播和快速集结，带来了虽然“众声喧哗”却真假难辨的网络舆情信息传播格局。为了规范日益增长的网民舆情传播，需要培训网民的媒介素养，提升其理性意识。在网民群体自身媒介素养建设维度，主要包含网民媒介素养和道德素养建设两个方面的内容。由于网民多为青年，因此可以通过整合学校、家庭和社会的资源，加强对这一重要网民群体的素养教育。同时建构全方位、多层次的针对不同年龄、不同职业网民群体的综合教育体系，不断提高其文化素养、心理素养和道德素养，具体措施如下：(1) 学校层面加强网络媒介素养教育。网民素养的提高需要从教育抓起，即在校课程中应当设有网络媒介素养建设课程，从小学教育到高等教育都应设计类似的课程，可以借鉴西方网络媒介素养的教育理念与做法，科学地设立相关课程内容。(2) 通过家庭对网络道德素质进行培养。家庭作为社会的细胞，应当承担网络道德素养教育的责任，发挥中国传统优秀文化的教育功能。当然，家庭的教育应当同社区教育结合，形成合力，营造道德素养培育的整体氛围。(3) 社会层面，借助社会组织的力量，通过宣传普及媒介知识，开展对网民的媒介素养培育。具体而言，可以通过公益广告宣传普及网络媒介的相关知识，这是公益广告拓展服务范围的一个重要内容；还可借助社交网络平台进行网络媒介素养知识的普及，通过公众号推送相关文章，传播网络素养培育的知识。

同时，提高网民的理性意识和认知，提升其信息甄别能力，使其理性回应网络热点事件。法律意识是网民理性意识的前提和基础，培育网民的理性思维能力，尤其需要培养其法律意识，使其熟悉关于网络的各种规范，遵守相关法律规定。就网民自我的理性思维培养而言，可以通过相关活动培养辨别信息真伪的能力，从内在理性认知能力训练方面，不断提升个体理性。同时，还应加强文明网络制度建设，提高互联网信息筛选与甄别能力，对网络媒体新闻报道严格把关，净化网络内容，给网民提供一个客观理性的外部环境。网民理性思维能力的提升，需要兼顾网民内外理性意识的培养和建设，从而不断提升其信息鉴别能力。

网络舆情监管强化

网络舆情监管是规范与引导网络舆情的重要制度保障。由于我国互联网处在发展的上升期，新生事物与平台颇多，网络舆情监管制度相对滞后，致使网络舆情反转乱象不断滋生。因此，需要强化网络舆情监管，进而不断规范和引导相关的网络舆情动态。网络舆情监管的主体既包括政府等公共部门，亦涵盖网络媒体、网民等非官方主体。强化舆情监管，离不开公私合作的有效联动机制，并由此形成相得益彰的互补整合性监管体制，打造立体性、生态性的监管行动体系。

首先，强化政府等公共部门的监管措施。政府对网络舆情的传统监管路径主要是自上而下地监控整个网络舆情的动态，总体上掌控网络舆情大局。但网络舆情是一种公共舆论，总体上具有流动性、反应性和集体性的特征[①]。因此，政府监管部门需要调整传统监控模式，必要时采用上下结合的方式监控相关舆情。政府相关部门可以在全国各地设置专门的舆情监测总站，并在总站下设置舆情监测点，由专业人员负责，定期向总站点总结汇报相关网络舆情信息。在这一舆情监测过程中，可以与民间专门的舆情监测机构合作，借助其专业的设备和技术，如通过点赞率、浏览量、评论数以及转发数量等指标，适时进行监测并制定应对各类舆情危机的具体策略。在网络舆情监测和分析中，既要注重不同部门、不同地区的横向交流，做到信息互通有无，也要注意总结和归纳历史信息与数据，掌握网络舆情发生和演变的一般规律。还可以与互联网平台合作，利用其跨越时空的便捷性、即时性优势，快速对舆情进行反应。

其次，强化网络媒体自身的监管。网络媒体对网络舆情的监管主要体现在两个方面：一是网络媒体内部对自身发布的新闻报道严格监测和把关，网络媒体可以专门设置舆情监管中心，监管整个网络舆情的新闻报道，审查其真实性和客观性，杜绝虚假和诱导信息的发布，一旦发现相关不当行为，及时纠偏，从源头肃清虚假不实消息；二是网络媒体行业之间相互监督，确保网络媒体新闻报道的权威性和真实性，推进整个网络媒体行业长远发展与共同进步。

---

① Andrew J. Perrin，Katherine McFarland. Social Theory and Public Opinion. Annual Review of Sociology，2011（37）：87.

最后，增强网民对网络舆情的监督力度。网民不仅是社会网络舆情的被动接受者，更是其中的参与者，拥有不可否认的监督权。一方面，强化网民行使监督权的意识。网民应当积极行使自己的权利，做到能监督、敢监督、真监督，勇于检举揭发假信息、探究事实真相。另一方面，网民也应正确地行使自己的权利，遵守网络法律法规，采取合法合理的手段，避免扰乱网络秩序、引起新一波的网络舆论暴力。

结　语

自媒体时代的到来建构了网民“制造新闻”的网络狂欢热潮，推动网络分享达到新的高潮。平等、分享、流动性和去中心化等互联网核心特质，使得人人都有了麦克风，均成为信息的发布者和传播者，各类信息也在连续不断地更新扩散，网民由此也主动或被动地卷入舆论的狂欢之中。然而在这一热闹非凡的表象之下，众声喧哗、各抒己见，纷繁复杂的网络舆情如同借势欲发的火苗，一旦条件成熟，瞬间成燎原之势，进而席卷整个网络空间，甚至蔓延至实体社会。“罗一笑事件”的舆情演化轨迹即是如此，起初正面支持的舆情在网民的极速推动下被推向舆论制高点，最后却因真相的披露，负面的谴责舆论将其从制高点推进“万丈深渊”，当事人成为道德谴责的靶心。

需要反思的是，网络舆情反转的浪潮中，谁才是始作俑者？谁又是其中的“弄潮儿”？这一全民网络舆论狂欢的趋势是如何形成的，又通往何处？每一次网络舆情反转事件都会令社会公众目瞪口呆，但每一次事件平息之后，似乎人人都会感叹这就是意料之中、见怪不怪的时代闹剧，这也折射出公众对网络舆情演化发展的无奈。持续不断的网络舆情反转事件给网络空间和社会现实都造成了极大的负面影响，造成了社会公众对政府监管不力的质疑和非难、对网络媒体社会责任感缺失的谴责、对网络社交平台和网络公益的信任危机，甚至开始对自我理性认知产生疑虑。

任何事物都具有两面性，互联网技术也不例外。自媒体时代让人们受益颇多，但也带来了网络舆情反转乱象这一治理难题。本报告认为，对于网络舆情的引导和治理，应该借助哈贝马斯的多重利益相关者主义理论的启示，注重多元参与主体的协调合作，从舆情反转问题产生的根源出发，有的放矢，注重政府的网络立法完善、网络媒体的社会责任感提升以及网民自身理性的增加和媒介素养的提高。同时建构政府、网络媒体和网民三方协同监管的生态性舆情监管体制，强调不同网络舆情事件的弹性应对机制，以提升网络舆情规范和引导的效率。

最后需要指出的是，网络舆情相关问题的引导和治理不可能一蹴而就，这必定是一个漫长而复杂的过程，但只要有正确的网络治理思路和舆情引导方向，在公平正义原则下，注重多元参与主体的平等协商，辅之以具有针对性和可行性的策略，自媒体时代的网络舆情将会健康有序地发展，并最终促成社会舆情稳定和谐的发展格局。

参考文献

［1］Andrew J. Perrin，Katherine McFarland. Social Theory and Public Opinion. Annual Review of Sociology，2011（37）.

［2］Frederick Schauer. Internet Privacy and the Public-private Distinction. Jurimetrics，1998（38）.

［3］Jurgen Habermas. The Theory of Communicative Action：Vol. 1. Boston：Beacon，1984.

［4］Kay Lehman Schlozman，Sidney Verba，Henry E. Brady. The Unheavenly Chorus. Princeton：Princeton University Press，2012.

［5］Shawn M. Powers，Michael Jablonski. The Real Cyber War. Urbana，Chicago，and Springfield：University of Illinois Press，2015.

［6］陈福集，马梅兰. 网络舆情事件的话题演化分析：以成都女司机为例. 情报杂志，2016（5）.

［7］郝文江，武捷. 互联网舆情监管与应对技术探究. 信息网络安全，2012（3）.

［8］林建宗. 网络媒体社会责任推进机制研究. 科学决策，2010（12）.

［9］王毅军，高俊峰. 网络舆情的二律背反解析. 社会科学战线，2016（9）.

［10］王允. 网络舆情数据获取与话题分析技术研究. 郑州：解放军信息工程大学，2010.

［11］2015年舆情反转典型事件.（2015－12－02）. http://society.people.com.cn/n1/2015/1225/c1008－27973887.html.

［12］2016年十大网络舆情反转事件.（2016－12－27）. http://news.sohu.com/20161227/n477020798.shtml.

［13］《2016年度中国慈善捐助报告》发布，全年捐赠总额突破1 392.94亿元.

(2017－11－03). http://news.ifeng.com/a/20171103/52927881_0.shtml.

[14] 罗一笑当事人承认自己有三套房、两辆车.(2016－11－30). https://news.qq.com/a/20161130/025279.htm.

[15] 如何看待《罗一笑，你给我站住》.(2016－12－02). https://www.zhihu.com/question/53146119.

第五章 “网络红娘”佳几何：从“WePhone创始人自杀事件”看网络婚恋

引 言

2017年9月8日，在一些网络社交平台，人们的注意力突然被一条消息所吸引。有人发贴称手机应用软件WePhone的开发者苏享茂遭前妻“逼迫”而跳楼自杀。该消息刚一出现便在各大网站和社交平台上传播，引发了社会大众的关注，并出现了针对该事件的各种讨论。人们在对该消息内容感到震惊之余，又对这位天才程序员的去世表示惋惜。

随即，在该消息出来后的第二天，即9月9日，事件当事人苏享茂的哥哥便在其微博发布声明称，弟弟苏享茂确实是因为“不甘女方骚扰”而跳楼身亡，家属已经报警[①]。该事件发生之后，由于当事人的身份（WePhone创始人）以及事件过程的非常规性，引发了大量网民的围观和关注，该事件也因此成为各大网站、各大纸质媒体的重要新闻内容之一。后来，随着相关报道陆续出现，与事件相关的内容逐渐被披露，女方是否涉及“骗婚”，以及促使男女双方相识的婚恋网站世纪佳缘是否有责任等问题逐渐成为社会舆论的中心议题。同时，围绕网络婚恋交往、网络婚恋诈骗、婚恋网站信息审核等问题的讨论愈来愈多。虽然之前发生的相关事件也引发了人们对婚恋网站的讨论，但“WePhone创始人自杀事件”无疑进一步推动该讨论向纵深发展，成为社会进一步关注并深入反思婚恋网站的重要导火索。

---

① 刘娜，薛星星．WePhone创始人自杀，称遭前妻勒索千万．新京报，2017-09-10．

“WePhone 创始人自杀事件”之所以能够迅速引起人们的强烈关注，并推动相关讨论的进一步深入，与事件当事人苏享茂从事的职业具有密切关系。苏享茂是手机应用软件 WePhone 的创始人，也是开发该应用技术的程序员。基于自己编写程序的技术优势，37 岁的苏享茂自杀前在 WePhone 的程序中创建了一条提醒，只要 WePhone 用户打开该软件，便会立即弹出一条提醒：“公司法人被毒妻翟某害死，WePhone 即将停止运营。”同时，苏享茂还在该提醒中将自己前妻翟某的姓名、身份证号、工作单位都公之于众。对于苏享茂而言，该提醒的设定或许具有两方面的重要含义：一方面显示苏享茂在自杀前试图通过自己一手创建的 WePhone 向用户道别；另一方面也显示出苏享茂试图用自己的生命引起社会对其遭遇的关注，并将他所称的“毒妻”引入社会舆论的漩涡。

除此之外，苏享茂还在个人的社交媒体账号（Google+）上发帖，称自己“被前妻相逼”，将要离开人世。“我是 WePhone 的开发者，今天我就要走了，App 以后无法运营了，抱歉。”苏享茂指出，自己和前妻翟某在世纪佳缘认识，结婚前已经在她身上花了几百万元，领证前一天她才告诉自己她有段简短婚史。对于这点，他“忍了”，然后与翟某领证结婚。一个月的婚姻期间，“无出轨、暴力行为”，但自己“失去了对她喜欢的感觉”，认为“她爱撒谎，极有心机”，让自己有种恐怖的感觉。因而结婚仅 39 天，两人便达成离婚协议。在准备离婚的过程中，前妻以苏享茂“有漏税行为和 WePhone 有网络电话功能是灰色运营”两点来要挟他，索要 1 000 万元“补偿费”和在海南三亚的一处房产。苏享茂称，前妻翟某经常对自己进行电话骚扰，或带人到家里骚扰自己，还威胁不给钱将让自己进监狱，自己“当时太懦弱”，“身心俱疲”，最后“无头无脑”地签了离婚协议。苏享茂认为，正是这个离婚协议将自己“逼死”，由于自己的资金链已经断裂，“实在很绝望”，因此打算离开人世。为了证明自己所言属实，苏享茂还在文章中贴出了自己与前妻的离婚协议书，以及两人的部分微信聊天记录的截图。聊天记录显示，疑似其前妻的账号跟苏享茂索要“精神损失费 1 000 万元”，并且商量离婚相关事宜。

2017 年 9 月 7 日凌晨 4 点 49 分，苏享茂将作为遗书的最后一份网帖发出，随后，他从北京西二旗小区的楼顶天台跳下，当场身亡。

其实，不仅苏享茂通过在网络上公布自己前妻的相关信息以及两人婚姻方面的纠纷来引起舆论关注，有网友发现，疑似其前妻也在网络上发表过不利于苏享茂的相关言论。9 月 7 日凌晨 3 点 11 分，在苏享茂自杀前，一名为“实话 110010”的账号在某贴吧发布“相亲渣男苏享茂”的帖子，称苏享茂为“骗子渣男”，患有重度乙肝，长期在世纪佳缘等相亲机构通过与女孩相亲的方式骗色，并公布了苏享茂的身份证号、手机号和公司名，指出苏享茂长期开发 VPN，逃税上千万。

苏享茂去世后，亲友在他的办公室整理遗物时，发现了一份苏享茂写的叙述自己和前妻翟某从相识到离婚全过程“事件经过”的说明文件。

在这份说明中，苏享茂详细记录了自己与翟某相识、恋爱交往、结婚、离婚的全过程。苏享茂指出，自己和前妻翟某相识于世纪佳缘婚恋网站，两人都是该婚恋网站的 VIP 会员。2017 年 3 月 30 日，在红娘的撮合下，两人在世纪佳缘的办公室第一次见面。第二天，翟某主动给苏享茂发信息说对他印象不错，希望再见面。随后两人进行了频繁的互动，很快确立恋爱关系，并约定年内结婚。苏享茂自称，由于觉得两人都是“奔着结婚走的”，而且感觉翟某条件不错，因此以后对她特别慷慨，花费几百万元。相识 68 天之后的 6 月 7 日，二人领取了结婚证，翟某还在朋友圈发了钻戒和结婚证的照片，同时也把结婚证的照片发给了世纪佳缘帮他们牵线的红娘。但婚姻存续仅仅 39 天之后的 7 月 16 日，两人便达成离婚协议，并于 7 月 18 日办理了离婚手续。随后，经过一系列事情，离婚 51 天后，苏享茂跳楼自杀。

得知苏享茂跳楼自杀的事情之后，他的同事、朋友都感到非常意外。据其朋友称，苏享茂 1980 年出生于福建农村，从小成绩优异，后来读了北京邮电大学的研究生，成绩优异、技术极强，是上大学时系里最优秀的两个程序员之一。毕业之后，曾任百度高级工程师。2012 年，苏享茂独自开发了以提供通信服务为主的 WePhone。创业之后，苏享茂的生活与大学期间的生活没有太大差别，每天对着计算机写代码，很少参与其他活动。同时，苏享茂的感情生活也比较单调。在认识翟某之前，苏享茂共谈过两次恋爱，第一次持续了一年多，第二次是短暂的异地恋。

而苏享茂前妻翟某所称的“漏税、处于灰色地带”的公司是指北京曳尾科技有限公司。工商登记资料显示，该公司于 2012 年注册成立，注册资本 10 万元，法定代表人为苏享茂。

“苏享茂事件”发生后，与该事件相关的信息迅速成为各大网站、各大媒体重点报道的内容。而苏享茂与其前妻相识的婚恋中介——世纪佳缘婚恋网站也被置于舆论的中心。事发后，世纪佳缘官方微博曾发出一条简短声明称，经核实，WePhone 已故创始人苏享茂及其前妻翟某确实是世纪佳缘的会员，并完成实名认证，世纪佳缘会密切关注事态进展，并配合相关部门进行调查取证工作。

事发以后，翟某的家庭住址和电话等个人资料在网上被曝光，她的微博评论中，网友骂声一片。有网友甚至以翟某的名字建起网站，不断更新公开和她相关的信息。被曝光信息甚至涉及她的前夫刘某，以及她的研究生导师的电话和邮箱，导师频繁接到询问翟某情况的电话。另外，还有网友公开了翟某注册部分网站的手机号码，机主虽然和翟某不存在任何关系，却也频繁遭到电话骚扰①。

事件发生之后，苏享茂家人和翟某分别委托了律师处理与苏享茂自杀相关的法律事宜②。苏享茂家人方面的代理律师指出，“从材料看有很多问题，恐怕（翟某）不仅涉嫌诈骗”，翟某方面的代理律师则指出，翟某“基于‘死者为大’的传统风俗，默默承受外界对自己的误解和人身攻击”等。由此，为了不影响该事件相关法律事务的处理，与该事件及其最新进展相关的信息逐渐不再发布，互联网上人们对于该事件的舆论关注也开始减少，舆情逐渐回落。但是，由该事件引发的对于网络婚恋、婚恋网站等方面议题的讨论却没有完全平息。

“WePhone 创始人自杀事件”是一起典型的网络事件。首先，苏享茂本人是推进互联网技术不断发展的程序员群体中的一员，被称为“天才程序员”。其次，苏享茂和其前妻翟某又与互联网具有密切联系，两人相识于网络，最终的交恶也呈现于网络。最后，该事件又与近年来蓬勃发展的网络婚恋行业相关，苏享茂与其前妻翟某都是世纪佳缘婚恋网站的注册会员，二人相识于婚恋网站，该事件遂与之前发生的婚恋网站相关事件一起引起了人们对婚恋网站的关注和讨论。

综合而言，婚恋网站兴起于互联网时代，契合了单身社会中“被剩”群体的婚恋需求，成为单身群体寻觅“佳缘”的重要媒介与平台，弥补了单身群体在忙碌工作、流动生活之余的信息沟通，增进了人们的了解，超越了时空障碍，被称为“网络红娘”。婚恋网站的兴起对于单身群体具有非常重要的作用，但与此同时，在婚恋网站上，劣质信息充塞其中，甚至还有一些人借着婚恋的名义进行婚托、酒托、一夜情、诈骗等不法行为，使得婚恋网站在大规模发展的同时又备受社会舆论的质疑。具体来看，“信息”问题和“网络婚恋浮萍化”是婚恋网站发展过程中面临的最主要问题。因而，为了促进网络婚恋的规范化，促成更多的“网络佳缘”，需要从网络婚介服务双重属性内在冲突的缓解、互联网时代信息能力的提升及网络婚恋社会根基的巩固等方面寻求应对之策。

一、单身社会的佳缘需求

2017 年 3 月 30 日，37 岁的苏享茂在世纪佳缘的办公室第一次见到翟某。作为单身群体中的一员，苏享茂的经历在单身群体里可以称是一个个案。但其注册为世

① 聂辉，肖薇薇．程序员苏享茂之死．南方周末，2017-09-15.

② 王巍，刘洋．苏享茂家人与翟欣欣委托律师“维权”．新京报，2017-09-19.

纪佳缘的 VIP 会员，试图为自己找到一个合适的婚恋对象并步入婚姻的迫切性，却在注册婚恋网站会员的单身群体里具有一定代表性，尤其是代表了“80 后”单身群体的心理状态。

单身社会与“剩时代”

在遇到翟某之前，苏享茂一直是单身群体中有代表性的一员。而在其父母及身边的亲戚朋友看来，他同时也是“剩时代”的一名社会成员。正是为了摆脱“单”“剩”，尽早步入婚姻生活，他通过付费成为婚恋网站的 VIP 会员，试图寻觅自己的理想佳缘。与苏享茂注册婚恋网站会员试图寻觅佳缘一样，我国有越来越多的“被剩”社会成员正在通过各种方式寻觅自己的“另一半”，试图“脱单”。

2015 年有关数据显示，我国单身男女人数接近 2 亿，独居人口从 1990 年的 6%上升到 2013 年的 14.6%，中国正逐渐成为世界上单身人口数量最多的国家①。因而，毫不夸张地说，我国目前已经进入单身社会。

单身社会的到来，是一个全球性的社会现象。美国纽约大学社会学教授艾里克·克里南伯格在《单身社会》中指出，越来越多的人选择单身生活，单身社会已经到来，这正在成为一次空前强大、无可避免的社会变革。他在书中指出，20 世纪 50 年代，美国人口中只有 22%的人单身生活，而今天，超过一半的美国人正处于单身，3 100 万人独自生活，这差不多占到了美国成年人口的 1/7②。我们正在学习单身，并由此带来了全新的生活方式。克里南伯格认为，单身人群的增长主要源于四种社会变革：女性地位的提升、通信方式的变革、大规模的城市化、人类寿命的大幅延长③。

单身社会的到来与经济文化的不断发展密切相关。在我国，与传统社会相比，快捷、繁荣的现代社会生活，完全能够支撑一个人的单身生活。尤其是进入互联网时代以来，电子商务的发达、外卖平台的崛起、嘀嘀打车和共享单车的兴起等，都可为单身生活提供支持。与传统社会的家庭生活不同，在当代社会，单身也可以拥有丰富的生活，单独生活已经成为一种普遍、可行的生活方式。同时，随着社会的发展，价值观更加多元，虽然婚姻仍然是必需品，但人们对单身的看法却与传统社会不同，对单身人群的社会接受度越来越高，对单身人群的行为也越来越宽容。

---

① 常进锋．“空巢青年”缘何“空巢”：一个时空社会学的解读．中国青年研究，2017（5）．

② 克里南伯格．单身社会．沈开喜，译．上海：上海文艺出版社，2014：6．

③ 同②18．

大致而言，单身状态可以分为时尚型单身、短缺型单身、自足型单身、投机型单身、回避型单身[①]。从主观意愿来看，又可分为主动单身和被动单身。其中，主动单身即主动选择单独生活、维持单身状态；被动单身即不是自己主观愿意但由于各种原因而不得不维持或暂时处于单身状态。

在遇到翟某之前，苏享茂便是被动单身群体的一员。在朋友眼中，苏享茂是一个生活特别简单的人，生活和工作圈子极小，“吃饭不讲究，穿衣不讲究”，他还特别内向，没有什么兴趣爱好，虽然谈过女朋友，但却一直没有找到合适的结婚对象[②]。与其他同学相比，苏享茂被“剩下”了，成为“剩时代”的一名“剩男”。

“剩时代”是“单身社会”的另外一种说法。一般认为，我国从 2006 年便进入了“剩时代”。这两种说法虽然都是针对单身人群数量日益增长的社会现象，但却反映了不同的价值观。“单身社会”的说法表明，单身已成为一种重要的社会现象，社会需要在各方面对单身人群支持，并在一定程度上体现了对“单身”社会现象的正面回应和肯定。但“剩时代”的说法却表明了传统婚恋文化对单身群体的压力。一般认为，年龄在 30 岁以上的未婚男性和 27 岁以上的未婚女性都是被社会传统婚恋文化“筛选”后“剩下”的人，是“被剩”群体。面对自己的“被剩”，该群体普遍具有较强的婚恋需求和婚恋焦虑。“剩男”“剩女”“单身狗”等话语的流行、“双十一光棍节”的兴起，都显示出众多年轻单身男女面对该压力时的自我嘲讽和戏谑，是“单身”“被剩”状态的群体性焦虑的一种间接释放。

从区域分布来看，一线城市是单身人群的主要聚集地，“脱单”的需求也远远大于二、三线城市。此次事件中具有迫切“脱单”需求的苏享茂便是长期工作生活于北京，国内首例“用户起诉婚恋网站”合同纠纷案[③]的当事人刘擎也是工作生活于北京。从性别分布来看，城市中往往“剩女”多于“剩男”，而农村中则“剩男”多于“剩女”。数据统计显示，大龄未婚女性绝大部分（92.5%）集中在城镇，城镇大龄未婚女性中受教育程度在大学专科以上的比重达到 81.1%，而大龄未婚男性更多地集中在农村，农村大龄未婚男性受教育程度在初中及以下的比重达 53.7%[④]。

---

① 何驰．2015 中国单身族社会报告．浔阳晚报，2015-11-14．

② 聂辉，肖薇薇．程序员苏享茂之死．南方周末，2017-09-15．

③ 王彬．女子网上交友遇爱情骗子，状告世纪佳缘一审败诉．北京晨报，2011-09-23．

④ 陈雪柠．“单独二孩”政策羊年遇冷．北京日报，2016-02-25．

“剩男剩女”作为一种社会现象，其形成既有制度、社会因素，也有自身的原因。具体而言，市场经济体制、男女平等基本国策是制度方面的原因，“门当户对”的社会择偶标准和社会结构压力在青年身上的内化是社会方面的原因，青年自我同一性的延迟和对婚姻家庭的“心理恐慌”是青年本身的原因，这些方面共同催生出了“剩男剩女”现象①。

“剩时代”的到来，“剩男剩女”社会现象的形成，促进了关于“剩男剩女”的综艺节目、电影电视、图书市场的火爆。电影《失恋33天》、“双十一光棍节”等引导形成了“剩”文化，婚恋综艺节目《非诚勿扰》等提供了婚恋平台、展现了“剩男剩女”的婚恋价值观，还有一系列针对“剩男剩女”介绍自我认知、提升自我魅力、指导与异性交往的书籍也不断出版。

传统文化提倡“三十而立”。由于当代社会个体受教育时间的延长，大学毕业之后还要经过一段时间的工作稳定、事业发展期等，因此群体性的大龄未婚男女青年便成为普遍现象。对于“剩男剩女”的父母而言，他们迫切希望自己的孩子早些通过婚姻进入稳定的生活，他们也愿意趁自己年轻帮忙带孩子。尤其是对于“剩女”而言，还有一个最佳生育年龄的问题。所有的因素综合在一起，对“剩男剩女”们构成了婚恋压力，普遍形成了“愁嫁”“愁娶”的群体焦虑。而在“剩男剩女”群体中，包括苏享茂在内的“80后”无疑是主要的构成群体之一。

谁在单身

“80后”是指在1980年1月1日至1989年12月31日出生的人群，2017年时的年龄为28～37岁。如果仍然未婚的话，算是大龄“剩男剩女”群体中的主要成员了。苏享茂便出生于1980年，认识翟某时37岁，是具有迫切婚恋需求的单身群体的一员。

与其他年龄群体相比，“80后”在出生、上学、工作、生活、婚恋方面都具有一定的特殊性。

“80后”是伴随着改革开放出生、成长起来的一代。由于改革开放之后生活水平的提升，与“60后”“70后”相比，“80后”是物质生活和精神生活相对富足的一代人，因此曾被称为“含着甜汤匙长大的一代人”。但与此同时，“80后”的成长又与社会各方面的变革相伴。上学时，使用的是新改的试用课本，后来，又流行素

① 朱磊．当代社会“剩男剩女”现象形成的原因探析．青年探索，2014（4）．

质教育，教育内容、教育理念等与之前相比都有很大差别。大学毕业后，正好处于国家不再分配工作的阶段，与此同时，房地产市场开始升温，房价逐年上涨，仅靠工资是远远不能承受购房压力的。很多青年在完成大学学业后，到大城市工作生活，成为“蜗居”的主力群体。

“80 后”是独生子女的典型代表。20 世纪 80 年代初，我国开始全面实施计划生育政策，提倡一对夫妇只生育一个孩子。虽然并非所有的“80 后”都是独生子女，但与其他年龄群体相比，“80 后”是我国实施计划生育后出生的第一代。与“90 后”、部分“00 后”等其他独生子女群体相比，“80 后”目前处于大龄阶段。未婚的单身青年男女面临着较大的婚恋压力，尤其是作为独生子女的“80 后”未婚男女，更是面临源于父母方的“催婚”“逼婚”压力，具有迫切的成家需求。

“80 后”是承受压力较大的一代。与“60 后”“70 后”相比，这一代人的学历层次有所提高，但激烈的竞争、逐年攀高的房价却给该群体带来了较大的压力。他们一方面努力工作、赡养父母、承担家庭重担，另一方面又体验着“蜗居”的生活方式，成为“蚁族”的主力群体之一。受教育年限的增长、紧张忙碌的工作节奏，使得他们结婚的年龄不断向后推延。调查数据显示，迈入 30 岁门槛的“80 后”中，只有 73.8%的人结了婚，而“70 后”在 30 岁时，近九成的人都已成家。随着结婚年龄的推迟，生孩子的时间也向后推迟，30 岁以上的“80 后”中，45.3%还没有孩子，而“70 后”在 30 岁时，74.1%都有了孩子①。与“70 后”相比，“80 后”的工作、生活等都处于不稳定状态，生存状态并不理想。

“80 后”还是流动的一代。“80 后”出生于改革开放之后，其成长阶段正是中国城乡流动不断加快，“打工潮”逐渐兴起的时期。无论是进入高校就学，还是加入“打工大军”，抑或是毕业后参加工作，“80 后”的城乡青年普遍都选择离开家乡，在大中城市“打拼”。由于流动性的增强，该群体便缺乏稳定的社会网络和长效的时间来选择合适的婚恋对象，因而在“流动”中成为“剩男剩女”。苏享茂出生于福建农村，从小学习成绩优异，一直读到北京邮电大学的研究生，毕业后经过短暂的工作便开始自己创业，工作生活的主要地点是在北京。由于毕业后忙于事业，再加上人际交往圈较小等原因，一直未遇到合适的婚恋对象，直至经婚恋网站推荐认识了翟某。

“80 后”更是网络的一代。我国是在 1994 年全功能接入互联网并被国际上正式

---

① 吴静，卢艳艳．奔三了，我们活得不潇洒．河南商报，2010-01-06.

承认真正拥有互联网的，由此开始，我国进入互联网时代。“80后”的成长阶段正好是互联网技术快速发展并逐渐彰显其重要社会影响力的时期。尤其是对于苏享茂这样年龄较大的“80后”而言，他们从高校毕业时正是中国互联网大范围扩展、互联网应用不断出现的时期。因而，对于“80后”而言，虽然他们不像“90后”那样被称为“网络的原住民”，但他们绝对是互联网的第一代用户。从E-mail到QQ，从BBS、网络论坛到校友录、人人网，从贴吧、微博到微信，他们几乎经历了互联网应用发展的每个阶段。甚至还有如苏享茂一样的“80后”程序员，利用自身掌握的程序编写技能，在推动互联网发展中发挥了重要作用。正是因为对互联网无比熟悉，当他们面临婚恋压力时，他们中的一部分人便选择通过互联网来寻找婚恋对象。

房、车、孩的力量

苏享茂与翟某见面的第二天，翟某主动发信息表示对苏印象不错，并聊起他一个月前发在朋友圈里的特拉斯车。在后来的聊天中，双方互诉好感，交流了财产信息。女方发了一段视频，里面有几只鸟飞过别墅的景象，并把房产证信息发过来，苏享茂没想到她会住别墅，一度感到压力很大，向翟某表示自己也买得起别墅，并给翟某看了他的股票账户和理财账户。翟某当即表示“一见钟情，愿意替他生孩子”。苏享茂在“事件经过”中指出，正是由于两人都是奔着结婚走的，并且翟某的条件很不错，因此之后的交往中，苏享茂对翟某特别慷慨大方，结婚前花了几百万元。

婚姻家庭是社会生活的重要组成部分，也是传统中国文化对个体成长轨迹的必备安排。对于“剩男剩女”们而言，他们已经由于各种原因偏离了传统社会文化框定的婚恋时序，因而必须尽快地在婚恋问题上“快进”，以最快速度追赶早已进入婚姻家庭时序的同龄人。30多岁的苏享茂付费成为世纪佳缘的VIP会员，也是基于能找到合适婚恋对象，快速步入婚姻的考虑。尤其是在苏享茂的福建老家，同龄人可能早就步入婚姻、生儿育女了。因而认为自己“老大不小”的苏享茂才急于通过婚恋网站寻觅自己的“另一半”。通过“网络红娘”的撮合，苏享茂与翟某相识并迅速确立婚恋关系。

单从苏享茂写的“事件经过”中可以发现，特拉斯车、别墅、股票和理财账户、孩子等无疑是促成两个人迅速确立婚恋关系的重要因素。其实，不只是苏享茂和翟某，对于当今社会大部分大龄单身男女青年而言，房、车、孩都是极具诱惑力并在确定婚恋关系时非常重要的推动力之一。

房、车、孩在婚恋关系确立过程中的重要性提升与人们的婚恋价值观的变化直接相关。

从历史发展过程来看，我国的婚姻观大致经过了三次变迁。首先是传统封建社会秉持的封建婚姻观，男性可以娶妻纳妾，丈夫对妻子无所谓忠贞，但妻子必须对丈夫忠贞。其次是新中国成立至改革开放前，秉持的是传统婚姻观，实行一夫一妻的婚姻制度，彼此忠贞，“父母之命、媒妁之言”“门当户对”“嫁鸡随鸡，嫁狗随狗”等传统婚恋文化在人们婚恋交往中仍然发挥不同程度的作用，出身、职业、社会地位、外貌条件等是婚恋选择中的重要因素。最后，改革开放以来，现代婚姻观兴起，虽然也是一夫一妻制，但婚恋双方更加看重的是相互的吸引和需要，爱情的作用愈发凸显。尤其是进入 21 世纪以来，伴随着学历水平普遍较高的“80 后”等开始步入婚恋阶段，“父母之命、媒妁之言”对婚恋关系的确立不再具有严格的程序性作用，“门当户对”标准的普适程度也有所降低，在爱情的引导下，每位婚恋个体都可以对“门当户对”提出自己的理解，相貌、身高、学历、性格、职业、薪资、户籍、资产等，都会根据不同地域、不同个体条件在人们的婚恋选择标准中占有不同比重。

出生成长于改革开放以后的“80 后”从小物质生活相对丰裕，并且随着社会生活水平的不断提升，物质条件在该群体的婚恋价值观中占据重要地位。“非诚勿扰马诺事件”便在一定程度上显现了这种变化。2010 年，出生于 1988 年的马诺参加江苏卫视相亲节目《非诚勿扰》，一位爱好骑自行车且无业的男嘉宾问马诺是否喜欢和他一起骑自行车逛街，马诺回答“我还是坐在宝马车里边哭吧”。她的言论随即引起了舆论关注。虽然马诺的观点并不能代表“80 后”的婚恋价值观，但确实反映出了当今社会年轻人婚恋价值观的某些变化，反映了当代社会一部分年轻人对于物质与精神关系的理解。在该事件中，有人称马诺是典型的“拜金女”，也有人赞扬马诺的特立独行。

在中国的传统婚恋文化中，房产一直都是个体经济能力的重要体现，也是婚恋双方步入婚姻的必备基础之一。大致而言，我国的房地产市场萌兴于 20 世纪 80 年代，发展于 90 年代，兴起于 21 世纪初。这便意味着当无数“80 后”长大成人进入社会之时，也是房地产市场大规模兴盛之时。逐年攀高的房价使得房产在年轻人婚恋选择标准中的地位不断上升。尤其是在地理位置便利或环境优良或经济发达的大中城市，拥有一套房产无疑可以增加拥有者在婚恋选择中的主动权。同时，在北京、上海等对人口规模进行控制的城市，房产与户籍往往也具有密切的联系，这更增强了房产价值的重要性。

同时，对于经常流动于城城之间、城乡之间的年轻人而言，汽车是另外一项非常重要的婚恋基础，也是拥有者经济能力的重要体现。对于婚恋双方而言，汽车的实用性非常强。谈恋爱时，拥有一辆车便意味着能获得一个相对私密的空间，也是可以一同旅行的重要基础。结婚后，可免去挤公交车的辛苦，也不用受风吹日晒，当节假日回老家时，也是一个很便利的出行工具。

此外，生儿育女是婚姻家庭的必要内容。但对于婚恋观念日趋开放的年轻人来说，婚姻并不必然与孩子联系在一起。很多年轻人还倾向于选择“丁克家庭”来获得更为自由轻松的生活。尤其是对于女性而言，随着社会的发展，她们在生育问题上的话语权正逐渐增强。因而，对于苏享茂而言，当身高、相貌条件不错的翟某说愿意为他生孩子时，他是非常满意于二人的婚恋关系的。因而两人相识后的第14天，他便花了107多万元给翟某全款购买了一辆特斯拉车，相识的第40天，又接受翟某的意见在海南购买了一套房产。

二、“网络红娘”的兴起

苏享茂与翟某的第一次见面是在世纪佳缘“红娘”的撮合下实现的。与苏享茂一样，随着互联网时代的到来，越来越多的单身人士开始使用互联网寻找婚恋对象。在规模庞大单身人群的婚恋需求的推动之下，兴起了大量如世纪佳缘这样被称为“网络红娘”的婚恋网站，开展婚恋中介服务。

古今“红娘”

“红娘”是中国传统婚恋文化的重要社会角色之一。从起源来看，“红娘”本是传统文学中的一个角色。该角色最早出现于唐代元稹的文言小说《莺莺传》，后经北宋赵令畤《商调蝶恋花》、金人董解元《西厢记诸宫调》、元代王实甫《西厢记》杂剧以及明清以来各种艺术样式的不断增改和润饰，逐渐被塑造成一个热情机智、聪明泼辣、伶俐风趣、热心帮助崔莺莺和张生“有情人终成眷属”，成就两人姻缘的婚恋中间人形象。后来，“红娘”渐渐成为社会大众心目中为婚恋双方牵线搭桥的人物形象。从称谓上看，由于“红”是中国婚恋或中国色彩的主色调，也符合人们对美好婚姻生活的期待和向往，“娘”则意指年轻的姑娘，象征着蓬勃的朝气。同时，文学作品中塑造的“红娘”还具有从当事人意愿出发，既遵从婚姻的严肃性，又注重对爱情的追寻，十分符合人们对婚恋介绍人理想形象的期待。因而，“红娘”一词成为婚姻介绍的重要形象代表，一直流传至今。

在传统社会年轻人的婚恋交往过程中，“红娘”发挥了重要的中介作用，是婚恋嫁娶礼仪程序中的必备条件。后来，随着社会的发展，尤其是改革开放以后，“红娘”逐渐失去了市场。据报道，在农村，媒人、媒婆的工作越来越难做。“托我做媒的，小伙子有十七八个，我访了一下周边几个村，年龄相当的妹子只有四五个。标标致致的伢子硬是找不到堂客呢。”[①] 同时，随着婚恋价值观的变迁，自由恋爱的兴起，嫁娶程序的变化，“红娘”牵线不再是婚恋嫁娶过程的必备程序，而只是一个介绍婚恋双方相互认识的社交性环节，这都促使传统社会文化话语中的媒人、媒婆慢慢减少，“红娘”由婚恋双方的热心亲戚朋友临时担任。

随着单身人群规模的日益扩大，出于对其迫切的婚恋需求的考虑，政府相关部门、组织也会通过组织单身青年的联谊活动发挥“红娘”作用，比如广州海珠区团委为区内企业单身青年举办的联谊活动[②]、西安新城区总工会组织的青年联谊活动[③]等。尤其是在《中长期青年发展规划（2016—2025 年）》发布之后，共青团中央提出将帮助大龄未婚青年寻找合适伴侣，共青团“红娘”作用的发挥将会越来越多。

同时，在单身青年父母的推动下，公园、广场等公共空间也开始发挥“红娘”的作用，出现了当代社会发挥婚恋中介作用的重要平台——“相亲角”。“相亲角”的出现并不突兀，具有相亲集体化、实际操作层面等方面的路径依赖，最早出现于 20 世纪 80 年代北京的龙潭公园，当时有很多回城青年“自发相亲”[④]。随着社会的发展变迁，第四次单身潮的出现使得公共空间开始再次发挥“红娘”作用，父母代替孩子聚集“相亲”的现象非常明显，比如上海的人民公园和北京的中山公园。上海人民公园相亲角出现得较早，当时一些家长出于对自己大龄未婚子女婚姻问题的焦虑，在此汇聚起来替子女相亲。最初的规模不大，但随着单身人群规模的扩大，来相亲角的家长便越来越多。大家三五成群，相亲资料被放在地面、台阶上，还有人将征婚启事放置在雨伞上使其成为“相亲伞”等。北京中山公园是北京一处有名的相亲角。在中山公园的筒子河畔，每到周四和周日便会聚集起成百上千的老人，为自己的大龄未婚儿女找对象，甚至还有很多“北漂”的父母，专程从老家来京为子女征婚。每位老人面前的地上都摆着写有自己儿女信息的“征婚启事”。相亲角的最东侧，还有一个“海外角”，其中尚待婚嫁的多为目前在海外工作，甚至已经

---

① 戴志华．“相亲”镜下的乡村期盼．人民之友，2017（4）．

② 马喜生．共建数据库，团委当“红娘”．南方日报，2015-08-17．

③ 雷伟东．工会当红娘，青年手牵手．西安日报，2015-11-14．

④ 孙沛东．“白发相亲”：上海相亲角的择偶行为分析．南方人口，2012（2）．

取得“绿卡”或国籍的单身男女。除此之外，还有诸如杭州黄龙洞、成都人民公园、重庆洪崖洞、大连劳动公园、南宁人民公园、沈阳南湖公园等，它们都通过“相亲角”“相亲会”等形式成为了“红娘”。

另外一个非常重要的“红娘”便是大众传媒了。最开始的传媒“红娘”当属报纸杂志等纸质媒介。基于征婚人的需求，报纸杂志会发布征婚广告将征婚人的信息发布出来。我国历史上的第一则征婚广告刊登于1902年6月26日的《大公报》，后来广为人知的征婚广告便属1903年章太炎在《顺天时报》上刊登的“征婚告白”。新中国成立之后，第一则征婚启事出现于1981年的《市场报》，当时的征婚人丁乃钧依凭这则启事找到了自己的婚姻伴侣，并于当年的年底结婚。虽然后来他的婚姻又屡遇波折，但他的名字与当时的征婚启事一同被载入了报纸“红娘”史。后来，随着大众传媒的发展，“红娘”的身份也逐渐由早期的纸质媒体过渡到广播、电视等电子媒体，陆续有一些广播节目和电视节目开始发挥“红娘”作用，发布征婚广告、举办相亲节目等。尤其是近年来，在社会需求的促动下，出现了一大批以婚恋相亲为主题的综艺节目，如《非诚勿扰》《我们约会吧》《百里挑一》《相约星期六》《爱情连连看》《幸福来敲门》等。特别是江苏卫视的《非诚勿扰》，成为我国最引人关注的综艺节目之一。该节目首播于2010年1月15日，但早在2012年其经济效益就达到21.76亿元。一时之间，该节目的主持人、嘉宾等也迅速走红，该节目创下了许多收视纪录。

在《非诚勿扰》节目火热播出的同时，在该节目做广告的一些婚恋网站如百合网、珍爱网、世纪佳缘等也逐渐广为人知。虽然这些婚恋网站的创办早于《非诚勿扰》，但《非诚勿扰》节目的广泛流行确实极大地促进了这些婚恋网站知名度的提升。苏享茂便是上述婚恋网站之一世纪佳缘的VIP会员。婚恋网站的兴起既是现实社会婚姻中介机构在互联网时代的延续性发展，又是十余年来网络社交进一步发展的结果。基于对规模庞大的单身人群社会需求的契合以及互联网技术的发展，再加上“80后”等网络一代对互联网应用的熟悉，“网络红娘”的兴起占尽天时、地利、人和。

天时、地利与人和

苏享茂及其前妻翟某注册的世纪佳缘婚恋网站是目前我国比较知名的“网络红娘”之一。该网站创办于2003年，创始人龚海燕本科毕业于北京大学，创办该网站时是复旦大学研究生二年级的学生，研究方向为媒介经营管理。因为创办婚恋网站较早，龚海燕也被网民称为“网络红娘第一人”。随后的两年内，百合网、珍爱网等一大批婚恋网站迅速兴起，面向单身群体发挥“红娘”作用。

单身社会、“剩时代”的到来，使得规模庞大的单身人群具有迫切的觅缘需求，为“网络红娘”的兴起提供了“天时”。单身人群规模的不断扩大，与“80后”在该阶段陆续步入适婚年龄密切相关。《2016年中国网络婚恋交友行业报告》指出，1980—1991年是中国生育高峰期，在1990年达到顶峰①。迈入2010年后，“80后”已经进入婚恋需求高峰期，伴随着初婚年龄的不断后延，该群体的婚恋需求热潮还会持续15年，伴随“90后”陆续步入适婚年龄，有婚恋需求的人口规模还将继续扩大。庞大的单身人口数量奠定了婚恋交友市场的基础。以世纪佳缘婚恋网站为例，创办当年（2003年）的会员是1 000多人，10年之后的2013年，会员便突破1亿人，2017年的会员更是达到了1.7亿人。

互联网技术的不断发展为“网络红娘”的兴起提供了“地利”。我国1994年全功能接入互联网，被国际上正式承认为真正拥有全功能互联网的国家，从此我国的互联网时代便正式开启。经过几年的快速发展，电脑的普及范围不断扩大，互联网逐渐进入人们日常的工作、学习、生活中，并被人们熟知和使用。基于便捷的信息传递优势，互联网出现以来，网络社交便一直与其相伴而行。大致而言，E-mail、BBS、论坛等是最早的社交应用形式和平台。后来QQ这一即时网络通信工具出现，并逐渐成为人们开展网络社交的重要应用媒介，开启了陌生人网络社交的新篇章。21世纪初，伴随着校友录、人人网等具有一定程度实名社交性质的网络社交应用的出现，以及电子商务的初步发展，人们的互联网信任逐渐增强②，互联网的社交应用领域也越来越广，一直延伸到婚恋社交领域。在此基础上，婚恋中介服务行业的互联网应用逐渐发展起来，世纪佳缘、百合网、珍爱网等一大批专门服务于婚恋社交的网络应用平台陆续推出，并迅速获得了单身群体的关注。

具有较高互联网应用程度的使用人群为“网络红娘”的兴起提供了“人和”。当今社会，社会流动不断加快，媒人、媒婆等传统“红娘”发挥作用的范围越来越小。很多年轻人由于工作繁忙、生活节奏较快、日常交往范围有限，难有足够的时间和精力寻找自己的“另一半”，因此，超越时空限制、拥有大数据存储搜索功能的互联网便成为适龄单身年轻人寻找婚恋对象的重要媒介之一。在这个群体中，无论是作为第一代互联网用户群的“80后”，还是作为互联原生用户群的“90后”，网络化程度普遍较高，具有自由恋爱婚恋观，拥有丰富的网络社交应用经验，对几乎所有新兴网络应用技术和平台感兴趣。伴随着网络社交平台的出现和发展，他们

① 2016年中国网络婚恋交友行业报告．http://report.iresearch.cn/report/201602/2534.shtml.

② 张荣．从危机到转机：网络社会的人际信任．兰州学刊，2012（4）．

尝试使用 E-mail、QQ、贴吧、网络社区、网络游戏社交功能、陌陌、微信摇一摇等开展婚恋交往，而专门开展婚恋中介服务的婚恋网站更是他们热衷使用的应用平台。

由于婚恋网站服务内容的专门化，越来越多的单身年轻人开始注册成为其会员，试图借助“网络红娘”的作用寻找适合自己的婚恋对象。一般而言，婚恋网站的使用频率与其会员的人数规模直接相关。一个婚恋网站的会员越多，便意味着可供选择的婚恋对象的范围越大，也便会凝聚更多的人，名气也越大。众多的婚恋网站中，创始时间较早、会员规模庞大的世纪佳缘婚恋网站无疑是比较突出的一个。苏享茂选择注册成为世纪佳缘婚恋网站的 VIP 会员，可能也是经过认真考虑的。

“上市”盛景

具备了天时、地利、人和，婚恋网站迅速发展起来，婚恋中介服务成为一个快速成长的行业。虽然现实社会中早就出现了以婚恋中介服务为经营内容的婚恋介绍机构，但婚恋中介服务真正成为一个具有较大影响力的行业，则是在婚恋网站出现之后。2017 年 5 月 17 日，在国务院新闻办公室举行的发布会上，共青团中央表示对青年婚恋问题非常关注，因此婚恋中介服务行业面临更多的发展机遇。

综合来看，婚恋网站在我国的发展主要经历了萌芽期、探索期、发展期和成熟期。

20 世纪末 21 世纪初是婚恋网站发展的萌芽期。1998 年，中国交友中心在线网站在深圳成立，成为中国首家免费婚恋交友网站，标志着中国网络婚恋行业进入萌芽期。

2003—2008 年是探索期。2003 年后，世纪佳缘、百合网、珍爱网、有缘网等婚恋网站相继成立，服务内容不断扩展、服务程序基本完善、线上交友加线下活动的服务模式正在形成，会员数量不断增长。世纪佳缘以高学历的单身青年为主要服务对象，形成了“严肃婚恋交友”的服务框架，会员规模不断扩大。百合网则是采用公安部身份认证系统率先推出实名制注册的婚恋网站。珍爱网被称为我国第一家收费红娘网站，开创了网络征选和电话红娘的婚恋服务模式。有缘网则专注服务于草根大众群体，包括工人、自由劳务者、农业劳动者、学生等。

2009—2014 年是发展期。在该阶段，基于前期的发展，尤其是随着《非诚勿扰》等婚恋电视节目的热播和移动互联网的发展，婚恋网站的知名度迅速提升，使用人群规模迅速扩大，各大婚恋网站的服务内容和服务模式逐渐趋于一致，线下婚恋服务实体店不断增加，线上线下服务的相互融合更加完善，网络婚恋企业相继实现盈利。其中，由于较好的发展态势和大量投资的获得，婚恋网站的服务扩张速度更快。2011 年世纪佳缘在纳斯达克上市，堪称达到了网络婚恋服务行业发展的顶峰，呈现发展盛景。

2015 年以后网络婚恋服务行业进入成熟期。大规模婚恋网站的服务模式日趋成熟，在加强线上线下共同服务的同时，还拓展了婚后服务内容。同时，移动互联网的发展及大范围普及催生了行业巨变。2015 年百合网宣布开启免费沟通模式，两大婚恋网站世纪佳缘和百合网宣布达成合并协议，世纪佳缘成为百合网的全资子公司。服务于草根大众单身群体、致力于移动端婚恋服务的有缘网迅速崛起。

从服务模式而言，网络婚恋企业的服务过程主要包括：用户资料收集，通过用户在网站或移动端注册登录的形式，获得用户的个人基本资料；会员推荐，基于用户的个人资料，通过电话、网络等形式向用户推荐会员服务，用户通过付费成为会员后，再向其推荐合适的婚恋对象；通过让用户购买红豆、邮票或其他增值服务使自行匹配的用户获得沟通资质，从而用户之间可以进行交流；与线下服务相结合，通过线下红娘服务或线下活动的举办，使用户获得更加细致的婚恋服务。从整体来看，由于移动互联网的迅速发展、网络信息传递内容和途径的多元化、网络付费的便捷化等，当前我国网络婚恋企业的服务模式逐渐趋于一致，服务内容逐渐朝细分化和个性化方向发展。

世纪佳缘的上市，显示了我国网络婚恋服务行业背后的迫切社会需求以及互联网给予的强大发展基础，开创了网络婚恋服务行业的发展盛景。但与此同时，婚恋网站发展过程中诈骗、婚托、酒托、一夜情等问题也不断出现。就在世纪佳缘上市的当年，被称为“婚恋网站第一案”的“会员刘擎状告世纪佳缘信息欺诈案”便反映出婚恋网站存在的这些问题。就实质而言，网络婚恋服务的互联网模式，仍然是以传统婚恋服务为核心，因而传统婚恋中介的问题仍然存在于婚恋网站。就行业发展而言，由于同行业同质竞争过于严重，差异化产品和服务不足，婚恋网站在步入发展成熟期的同时似乎也走到了行业发展的瓶颈期。

三、信息之险：受阻的网络佳缘

信息问题是婚恋网站发展过程中面临的最大问题之一。信息的真实与虚假、二八定律、信息匹配背后的问题都是婚恋网站发展过程中遇到的发展难题。正是信息方面的这些问题，使得本来是享受信息便捷的网络佳缘却面临许多潜在风险。

真实与虚假

苏享茂通过付费成为世纪佳缘的VIP会员，享受了一对一的“红娘”服务，后来他在“红娘”的撮合下认识了前妻翟某，当时双方资料上写的都是未婚。后来，苏享茂在“事件经过”中指出，实际翟某登记的未婚信息并不真实，在领证前一天他才知道翟某有过一段婚史。在苏享茂看来，包括这个信息在内，翟某的信息共有四处不实：一是婚姻状况，将离异写成未婚；二是年龄，将出生年月1986年11月写成1987年1月；三是恋爱经历并不是她描述的那么简单；四是使用世纪佳缘的时间至少有3年。

一直以来，信息不实都是困扰网络婚恋服务行业的重要问题。实际上，婚恋网站也不止一次由于会员信息虚假而备受质疑，甚至还有会员由于发现婚恋对象信息虚假而起诉婚恋网站。典型案例之一便是2011年刘擎对世纪佳缘的起诉。刘擎是世纪佳缘婚恋网站的钻石级会员，年交费498元，后来她在该婚恋网站上认识了一名刘姓男子。在两人交往的过程中，刘擎发生车祸，处理事故的过程中，刘擎发现该名男子“除了性别是真的”，其他登记的个人信息都是假的，是以婚恋交友为名义在进行诈骗。

同时，被媒体报道的案例还有很多。2012年，一名周姓男子通过百合网举办的相亲见面会认识李某，谎称自己是广东某公司的CEO，骗取李某的信任后，以各种理由骗取李某共计40余万元①。2014年上半年，一名海归女硕士通过一家婚恋网站认识了网站会员蒋某，蒋某自称单身，是某上市公司董事会主席。其实蒋某是个已婚农民，这名女硕士被骗取十几万元，还怀孕生子②。同时，北京、深圳、重庆、广东、河南等地也被报道出现过利用婚恋网站实施诈骗的案例。曾在世纪佳缘工作7年的华南区副总经理表示，具有不严肃目的或以诈骗为目的的会员占婚恋网站用户总数的比例达到四成③。

实际上，无论是以上述海归女硕士为代表的普通会员，还是VIP会员，抑或是刘擎这样的钻石级会员，都有可能遭遇到婚恋对象个人信息造假的问题。个人信息包括照片、职业、单位、学历等都可以造假。大部分婚恋网站虽然要求用户提供身份证、户口本、房产证、公司营业执照等，但依然存在由于会员数量庞大、审核不

① 李林，陈晓．实名制下，婚恋网站诈骗案为何仍发生．中国青年报，2014-05-16.

② 同①.

③ 罗维秋，扈东玲，周霞．我们在婚恋网站被骗了．IT时代周刊，2012-12-10.

严而出现的虚假信息。同时，由于有些信息比较特殊，比如婚史等，如果没有得到民政部门联网并授权的数据接口，婚恋网站基本很难判断真伪。而且，即便是登记了真实个人信息的用户，用户本人的安全性、目的性也很难保证。

与传统社会的相亲相比，婚恋网站上个人信息的造假具有一定的“便捷”性。“WePhone 创造人自杀事件”发生后，有媒体记者分别在世纪佳缘、百合网等婚恋网站注册会员时发现①，尽管各大婚恋网站都具有一定的注册门槛，但信息审核方面存在着漏洞，年龄、学历、婚姻状况等信息都能作假，假身份、假学历都能轻易获得网站认证。不仅个人信息可能作假，而且注册用户花钱见到的相亲对象也有可能是婚托。

传统社会中，媒婆、媒人在发挥“红娘”作用时，虽然为了撮合姻缘也会在提供双方信息时有技巧地扬长避短，但一些基本的个人信息，比如家庭情况、年龄、身高、相貌等是无法以假信息来替代的。并且由于相亲都是在面对面交往中开展，人们对自己信息进行造假的可行性也极小。但在当今的网络婚恋交往中，很多人在网络上相识之后，会先经由 QQ、微信、电话、短信等途径进行交往，双方有进一步发展关系的意愿时，再开展面对面交往。有一些婚托，以及实施借贷诈骗、中奖诈骗等网络诈骗的人往往会在见面之前实施各种诈骗。甚至在两人经过面对面交往之后，不经过长时间接触，人们也是很难获得对方的详细身世背景、婚姻状况等资料。比如“婚恋网站第一案”中的刘擎，是在与对方见面很长时间自己发生车祸之后才产生怀疑并开展调查的。

“WePhone 创始人自杀事件”中，苏享茂跟自己的前妻翟某在世纪佳缘认识，翟某的个人资料显示她是未婚。结婚前，苏享茂在她身上花了几百万元，但直到领结婚证的前一天，翟某才告诉他几年前自己有段简短婚史，这让苏享茂一时之间无法接受。

此外，婚恋网站出于利益考虑，为了吸引更多会员，进一步增加会员对网站的使用频率和使用时间，也会通过系统发布一些虚拟消息。有人注册之后会发现收到了许多来信，但需要付相应的邮票费才能查看，等付费打开这些来信之后，才会发现大多数都是系统群发的消息，如“你好”“嗨”等。

二八定律

二八定律，又称帕累托定律，也叫巴莱特定律、最省力的法则、不平衡原则

① 王飞翔，刘经宇，田为. 婚恋网站虚假信息注册轻松过审核. 新京报，2017-09-13.

等，是19世纪末20世纪初意大利经济学家帕累托发现的。他认为，在任何一组东西中，最重要的只占其中一小部分，约20%，其余约80%尽管是多数的，却是次要的，因此称二八定律。从这个定律来看，婚恋网站上的会员信息实际上也在某种程度上遵循着二八定律，即只有20%左右的信息会引起众人的大量关注，而剩下的约80%则处于少量关注的状态。

在世纪佳缘、百合网、珍爱网等婚恋网站，只要一进入首页，人们的注意力马上便会被一些俊男靓女的照片所吸引，有些照片下面还会显示简要的个人信息，如学历、身高、职业、薪资、车房等情况。这些照片上的人普遍气质不凡、相貌出众，学历普遍都在大专以上，女性身高普遍都在165cm左右，男性则在175cm以上，有的还标明有房、高薪等引人关注的字眼。当具有迫切婚恋需求的“剩男”“剩女”登录网页时，首先便会关注这些信息，并希望能够从中找到自己的“另一半”。

对于婚恋网站而言，将具有优秀个人条件的会员的相关信息放置于网站首页，无疑是出于经济利益考虑，试图最大化地吸引用户的注意力。但如果为了经济利益，故意设置一些筛选条件，突出显示一些优质的婚恋信息，这样就会使一些真正具有婚恋需求但自身条件一般的用户的信息被遮挡，阻碍其更好地寻找合适的婚恋对象。另外，从“参照群体”视角来看，这些“优质信息”在婚恋网站发挥了类似于“参照群体”的作用，具有婚恋需求的人在进行婚恋对象选择时多少都会受到这些信息的影响，产生过高的婚恋需求，从而在一定程度上会忽视那些具有一般条件的用户的个人信息。

与前互联网时代相比，互联网时代是信息可得性较强、信息传递便捷的时代。由于互联网的开放性、平等性，任何人都可以随时进入互联网发布信息，因此互联网上拥有庞大的数据信息。但与此同时，对于具有迫切婚恋需求的单身而言，如果想让自己的征婚信息在拥有上亿名会员的婚恋网站的个人信息海洋中显现，则需要付出更多的努力。一个人如果将自己的征婚信息发布到报纸上，由于每份报纸上刊登的信息数量有限，可参照的信息不多，要想在其中吸引人们的关注还是相对比较容易的。但在婚恋网站的个人信息海洋中，要想让自己的信息从80%中突显出来，成为吸引众人关注的20%信息中的一个，则是非常困难的。

一般而言，婚恋网站上的信息越少，每条信息吸引关注的概率越大，信息越多，每条信息被突显出来的难度则越大。从这个角度而言，拥有会员数量越多的婚恋网站，越是遵从“二八定律”。翟某的信息无疑是20%中的一个。出身大学教授家庭，身高170cm，外表靓丽，北交大硕士，拥有北京别墅等。这些信息同时包含家庭背景、身高、学历、房产等“优质信息”，在现代年轻人的婚恋价值观中，无疑是极具吸引力的。

因而，在婚恋网站上，要想让自己的信息成为20%的一个，便需要遵循网络空间信息显示的一些“潜在逻辑”，通过有技巧的修饰来提升自己信息的受关注度。一般而言，越是以婚恋为名义具有其他目的的用户，越会使用一些技巧，利用婚恋网站的审核漏洞，使自己的个人信息成为20%中的一个，以吸引别人的关注。

“1.7 亿优质会员，就在眼前”，这是世纪佳缘婚恋网站的宣传语，其实，个人信息的优质只是表面现象，关键是信息背后的个人是否优质。

信息的“门当户对”

在苏享茂自杀前写的“事件经过”中，苏享茂称他与翟某是通过世纪佳缘的VIP 服务介绍认识的，当时双方资料上写的都是未婚，于 2017 年 3 月 30 日在红娘撮合下的第一次见面，是在世纪佳缘的办公室中进行的。虽然聊得不多，但在苏享茂的眼中，翟某身材修长，长相出众，家境不错，而且会打扮。虽然无从得知苏享茂所称的“红娘”是如何根据双方的信息而配对的，但综合而言，“网络红娘”与传统红娘的配对过程、标准和策略都有很大差异。

传统社会提倡“明媒正娶”，认为“男女非有行媒不相问名”“天上无云不下雨，地上无媒不成亲”。因而，发挥“红娘”作用的媒婆、媒人等是婚恋程序中的重要人物，是负责为婚恋双方牵线配对的关键中间人。媒人在我国出现的时间较早，两千多年前的西周便已出现。由于撮合婚姻需要联络、协调、活跃气氛等，因而并非所有的人都适合做媒人。能胜任媒人的人通常性格开朗、热情，口才较好，人缘很好，熟悉婚恋男女双方及其家庭的基本情况，在当地具有较高的信任度等，一般都是年龄较大、已婚，具有丰富的婚恋配对知识，熟知一些婚恋禁忌的人，有的甚至还要“能掐会算”等。传统社会讲究“门当户对”的配对，包括生辰八字是否相合，家庭背景、经济能力、社会地位等是否匹配。一般而言，媒人“说媒”的经验越丰富，其婚恋配对的能力便越强。因此，媒人本身的年龄、素质、经验都十分重要。

进入互联网时代，婚恋网站大规模兴起，“网络红娘”开始发挥婚恋配对的作用。与传统社会主要由人来牵线搭桥不同，“网络红娘”既包括真实的人，即线下婚恋中心的“红娘”们，还包括机器。因而，婚恋网站中婚恋双方的配对一般分两种情况：一种是通过付费享受“红娘”配对，如缴纳一定费用成为婚恋网站的高端会员，便可以享受一对一的红娘服务，由真实的人担任“红娘”专门针对用户的个人情况及婚恋要求介绍婚恋对象。还有一种是通过机器进行牵线配对，由用户设置理想对象的各项条件，有时还指明每项条件的重要程度，然后在网站的用户数据库中进行匹配搜索，最后确定匹配对象；还有很多婚恋网站会通过开发的“合适度匹配系统”“心灵匹配测评系统”等对用户进行各方面包括心理、性格、价值理念等的测试，然后在测试结果的基础上有选择地推送相似或互补人选。

与传统社会的“红娘”相比，“网络红娘”的这两种配对方式面对的婚恋对象数据较大，可供选择的婚恋对象范围较广，匹配技术更多元，但同时也存在一定弊端。

就第一种情况而言，各个婚恋网站“红娘”自身的素质、年龄、经验等都参差不齐，甚至有些“红娘”的年龄很轻，没有结婚，对婚姻并没有多少思考和体验，对婚恋双方个人及其家庭情况的了解程度不高，在进行婚恋匹配时也缺乏传统社会“红娘”的经验、口才、人缘等，导致婚恋匹配的成功率非常有限。就后一种情况来看，某些婚恋网站有时为了提高配对效率会采用机器配对的方式，但这具有一定的盲目性，无论是机器根据用户设置的搜索条件得出搜索结果，还是根据各种系统测试的结果向用户推荐婚恋对象，都并不能直接反映用户的真实婚恋需求，配对结果一般也不太理想。同时，如果用户的个人信息存在虚假情况的话，也会直接影响后面的配对效果等。

从配对原则来看，传统社会的婚姻禁忌较多，一般会遵从民间信仰、风俗文化等对婚姻的规定。而在当今的互联网时代，“网络红娘”进行婚恋配对时的配对根据则非常多样，比如世纪佳缘的“面部匹配”和百合网的“心灵测试”。在对外宣传中，世纪佳缘称推出了“人脸识别”系统，该技术能够借助对人脸的识别，帮助用户进行婚恋配对①。匹配规则是基于用户上传的一张清晰正脸头像，通过人脸识别系统，在庞大的服务器数据库中寻找一张和该用户上传照片最相似的异性人脸与其匹配。人脸检测是把照片中的有用信息挑出来，并利用这些信息实现人脸检测，完成最佳匹配后，用户可通过点击进入被推荐异性页面进行互动。百合网则从美国购买了一套心灵契合度测试系统，将该测试系统本土化后，放到了自己的网站上，凭借让每个注册会员回答上百个心理测试题，对会员进行心灵匹配交友②。这些测试虽然具有较强的技术性，但缺乏传统社会进行婚恋配对时的社会基础，仅仅是对个人登记信息的“配对”，而非直接面对人来“配对”。

---

① 王伶玲．大数据时代的世纪佳缘：人脸识别轻轻松松找对象．法制晚报，2013-11-08.

② 白雪．“剩斗士”催热网络“猎婚”．中国青年报，2009-12-24.

四、社会根基之失：网络婚恋的“浮萍化”

苏享茂与翟某3月30日第一次见面，68天之后的6月7日便领了结婚证。认识60多天就结婚，即使在闪婚一族里也是非常快速的。在这个过程中，女方没有带男方去过她的工作地点，没有见过任何同事或朋友。经历一系列事情之后，7月18日两人办理离婚手续。之后，9月7日，男方跳楼身亡，距离结婚三个月整。互联网时代，通过婚恋网站认识的婚恋双方虽然“恋爱自由”，也可能进展较快，却在一定程度上失去了两人关系的社会根基，呈现“浮萍化”现象，导致出现一系列问题。

婚恋选择范围的网络拓展及风险

传统社会中的婚姻过程主要包括纳采、问名、纳吉、纳征、请期、亲迎，俗称“六礼”。在这些阶段中，婚恋双方的家庭及其社会关系网都被紧密地纳入，甚至媒人与婚恋双方都可能具有一定的社会联系，具有重合的社会关系网。由于传统社会中社会成员的社会关系较为稳固，社会流动性不强，因而婚恋关系的建立也往往遵循固定的社会关系框架。媒人撮合的婚恋双方往往具有一定的社会结构属性和社会关系纽带，比如具有血缘联系，或属于同一阶层，或共同居住于一个地域，或从事共同的行业，等等。虽然由于社会流动、信息传递等方面的限制，个体选择婚恋对象的范围较小，自由度不高，但是由于婚恋双方具有相同的社会结构或社会关系基础，也在一定程度上保障了婚恋关系的稳定性。

进入现代社会以后，在现实的社会空间中，人们在婚恋交往中也普遍会经过恋爱、提亲、订婚、婚礼等阶段。虽然不如传统社会那样具有严格的“六礼”阶段，但一般而言，婚恋双方的结合还是在一定社会关系框架中进行的，如同乡、同学、同事等，或者是通过媒人、亲戚朋友的介绍，也即通过重合的社会关系网而认识并确定婚恋关系。

但进入互联网时代，“网络红娘”兴起后，婚恋对象的选择范围被大大拓展，婚恋行为的个体化程度不断提升，完全不具有共同社会结构属性或社会关系纽带的人，也可能通过互联网认识，并建立婚恋关系，比如苏享茂和其前妻翟某。

苏享茂的哥哥事后曾指出，苏享茂很像古龙小说中的剑客阿飞，极度擅长于某方面，却拙于表达自己，拙于人际关系。古龙武侠小说中的阿飞、西门吹雪等都是如此，潜心于剑法，心无旁骛，最终练成了绝世的剑术，简单、极致、快。类似的还有乔布斯、陈景润等，他们的共同特点都是在自己的领域中取得了极高成就，但面对人际关系时，却显得无能为力。作为一个程序员，苏享茂开发的WePhone，界面极其简洁、锐利、冷峻，一人开发，几千万海外用户使用，成就极高，像极了阿飞的剑术。苏享茂的大学校友也回忆，苏享茂农村出身，学习成绩很优秀，醉心于他所热爱的程序开发，技术能力很强，是系里最优秀的两个程序员之一，研究生时学习成绩第一名，后来创立了基于WePhone开发业务的公司，获得了巨额融资，公司从2014年招人组建，到苏去世时也才几个人，核心代码都是他自己一个人做的。不过，在平时的生活和人际交往方面，苏享茂却没什么圈子，没有经历过社会的复杂，有些内向，跟女孩子说话都会脸红，生活很简单，没有什么兴趣爱好，唯一的爱好是"偶尔下个馆子"，其余时间都在写代码，是一个"无趣的人、典型的码农"，"整个世界就是开发和挣钱"①。

"码农"，是互联网时代一个非常特殊的群体，从技术和生活方式来看，苏享茂是该群体的一名典型成员。顾名思义，"码农"为编码的农民。在工业化进程不断推进的过程中，社会发展需要大量的人投入到基础的编码工作中，他们有着聪慧的头脑，对于编程、设计、开发具有熟练的技能，他们的生活节奏非常快，加班对于他们来说非常正常。他们的地位和收入比农民工优越很多，但由于生活内容的单调和付出与收获之间的不相称，在一定程度上与农民工类似。出于对自身生活状况的自嘲，业内人士习惯把专注于程序设计工作的人称为"码农"。

正是由于工作的单调辛苦，"码农"还经常以"程序猿"自称。由于该群体普遍都是典型的理工男，交际圈非常有限，对互联网又比较熟悉，因而他们也是各大婚恋网站男性客户群中占比较大的群体之一。对于他们而言，与写代码相比，和异性交往可能更复杂一些，即使看过一些如何与异性相处之类的书，仍然不擅长与异性交往。

相对于"码农"，苏享茂的前妻翟某则是生活在另一个圈子里。翟某本科毕业后，于2009年考上北京交通大学的硕士研究生，2012年毕业。据同学、朋友称，翟某漂亮、家境好，研究生时期，在班上是"高冷之花"般的存在。除了上课和参加某些活动，在学校基本不出现，连毕业照都没有拍，整个人比较神秘。

对于两人的婚恋关系，苏享茂的朋友回忆，第一次见到翟某是在一次爬山的时候，她身高一米七左右，漂亮，家里有别墅，开着自己的车，而苏享茂身高一米六，长相普通，朋友觉得"不对劲"，但苏享茂表现得"心情很好"。在后来的交往

---

① 袁璐，王倩，陈瑜思，等．程序员苏享茂的最后94天：沉默码农和"白富美"的致命交集．(2017-09-13)．http://www.thepaper.cn/newsDetail_forward_1793157? hotComm=true.

中，同学们逐渐发现，平时极为节省的他开始整天旅游、购物。

苏享茂与翟某的关系进展很快，但其中也发生了一些波折，包括领结婚证前一天苏享茂才知道翟某有婚史。苏享茂对此有些“懵”，并与翟某发生“口角和不快”。不过，事后考虑到自己“老大不小”，家人都很认可她，苏享茂还是选择接受她。6月7日，两人领取了结婚证，苏享茂并没有消除掉“不自在和压抑”的感觉，反而逐渐觉得自己“选择错了”。比如翟某要求换大房子，每月要给她5万元，还提出钱应该由女人管等。这都让苏享茂觉得“这个女人太物质了，太有心机”，因而一方面觉得自己“选择错了”，另一方面又觉得“离婚代价太大了，骑虎难下”[①]。

综合而言，进入互联网时代以来，凭借互联网的信息传递作用，人们极大地扩展了交往范围。而对于婚恋关系而言，互联网也是极大地拓展了人们的婚恋对象选择范围。但与此同时，也相伴而生了一些风险，尤其是对于婚恋关系而言，互联网也可能使得在社会结构、社会关系等社会层面毫无联系的两个人确立婚恋关系，从而带来一系列的问题。

“网缘”的弱联结

苏享茂与翟某的认识源于婚恋网站，两人因“网缘”相识并建立婚恋关系，“网缘”是两人婚恋关系的重要纽带。

“网缘”是进入互联网时代以来出现的一类“缘”。“缘”是极具中国传统文化的一个字眼，泛指人与人或人与事物之间发生联系的可能性，从普遍的命运关系来看又是指人与人之间命中注定的相遇机会。中国文化特别注重“缘”对人际关系的纽带作用。尤其是对于婚恋双方而言，“缘”更是婚恋双方产生关系的重要纽带，具有“命中注定”的文化含义。从古至今，各种“缘”包括血缘、地缘、学缘、业缘等一直是婚恋双方建立关系的重要纽带。并且由于传统社会的流动性不强，这些纽带的背后都具有深厚的社会关系基础。首先，婚恋双方的家庭普遍具有纵向的时间伸展和横向的空间归属关系。其次，婚恋双方也具有相识的社会根基，比如从小青梅竹马、一块儿长大，或者一起求学，或者具有共同的朋友等。经由这些“缘”，婚恋双方具有建立关系的社会根基，这也是婚恋关系得以稳固的重要基础之一。即使婚恋双方发生一些矛盾和冲突，这些社会根基也会发挥维系和稳固关系的作用。同时，这些社会根基也是婚恋双方相互信任的重要基础和保障。无论是基于血缘、地缘还是学缘、业缘等，婚恋双方都具有时间和空间上的信任基础。比如传统社会

① 袁璐，王倩，安安．程序员苏享茂的最后94天．法律与生活，2017（19）．

中经常出现家族世交“联姻”的现象，婚恋双方即使一开始不相识，但也具有深厚的信任基础。

进入互联网时代以来，伴随着互联网技术的发展，各种网络社交平台不断出现，人们开展人际交往的范围不断扩大，“网缘”成为联结人际关系的重要纽带之一。如果说互联网出现之前，六度空间理论更多地体现为一种“假想”中的社会交往现象，那么互联网时代的到来，则使得该理论的可行性大大提高。由于互联网强大的信息传递能力，人际交往逐渐超越了时空局限，一对一、一对多、多对一、多对多等交往模式都可以通过互联网快速实现，“网缘”成为人际交往的重要联结纽带。

但是，由于“网缘”的存在，互联网在拓展人际交往范围、降低人际交往难度的同时，也在一定程度上降低了人际交往的重要性。人际交往，是一个需要付出时间、精力、情感去建立、维持、发展关系的过程。但网际交往则分别从分享、互动、身份认同三个层面降低了人际交往的难度。首先，互联网弱化了分享的难度。通过微信、贴吧、微博等多元化的网络社交平台，每个人都可以将自己做了什么、经历了什么，包括饮食、娱乐、旅游等，通过文字、照片、视频、符号等形式，与其他人分享。其次，互联网降低了互动的难度。不用局限于共同的时空，人们便可以通过互联网进行多形式交往，交往内容信息化、交往途径和交往模式多元化，人们轻易地发出一个符号、图片等便可以展开互动。最后，互联网还降低了身份认同的难度。由于人际交往范围的拓展，身份认同日益多元，人们建构或寻找适合自己的身份认同更加简单。综合而言，互联网技术的发展增强了人际交往的便利性，但同时降低了人际交往的重要性。正是由于获得交往更为便利，失去现有人际交往关系的风险便相应地降低了。对于使用婚恋网站的用户而言，正是由于借助“网缘”可以很便利地认识更多婚恋对象，因此由于某些原因失去一位婚恋对象也并不是特别有风险的事情。

同时，与血缘、地缘、学缘、业缘等联结纽带相比，经由“网缘”联结的婚恋关系明显具有弱联结的特点，具有不稳定性、开放性、松散性、匿名性等特征。被联结双方的互相了解程度、信任程度都比较低，一旦出现一些外部刺激，便会面临关系断裂的风险。并且，经由“网缘”联结的婚恋双方还必然经历一个从线上到线下的过程，这也在一定程度上增加了双方婚恋关系断裂的风险。苏享茂和其前妻都是在注册为世纪佳缘婚恋网站的会员后，在“红娘”的撮合下认识对方的。可以说，两人婚恋关系的确立源于“网缘”。虽然婚恋关系确立之后，苏享茂带翟某去了自己的公司、老家，见了自己的朋友、家人，后来还领了结婚证，并准备了婚礼。但苏享茂一直都没去过翟某的单位，也未见过她的同事和朋友。领完结婚证开始筹备婚礼的前几天，苏享茂才第一次见到了翟某的父亲。

此外，一旦“网缘”联结的婚恋关系断裂，双方的矛盾冲突也可能通过互联网被放大。苏享茂自杀前在自己开发的WePhone中设置了一个弹出框，把翟某的信息及“自己被毒妻逼死”的事情显示在上面，许多WePhone用户一打开软件便会看到该内容。而翟某也疑似使用匿名账号在互联网上对苏享茂进行“揭露”，将他的身份证号公布出来，称他“身患重度乙肝，长期在世纪佳缘等相亲机构与女孩相亲骗色”等。

婚恋个体化的网络加速

苏享茂与翟某通过婚恋网站认识60多天后便领取了结婚证。在这之前，苏享茂并没有去过翟某的单位和她的家。两人领取结婚证商议办婚礼时，苏享茂才第一次见到翟某的父亲。在互联网时代，婚恋个体化的现象被互联网进一步强化。

个体化是现代社会的一个重要表征，意味着个体逐渐摆脱社会层面的各种束缚，开始具有较强的个体意志，并按照个体意愿生活。社会学家丹尼尔·贝克指出，工业社会中的个体化倾向导致了一系列的社会变化，个体的日常生活、性别身份、婚姻家庭等都在个体化浪潮中被重新定义。同时，变化了的社会又给个体带来新的危机和风险。个体化使个体从传统的支持网络和社会结构中分离出来，个体失去了家庭、邻里、朋友、亲戚的保障和支持。居住方式也使得个体原有的社会关系变得松散和不稳定，个人必须以自己的力量去面对社会。长久、稳定的亲密关系消失了。

对于婚恋关系，个体化趋势也影响了婚恋关系的建立、维系。

在传统的乡土社会中，婚恋关系的社会限制较多，正式的制度规范和非正式的风俗文化共同约束着个体的婚恋行为。其中，正式的制度规范主要体现为婚姻登记制度，非正式的风俗文化主要体现为传统习俗对婚姻过渡时序的监督和约束，以及社会舆论对婚姻的道德监督等。同时，婚姻的最终实现还需要经历一系列由个体行为向社会行为转变的过程。比如订婚便是非常重要的一个阶段，是双方更进一步熟悉适应对方、保障婚姻稳定的重要阶段，也即将个体婚姻社会化的过程，这有些类似于互联网时代人们在电脑上的“操作确认”，它是进入婚姻之前的一次社会性检验。

随着社会的发展变迁，“恋爱自由”“爱情至上”等婚恋价值观开始产生重要影响，个体的婚恋自由度大大提升。同时，社会流动的加快、代际经验传递的断裂、个体化的进一步增强等，使得基于传统风俗文化和社会规范的婚姻过渡时序逐渐失效。婚姻登记制度成为个体婚姻的重要依据和保障，非正式文化习俗在其中发挥的作用日益减弱。从表面来看，现代社会中的个体在婚恋行为方面具有更多的自由，个体对自身婚恋的自主性也不断增强，但从深层次来看，这种自由更多体现为“不确定的自由”，伴随着风险和危机。

尤其是进入互联网时代以来，借助互联网迅捷的信息传递技术和多元化的网络社交平台，个体的婚恋自由度进一步提升，婚恋个体化的程度进一步提高。无论是认识婚恋对象、确立婚恋关系，还是步入婚姻和走出婚姻，互联网时代信息传递的便捷性使得婚恋过程更加个体化，除了婚姻登记制度能够对个体的婚恋行为发挥一定的约束作用之外，其他非正式社会因素的约束作用都在不断减弱，这也使得互联网时代的婚恋更加“快餐化”。

苏享茂在自杀前留下了一份叙述他和前妻翟某从相识到离婚全过程的事件说明，记述了他和翟某从 3 月 30 日相识第一天至 8 月底几乎每一天的经历，包括“认识过程、送特斯拉车、北京消费、旅游计划、回福建老家、三亚之行、香港之行、在香港的一次吵架、澳门之行、在澳门的一次吵架、结婚、提出离婚、通过离婚协议敲诈”共 13 个部分①。从 3 月 30 日两人相识至 7 月 18 日办理离婚手续，110 天的时间，苏享茂与其前妻经历了相识、恋爱、结婚、离婚的全过程。这种“快餐化”的婚恋行为与传统社会中历时较长的婚恋过程形成了鲜明对比。

同时，由于互联网时代信息传递的便捷性，个体在婚恋过程中，可以通过更为多元化的沟通媒介和平台进行交流，婚恋过程更为快速而个体化。“WePhone 创始人自杀事件”中，在两人相识的第二天，翟某给苏享茂发信息希望再见面，并提到苏享茂约一个月前在朋友圈发的特斯拉车。第三天她又发给苏享茂一段视频，展现了几只鸟飞过别墅的景象，然后发了自己的房产证信息，苏享茂也展示了自己的股票账户和理财账户。在这个过程中，虽然相识只有三天，但互联网便捷的信息传递技术使得苏享茂和翟某已经相互了解了对方的财产状况，并迅速确定了婚恋关系。在后期的离婚协商过程中，两人也是通过微信等网络社交平台进行交流的，这大大加速了协商过程和离婚手续的办理。

五、网络佳缘何以可能

互联网时代，“网络红娘”的出现使得大龄单身青年群体的婚恋需求得到了一

① 袁璐，王倩，安安. 程序员苏享茂的最后 94 天. 法律与生活，2017（19）.

定程度的满足，但与此同时也出现了一系列的问题。网络佳缘如何可能，需要从婚恋网站的内在矛盾冲突、互联网时代个体的信息能力以及网络婚恋的社会根基三个方面进行思考。

经济与公益：婚恋网站双重属性的内在冲突

从古至今，“红娘”都是公益性与经济性相互交织、界限不清的一种媒介服务。随着社会的发展变迁，在不同的历史阶段，这两种属性的呈现程度也各不相同。

传统社会中，“红娘”作用的发挥更多体现为一种公益性。对于传统婚姻而言，媒婆、媒人撮合姻缘的行为更多是婚姻过程中不可或缺的内容之一，其服务行为并不具备完全的经济经营属性。虽然在具体的历史阶段和特定区域，存在着有些妇女以此为职业的现象，但这更多还是一种公益性行为。为了回报媒人的撮合工作，婚恋双方一般在婚恋关系确立之后会给予相应报酬。这个报酬并不固定、统一，不同历史时期、不同地域、不同文化习俗都有一定的差别。随着婚恋自由的兴起，媒婆的作用日益减弱，更多是由亲戚、朋友、同事等兼任“红娘”，发挥撮合姻缘的作用，这使得“红娘”的公益性体现得更为明显，很多“红娘”撮合婚恋都是不要酬谢的无偿行为。

20 世纪 80 年代左右，机构“红娘”开始出现，即我国出现了专门开展婚姻介绍服务的机构。婚介机构在我国的出现和发展与单身潮的出现具有密切关系。新中国成立之后，我国共经历了四次单身潮①。第一次单身潮出现于 20 世纪 50 年代，主要源于 1950 年 5 月《婚姻法》颁布之后兴起的离婚潮。第二次单身潮出现于 20 世纪 70 年代末期，由于大量知青返城，城市里聚集了一大批大龄单身青年。第三次是 1980 年新的《婚姻法》通过后，“感情确已破裂”成为法律认可的离婚理由，导致离婚人口剧增。第四次单身潮则是进入 21 世纪以后由于多种原因兴起的。最早的婚介机构是由政府主办的，具有完全的公益性。1980 年代，为了解决返城知青的婚姻问题，出现了政府主办的婚介机构②。后来，全国各地纷纷出现了由政府主办或政府不同程度介入的婚介机构，在当时发挥了重要的“红娘”功能。随着时代的发展，婚介机构逐渐脱离政府，形成一个追求经济效益的服务行业，民营的婚介机构纷纷出现，机构“红娘”的经济属性开始显现，并出现了专门以开展婚介服务为职业的人员。在 20 世纪八九十年代，由于单身青年规模扩大，婚姻介绍成为一个发展迅速的服务行业，婚介机构也遍布全国各地。

---

① 黄蓉芳，杨励潮. 中国将迎第四次单身潮. 中国妇女报，2011-08-09.

② 刘子倩. 网络婚介：看上去很美. 中国新闻周刊，2011（19）.

进入21世纪，随着互联网社交平台的日益多元化、电视婚恋节目的广泛流行、“网络红娘”的兴起，传统的婚介机构逐渐衰落。面对种种困境，一些婚介机构关门停业，一些婚介机构则积极借助互联网进行转型，比如通过开通网站、创立微信公众号等进行宣传，同时还契合社会发展需要，创新服务项目，如举办相亲会、组织旅游、举行各种聚会等①。

从自身属性来看，虽然婚介机构的公益性逐渐减弱、经济性逐渐增强，但它依然存在两种属性相互交织、界限不清的内在困境。当前我国的婚介机构大致包括两类：一是经过民政局备案的民办非企业单位登记的婚姻介绍机构，不以营利为目的；二是具有经营性质的婚介机构，需要去工商局办理登记注册。同时，对于婚介机构的监管也不是很清晰。1994年12月，国务院办公厅下发的《关于加强涉外婚姻介绍管理的通知》中指出，申请成立国内婚姻介绍机构的，首先应报所在省（自治区、直辖市）民政部门审批，再到工商行政部门登记注册，而民政部门对婚姻介绍活动进行指导、管理和监督②。2002年11月，国务院实行行政审批制度改革以后，取消了民政部门对国内婚姻介绍机构的前置审批权，国内婚姻介绍机构只需到工商部门申请工商登记或到民政部门申请民办非企业登记就行，而跨国的婚姻介绍机构则仍需要到民政部门先行审批。由此，对国内婚姻介绍机构的监管混乱不清，这导致出现了一系列问题。

“网络红娘”兴起之后，传统婚姻介绍机构的这些问题依然存在。除此之外，还有“红娘”资质的问题。传统社会中，媒婆作用的发挥主要以个体的能力为基础，包括个人的人缘关系、信息资源、口才、协调能力。婚介机构出现后，开始出现专门的婚介人员，对他们也有相关的职业性要求。比如按照中国2009年实施的《婚姻介绍服务》的规定，婚介服务人员应持有婚介师、婚姻家庭咨询师、心理咨询师等相关职业资格证书③。与传统的媒婆相比，婚介机构的从业人员有了更专业、统一的知识保障其服务的专业性。婚恋网站出现之初，由于其服务内容的定位与传统婚介机构的有所不同，因而其从业人员的资质较为混乱。比如世纪佳缘婚恋网站，其母公司是上海花千树信息科技有限公司，最初注册的经营范围为“网络信息服务”，即该公司提供的主要是网络婚恋交友平台，属于互联网信息服务，不等同于婚姻介绍所。直至2010年6月，世纪佳缘创始人龚海燕才带着13名工作人员参

---

① 高智新．传统婚介所门庭冷落陷窘境．德州晚报，2016-04-12.

② 中华人民共和国国务院办公厅．国务院办公厅关于加强涉外婚姻介绍管理的通知.（1994-12-06）. http://www.gov.cn/xxgk/pub/govpublic/mrlm/201012/t20101202_63010.html.

③ 刘子倩．网络婚介：看上去很美．中国新闻周刊，2011（19）.

加了上海婚介机构的培训班，接受相关培训，并直至 2011 年 3 月才获得由上海民政部门颁发的婚介执照[①]。

虽然具有婚介执照并发展迅速，婚恋网站的经济性不断凸显，并成为其主要属性，但由于网络信息的公共性以及婚恋问题的公共性，婚恋网站在发挥“红娘”作用的过程中，仍然无法完全脱离公益性，并面临公益性与经济性之间的矛盾冲突。

一般而言，信息是婚介机构的重要资源，也是其追求经济利益的重要基础。但与传统婚介机构所处的时代背景不同，婚恋网站所处的互联网时代是信息极大丰富的时代，网络空间中的信息具有极强的公共性和公益性，尤其是随着互联网发展由 Web 1.0 进入 Web 2.0 甚至 Web 3.0，社会大众共同参与到信息生产和信息传递中来。如果哪个互联网公司忽视这一事实，期望以某些信息为盈利基础，必然会与信息的公共性、公益性相违背，并导致出现一系列问题，“百度血友病吧被卖事件”“魏则西事件”便反映了这一问题。也即当互联网公司在“大众生产、万众消费”的信息时代，将信息这一具有公共性、公益性的资源作为盈利基础的话，必然会面临相应的矛盾冲突。婚恋网站也是如此。百合网等婚恋网站后来宣布完全免费查看相关信息便显示出互联网时代信息的公共、公益属性。

同时，就婚恋问题而言，由于婚恋问题是婚姻家庭问题的重要内容，家庭又是社会的重要组成单元，因而当今社会大规模单身群体的婚恋问题也具有较强的公共性，这便需要动员公益力量参与而非仅仅依靠经济属性较强的互联网企业。“WePhone 创始人自杀事件”发生之后，2017 年 9 月 18 日，民政部网站公布了共青团中央、民政部、国家卫生计生委下发的《关于进一步做好青年婚恋工作的指导意见》(以下简称《意见》)，明确要求促进婚恋市场规范发展。《意见》提出：整合民政部门、团组织、市场机构、社会组织的阵地和平台资源，打造一批便于青年参与、服务实效显著、有较高诚信度的婚恋公益服务平台；建立健全婚恋交友信息平台、婚介婚庆服务机构的行业标准体系和监测评估体系；加强婚恋市场秩序的日常监管、婚恋服务质量的动态评估，拓展群团组织、青年、第三方机构参与评价的渠道等。这体现出相关政府部门对规范婚恋市场的重视，也说明了婚恋问题的公共、公益属性。

信息信任与信息能力

前互联网时代，除了报纸、广播、电视等大众传播媒介之外，人际交往也是人

① 刘子倩. 网络婚介：看上去很美. 中国新闻周刊，2011 (19).

们发布、接收、传递信息的重要途径之一。人们主要基于对信息传播媒介或传播人的信任程度而形成对信息的不同程度的信任。因而，对大众传媒的信任和人际信任便成为信息信任的重要基础。

互联网时代，互联网这一新媒体出现，成为继传统的报纸、广播、电视三大媒体之后的“第四媒体”。凭借对信息的大容量存储、迅捷传递能力，互联网成为人们获取信息的重要来源。信息是网络空间中的重要资源，每个人只要进入互联网，便会通过多元化的互联网应用平台直接面对大量信息。由于互联网的平等性、自由性、开放性，每个人都可以在互联网上相对自由地发布、获取、传递信息。与传统的人际信息传递不同，网络空间中信息接收者和信息发送者不需要建立关系，便能进行信息的发出和接收。同时，由于网络空间中存在着大量的互联网应用平台，各应用平台对信息的筛选过程也各不相同，因而，人们无法简单地基于对媒体的信任而建立信息信任，更多的人需要依靠自己的能力对信息进行识别并决定是否对其信任。互联网时代，信息信任问题逐渐凸显成为社会信任的重要问题，信息能力也逐渐凸显成为人们应该拥有的重要能力。

一般而言，互联网时代信息信任问题的凸显与信息筛选机制的变化有关系。在社会发展变迁中，信息传播的方式不同，信息筛选机制也不同。前互联网时代，信息筛选机制体现为人、报纸、广播、电视等，人们接收到的信息也都是通过这些有限的信息传播机制筛选之后的信息。并且受信息传播方式的限制，人们接收到的信息总量是非常有限的，信息来源非常单一，信息内容也相对简单。但是进入互联网时代以后，大数据时代到来，在网络空间中，每时每刻都会有大量信息出现，个体直面大量信息成为普遍现象。虽然传统的信息筛选机制如报纸、广播、电视等依然在发挥作用，但互联网传媒的作用最为显著，人们越来越多地选择通过互联网获取信息。而互联网上呈现的大量信息都是十分复杂的，来源不一、真假难辨。尤其是在一些即时互动社交平台上，信息普遍都是未经仔细筛选便直接呈现的。由此，互联网时代，如何信任信息、信任哪些信息等信息信任问题日渐凸显。对于发挥“网络红娘”作用的婚恋网站来说，其呈现出的用户相关信息也涉及这个问题。因而，建立一个严密的信息筛选系统来提高婚恋网站信息的可信度，便成为婚恋网站今后发展的一项必要内容。

但从另一个角度来看，信息是婚恋网站的重要资源，信息越多便意味着婚恋网站资源越多，越能吸引人们的注意。因而从经济属性而言，婚恋网站是非常鼓励单身青年们注册网站、登记个人信息的。如果设置一些审核条件和登记门槛来进行信息筛选，便会直接影响网站用户数量的增长。因此当有用户受骗后向婚恋网站举报，同时打电话给网站上的客服时，却“并没有实际效果”，并且该名行骗者“还在骗人”[①]。

除了信息筛选机制之外，与信息信任相关的另一个问题便是信息能力。信息能力是相对于互联网用户而言的。与前互联网时代相比，互联网时代个体开始成为信息筛选的重要力量之一。苏享茂通过婚恋网站认识了翟某，但事后发现翟某的真实信息与其登记在网站的信息有多处不符，苏享茂在自杀前写的“事件经过”中，觉得“这个女人不简单”“自己的选择错了”“感觉他们都是骗子”等。该事件便在一定程度上反映了互联网时代信息能力的重要性。即使婚恋网站对信息进行了严格筛选，但是依然无法真实呈现使用真实信息注册登记的用户的真正动机和目的。

信息能力是伴随着互联网时代的到来而对社会成员提升的必然要求。大体而言，信息能力主要体现为发布、获取、传递信息三个阶段的能力。发布信息能力主要体现为熟练使用计算机、手机、平板电脑等上网设备，熟悉各个互联网应用平台，熟知发布信息的程序等能力。获取信息能力主要体现为搜索、识别信息的能力，包括熟练使用多元化互联网搜索平台，熟知各搜索平台信息数据的情况，采取多途径对信息进行有效识别等能力。传递信息能力主要体现为作为信息中介者传递有效信息的能力，包括熟练使用互联网信息传递平台，熟知互联网信息传递规范，具有信息传递前识别筛选信息的能力等。

“WePhone 创始人自杀事件”中，苏享茂与翟某认识很长时间之后，也没有去过她的单位，也没有见过她的同事和朋友，只是了解到她有两个微信号，但缺乏对翟某微信发布内容的有效识别，对她很多方面的信息包括婚姻状况、年龄、恋爱经历、使用世纪佳缘服务的时间都没有进行查证。该事件发生之后，有人还总结了在婚恋网站上提高信息识别能力的一些经验，比如对于婚恋网站上呈现的相关信息要提高警惕，注意筛选、识别信息，尽量不去关注婚恋网站中拥有美颜照片、网红脸照片的用户，而是多关注一些发布生活照片的人，等等。

网络婚恋的社会根基

网络婚恋是互联网时代出现的新型婚恋现象。借助互联网技术，虚拟的网络空间成为人们开展交往的重要平台和空间。对于婚恋行为而言，尤其是对于大龄单身群体而言，在繁忙的工作之余，在紧张的生活节奏之外，互联网成为人们确立婚恋关系的重要媒介与平台。但由于网络空间的虚拟性，以婚恋网站为中介的网络婚恋

---

① 童倩，杨利伟．揭秘婚恋网站实名认证“生意经”．中国青年报，2017-09-26.

也相应出现了一系列的“浮萍化”问题。而对于这些问题，需要从加固网络婚恋的社会根基层面开展相应工作。

“WePhone创始人自杀事件”中，苏享茂与翟某相识于婚恋网站，相识60多天后便领取了结婚证，随即又在39天后达成离婚协议。在这一过程中，苏享茂发现翟某的真实信息与当初在婚恋网站上登记的信息不符，两人交往过程中，苏享茂也没有去过翟某的单位，这一系列事情都反映出网络婚恋的“浮萍化”，也即网络婚恋社会根基的薄弱。

婚恋行为的社会根基主要体现为社会层面的一些约束、限制、监督。加固网络婚恋的社会根基，即通过一系列机制实现网络空间婚恋行为与现实空间婚恋行为的对接，使婚恋行为摆脱网络婚恋的“浮萍化”，具备坚实的社会根基，成就更美好的网络佳缘。

建立或完善相关法律规范是巩固网络婚恋社会根基的主要措施之一，通过法律规范等对不良婚恋行为进行约束和监管，对婚恋交往过程中的一些违法犯罪行为进行防范和打击。这便需要基于互联网时代婚恋行为的种种变化，适应社会发展的需求，制定或完善相应的法律规范，更好地规范网络空间中的婚恋行为。

同时，大数据的使用也是巩固网络婚恋社会根基的主要措施之一，充分利用互联网时代的信息优势和大数据优势，通过一定技术手段，对一些具有虚假婚恋行为不良记录的网站用户做出相应的标识和处理。同时，建立一些具有公共性、公益性的数据查阅网站，随时为一些具有查阅需求的用户提供信息查阅服务，利用大数据更好地、尽早地识别出一些具有婚恋不良行为的人员，避免出现更严重的问题。由此，将现有婚恋网站联合起来，建立一个信息共享平台，实现各婚恋网站打击婚骗经验、不良用户黑名单、不良信息数据库等方面的信息共享，通过大数据实现对网络用户的“现实化”，即还原其现实社会中的真实信息，这在一定程度上也是巩固网络婚恋社会根基的重要表现。

此外，传统文化也是巩固网络婚恋社会根基的重要资源之一，通过对传统婚恋文化与现代婚恋文化的结合来建立网络婚恋的文化根基。“失范”是社会学家涂尔干基于传统社会向现代社会的转型提出的重要社会概念，他认为社会转型时期的“失范”是导致自杀数量上升的原因之一。简单而言，“失范”即在传统规范的效力逐渐弱化、社会控制力逐渐下降的同时，新的社会规范又没有形成，在这一过程中，人们的社会行为失去相应规范的约束，从而产生一系列社会问题。改革开放以来，社会的发展变迁不断加速，现代化、城市化、网络化、全球化导致社会各层面发生了重要变化，婚恋秩序也受到影响。传统文化习俗规定的婚恋时序逐渐失去约束力，新的婚恋现象如未婚先孕、先孕再婚、大龄未婚、不婚群体、丁克家庭等层出不穷，需要结合传统文化与现代社会变迁，推动形成新的婚恋规范，进一步规范当今社会的婚恋行为。

最后，需要巩固网络空间的社会根基。互联网时代，网络空间具有一定的虚拟性，这使得以网络空间为平台的种种行为也具有相应的“浮萍化”倾向。因而，巩固网络空间的社会根基，便需要具体从个体、网站两方面推动。对于个体而言，需要加快婚恋网站登记的实名化进程，与政府相关部门的实名认证系统进行联网，实现婚恋网站用户的实名注册。对于婚恋网站用户的其他信息如婚姻状况、财产状况等也应具有相应的审核系统和筛选机制。对于婚恋网站而言，需要进一步明确其业务范围，并形成相应的监管体制，对一些婚恋网站多发的违法违规行为包括过度高价、恶意泄露网站用户个人信息、为谋求经济利益进行不当经营、疏忽对网站用户违法行为的审核监管等加大查处打击力度，在法律缺失、监督不足、维权困难方面有关部门要进行有效作为，促进婚恋网站诚信、规范、有序地运营。

结 语

“WePhone创始人自杀事件”的发生，使人们在震惊和惋惜之余，开始进一步反思婚恋网站、网络婚恋等问题。虽然之前媒体报道过许多网络婚恋问题，但该事件的发生则使得社会关注高度聚焦，引导社会舆论在短时间内持续发酵并达到舆情高点，事件当事人苏享茂和其前妻翟某相识的婚恋平台世纪佳缘及其所属公司百合网也受到一定影响。

“WePhone创始人自杀事件”中的苏享茂与其前妻翟某相识于婚恋网站，由于互联网在两人相识过程中的重要中介作用，两人的婚恋可以看作“网络婚恋”。“网络婚恋”是以互联网为重要媒介的婚恋现象，是单身社会背景下，随着互联网技术的广泛应用，在“被剩”人群规模不断扩大的社会形势下，受当今社会年轻人婚恋价值观引导推动而形成的新型婚恋形态。与传统婚恋形态相比，“网络红娘”是网络婚恋的主要媒介。广义上的“网络红娘”指互联网，这主要体现于网络婚恋发展早期，当时的单身男女通过多元化互联网社交应用平台开展婚恋交往。狭义上的“网络红娘”专指以婚恋介绍为服务内容的婚恋网站，主要体现为21世纪以来出现的大量婚恋网站，众多单身青年在“佳缘”需求的推动下通过这些婚恋网站开展婚恋交往。

基于强大的社会需求、互联网技术的飞速发展，婚恋网站在出现之后的10多年里发展迅速，并出现了上市盛景。但与此同时，一系列与婚恋网站相关的社会事件，尤其是“WePhone创始人自杀事件”，使得与婚恋网站相关的话题成为社会舆论的关注焦点，婚恋网站的发展也逐渐进入停滞期。婚恋网站面临的问题是多方面的，而信息问题和由于社会根基薄弱导致的网络婚恋“浮萍化”现象无疑是其中最主要的两个问题。因而，为了进一步促进婚恋网站的发展，使得规模日益庞大的单身群体通过“网络红娘”的中介作用，成就更多的“网络佳缘”，需要从婚恋网站内在属性冲突的解决、互联网时代社会成员信息能力的提升、网络空间的社会根基的进一步巩固等方面开展相应工作，最终形成契合互联网时代发展要求和当今社会婚恋价值观的婚恋制度与相应文化，逐渐规范网络婚恋，促成更多的网络佳缘。

参考文献

[1] 克里南伯格. 单身社会. 沈开喜，译. 上海：上海文艺出版社，2014.

[2] 白雪. “剩斗士”催热网络“猎婚”. 中国青年报，2009-12-24.

[3] 常进锋. “空巢青年”缘何“空巢”：一个时空社会学的解读. 中国青年研究，2017 (5).

[4] 陈雪柠. “单独二孩”政策羊年遇冷. 北京日报，2016-02-25.

[5] 戴志华. “相亲”镜下的乡村期盼. 人民之友，2017.

[6] 高智新. 传统婚介所门庭冷落陷窘境. 德州晚报，2016-04-12.

[7] 何驰. 2015中国单身族社会报告. 浔阳晚报，2015-11-14.

[8] 黄蓉芳，杨励潮. 中国将迎第四次单身潮. 中国妇女报，2011-08-09.

[9] 雷伟东. 工会当红娘，青年手牵手. 西安日报，2015-11-14.

[10] 李林，陈晓. 实名制下，婚恋网站诈骗案为何仍发生. 中国青年报，2014-05-16.

[11] 刘娜，薛星星. WePhone创始人自杀，称遭前妻勒索千万. 新京报，2017-09-10.

[12] 刘子倩. 网络婚介：看上去很美. 中国新闻周刊，2011 (19).

[13] 罗维秋，扈东玲，周霞. 我们在婚恋网站被骗了. IT时代周刊，2012-12-10.

[14] 马喜生. 共建数据库，团委当“红娘”. 南方日报，2015-08-17.

[15] 聂辉，肖薇薇. 程序员苏享茂之死. 南方周末，2017-09-15.

[16] 孙沛东. “白发相亲”：上海相亲角的择偶行为分析. 南方人口，2012 (2).

[17] 童倩，杨利伟．揭秘婚恋网站实名认证“生意经”．中国青年报，2017-09-26.

[18] 王彬．女子网上交友遇爱情骗子，状告世纪佳缘一审败诉．北京晨报，2011-09-23.

[19] 王飞翔，刘经宇，田为．婚恋网站虚假信息注册轻松过审核．新京报，2017-09-13.

[20] 王伶玲．大数据时代的世纪佳缘：人脸识别轻轻松松找对象．法制晚报，2013-11-08.

[21] 王巍，刘洋．苏享茂家人与翟欣欣委托律师“维权”．新京报，2017-09-19.

[22] 吴静，卢艳艳．奔三了，我们活得不潇洒．河南商报，2010-01-06.

[23] 袁璐，王倩，陈瑜思，等．程序员苏享茂的最后94天：沉默码农和“白富美”的致命交集．(2017-09-13). http://www.thepaper.cn/newsDetail_forward_1793157?hotComm=true.

[24] 袁璐，王倩，安安．程序员苏享茂的最后94天．法律与生活，2017 (19).

[25] 张荣．从危机到转机：网络社会的人际信任．兰州学刊，2012 (4).

[26] 中国网络婚恋交友行业报告（2016）．艾瑞咨询系列研究报告，2016 (2).

[27] 中华人民共和国国务院办公厅．国务院办公厅关于加强涉外婚姻介绍管理的通知．(1994-12-06). http://www.gov.cn/xxgk/pub/govpublic/mrlm/201012/t20101202_63010.html.

[28] 朱磊．当代社会“剩男剩女”现象形成的原因探析．青年探索，2014 (4).

第六章　反戒网暴力的网络参与：以“杨永信事件”为例

引　言

网瘾曾长期是社会热议的焦点议题。中国青少年网络协会发布的《2009年中国青少年网瘾调查报告》显示，2009年我国城市网瘾青少年达2 404.6万人，占城市青少年网民总人数的14.1%，在城市非网瘾青少年中，还有1 858.5万人有网瘾倾向，占城市青少年网民总人数的10.9%①。粗略计算可以得知，这两者之和达到了四千多万人，占城市青少年网民总人数的四分之一左右。如此众多的网瘾青少年让人们忧心忡忡，很多人将网络看成万恶之源，将许多青少年越轨行为归结于网络成瘾，在他们看来，网瘾是种精神疾病，需要像戒毒一样通过医治戒除②。

然而，网瘾究竟是不是一种疾病，在医学界、心理学界争议很大。有一些研究表明，严重沉溺于网络者大脑结构与常人有差异，但这些异常是否由网络成瘾导致，以及这些异常是结构性的还是持久性的尚无定论③。因此大部分学者认为，将网瘾作为精神疾病依据不足，容易引起误解和误导④。事实上，目前国内外权威的精神疾病标准，如《中国精神障碍分类与诊断标准》（CCMD-3，中国卫生部颁

① https://edu.qq.com/edunew/diaocha/2009wybg.htm.
② 苏显龙，王雪冬．网瘾是种病，戒除可问医．人民日报，2004-08-05.
③ 贺金波，洪伟琦，鲍远纯，等．网络成瘾者的大脑异于常人吗?．心理科学进展，2012（12）.
④ 杨桂伏，寻知元．网络成瘾与社会问题医学化．国际精神病学杂志，2010（1）.

布）、《疾病和有关健康问题的国际统计分类》（ICD-10，世界卫生组织颁布）、《精神障碍诊断和统计手册》（DSM-V，美国颁布）都没有类似“网络成瘾”一类的条目①。

尽管如此，从21世纪初开始涌现出大量的解决网瘾问题的“网戒机构”。这些机构有的挂靠在医院下面（如著名的北大六院、中南大学湘雅医学院），还有的就是一些民间机构。戒除网瘾的方式各不相同，但大多包括体能训练、心理矫治、药物治疗等手段。相当一部分网戒机构治疗方法简单粗暴，通过严苛的体罚、虐待、孤立等方式迫使治疗者屈服、认错，引发了一系列恶性社会事件。2008年广东一训练营教官对戒网少年实行殴打、禁止喝水等惩罚，造成少年肾衰竭。2009年南宁起航训练营教官将年仅15岁的网瘾少年邓森山殴打体罚致死。2014年河南某戒网瘾学校要求两个女孩加训三个多小时，导致一死一伤②。临沂网戒中心可以说是国内知名度最高的网戒机构了，该中心主任杨永信长期采用电击或低频脉冲等手段“治疗”网瘾，引发了巨大的社会争议。许多网友将临沂网戒中心称为“中国的奥斯维辛”“人间地狱”，而将杨永信称为“电击恶魔”“磁暴步兵”“羊叫兽”。

对这些网戒机构最深恶痛绝的是与网络朝夕相伴的年轻人，网络也成为他们揭露事实真相、表达愤怒情绪、采取应对策略的主要空间。在“杨永信事件”中，网友们在2009年掀起了一个轰轰烈烈的“倒杨”浪潮，人们纷纷在贴吧、天涯、游戏论坛（艾泽拉斯国家地理）等平台上揭露杨永信的种种“恶行”。随着央视《新闻调查》栏目播出《网瘾之戒》，社会舆论对临沂网戒中心的口诛笔伐达到高潮，卫生部也向临沂市卫生部门紧急下达了停止电击治疗的要求。然而2016年8月，一位名为“雷斯林”的网友在微信公众号、微博和触乐网等平台发表了《杨永信，一个恶魔还在逍遥法外》一文，人们惊奇地发现杨永信还在继续从事“网瘾治疗”工作。在新的技术环境和社会背景下，参与“倒杨”的网民数量更多，微博、知乎、微信公众号等新兴网络平台成为新的“倒杨”舞台。仅在微博上，“杨永信”下的几个热门话题“揭开网戒杨永信真面目”“杨永信事件”“磁爆步兵杨永信”阅读量分别达到750.7万、1 942万、6 176.3万。然而，尽管来自网络和主流媒体的舆论声讨惊天动地，但杨永信并未受到处罚，而且人们发现越来越多的“杨永信”

① 国内曾有报道称，北京军区总医院中国青少年心理成长基地主任陶然制定的《网络成瘾临床诊断标准》被著名的《精神障碍诊断和统计手册》最新版（即DSM-V）收录，但事实上只是收录在附录之中，作为“有待进一步探究的议题”。

② 杨柳. 电击，体罚，禁食……谁来终结“网瘾戒治”乱象?. (2016-09-01). http://www.jcrb.com/xmt/201609/t20160901_1646089.html.

浮出水面，这场“网瘾战争”[①] 其实还没有结束[②]。

自康拉德提出了医学化概念（Conrad，1976）以来，社会学就对以医学名义展开控制的社会机制展开了深入探讨[③④⑤]。以此为视角，一些学者探讨了网络成瘾在中国是如何被医学化的，这种医学化背后又蕴含着怎样的规训机制（张瑞，2006；韩俊红，2017）。如康拉德所言，“医学化”并非一个单向度的进程，“医学化”与“去医学化”总是周期性地循环出现，例如手淫、残疾和同性恋在美国便经历了“去医学化”的过程[⑥]。然而在这个过程中，网络能起到多大作用，人们通过互联网的表达、互动与连接究竟能在多大程度上影响网瘾戒治的现实过程，这是我们需要思考的问题。

在中国社会，网络在抗争中发挥了日益重要的作用，但从总体上来说，网络抗争要么指向国外敌对势力，维护国家民族利益，要么指向政府或类政府组织（比如高校），争取公众合法权益或社会正义[⑦]。然而反对戒网暴力则有所不同，它既是反对一个特定的组织机构，更是反对一种社会文化，从而争取更广泛意义上的权利，这在中国没有先例。因此，在这类社会事件中网络的效力尤其值得我们关注。

基于此，本章以“杨永信事件”为例，探讨反戒网暴力的网络参与对于网瘾“去医学化”实践的作用。首先研究杨永信的崛起及其对网瘾青少年的规训策略。在对杨永信主导下的网瘾“医学化”的微观机制做出考察之后，我们将考察人们为了反抗戒网暴力而展开的行动。这一行动因为时间上的相对断裂性可以天然地分为两个阶段：第一个阶段是 2009 年“倒杨”运动的网络参与，第二阶段是 2016 年“倒杨”的网络参与。我们将分别从网络参与的内容、特点和成效等多方面展开讨论，并在最后回到我们的元问题——线上抗争究竟能在多大程度上动摇线下观念、文化与利益交织而成的复杂空间。

---

① 《网瘾战争》是一部 2009 年网友们自制电影的名字，这部电影以著名网游《魔兽世界》场景作为背景，其中有一部分篇幅就是对杨永信及其网戒手法的批判和讽刺，这部电影在当时引发了相当的轰动。有趣的是，杨永信在 2008 年接受央视采访时也表示对抗网瘾是一场战争。

② 如 2017 年再度引爆舆论热点的“豫章学院”事件。

③ Pfohl，S. J. The “Discovery” of Child Abuse. Social Problems，1977，24（3）.

④ Conrad，P. Medicalization and Social Control. Annual Review of Sociology，1992，18（1）.

⑤ Kaw，Eugenia. Medicalization of Racial Features：Asian American Women and Cosmetic Surgery. Medical Anthropology Quarterly，1993，7（1）.

⑥ Conrad，P. The Medicalization of Society：On the Transformation of Human Conditions into Treatable Disorders.［S. l.］：JHU Press，2008：7.

⑦ 杨国斌. 网络空间的抗争//刘春荣，陈周旺. 集体行动的中国逻辑. 上海：上海人民出版社，2012.

一、“战网魔”：杨永信的崛起之路

由杨永信担任主任的临沂网络成瘾戒治中心隶属于临沂市第四人民医院（临沂市精神卫生中心）。该中心成立于2006年1月10日，救治对象为存在“逃学厌学、离家出走、痴迷网络、撒谎叛逆、漠视亲情、仇视父母、结交损友、打架斗殴、偷摸抢骗、早恋同居、游手好闲、享乐纵欲、自卑消沉、孤独自闭、幼稚偏执、自暴自弃”现象的青少年[①]。尽管该中心位于临沂这样一个不大的城市，在国内却名气很大。官网数据[②]显示，截至2015年末，已经有超过6 000名网瘾青少年在该中心接受过治疗，许多外地家长不远千里带着孩子前来求医，网戒中心常常人满为患。更为神奇的是，即使经历了2009年的一系列舆论风波，中心的业务也只是稍有下降，并很快恢复正常且继续大幅度增长。因此我们的首要问题是：杨永信为什么能够崛起，为什么那么多家长愿意将孩子送给他治疗，甚至在知道他的治疗手段存在风险的情况下。

要弄清这一问题需要从三个方面入手：持续性需求何以出现、合法性维持如何做到，以及功能性实现何以可能。首先，社会变迁产生的代际矛盾与“父权文化”堕距之间的张力使得潜在的“网瘾病人”被不断再生产，从而形成了持续性、结构性的需求。其次，杨永信和他的网戒机构始终存在一套自我合法性表达机制，它们让潜在客户认定杨永信的治疗手段具有正当性、有效性。最后，杨永信确实让他的客户——是家长而不是被治疗者——看到了“切实”的治疗效果，当然这种效果实现的手段是存在争议的。

持续性需求：“网瘾少年”的社会生产

如果说“网瘾戒除”是一种治疗的话，那么这种治疗首先需要“病人”。对于其他疾病来说，“谁是病人”似乎不是问题，因为医学已经发展出一套相对成熟的测量体系，可以反映出人们的身体状况。然而网瘾到现在为止也没有受到普遍认可的诊断标准，2008年11月北京军区总医院中国青少年心理成长基地主任陶然主持制定了国内首个《网络成瘾临床诊断标准》。但这个标准不仅受到了社会各界的质

---

① 引用自临沂网戒中心官网，但该网站在2016年被网友攻破，被迫关闭，至今未能重建，此处转引自维基百科“临沂市第四人民医院”条目。

② 此处数据引用自中央电视台《新闻周刊》栏目2016年8月20日视频，读者找到该视频后翻至10分35秒处即可看到，视频网址：http://tv.cctv.com/2016/08/20/VIDEAKPW7tvowU6sy4Q7sIhq160820.shtml。

疑，甚至连杨永信也公开表示反对。因此网戒中心是没有普遍有效的依据去判别网瘾的。在实践中，杨永信的网戒中心通常对送诊的“患者”来者不拒，而不是依据标准加以甄别。

那么谁来对网瘾患者做出“诊断”呢？是家长。80%～90%的“网瘾患者”是在家长的强迫下前往戒网中心接受治疗的[①]。这意味着绝大多数网瘾病例是由家长“确诊”的。在肯定杨永信模式的纪录片《战网瘾·战网魔》(2008) 中，一位家长为了让孩子接受治疗，竟然让孩子服用了 12 片安眠药。通过捆绑、诱骗、恫吓等手段把孩子扭送至网戒中心的例子屡见不鲜。是什么样的孩子需要家长采用这么暴力的手段加以处理呢？表 6-1 罗列了在纪录片《战网瘾·战网魔》中呈现的 7 例送到网戒中心治疗案例的送治原因[②]。

表 6-1　几个案例中的“网瘾青少年”送治原因

姓名（均为化名）	送治原因
黄河（19 岁）	中考失常后自暴自弃，经常打架、沉溺上网，多次因去网吧问题跟父母冲突
张正（20 岁）	当过黑客，网络技术过人，网络游戏也打得很好，因长期沉溺网络被送治
王匠匠（16 岁）	和爷爷奶奶一起生活，沉溺于网络游戏，初二退学，曾多次盗取爷爷奶奶血汗钱去上网
陆俊浩（25 岁）	转业工作后沉溺于网络游戏，结婚了依然没有改观，家人通过各种方式，包括打骂、劝说、恳求都不能使之改变，最后闹到离婚
武旭影（22 岁）	父母长期不和，为躲避家庭压力喜欢上网，后与外地一名青年网恋、同居，被父母、亲戚和当地公安一起送到临沂
谢乾、谢坤（14 岁）	经常去网吧，跟不良少年来往厮混
刘承宇（16 岁）	经常夜不归宿、偷窃、打群架，招惹是非，多次彻夜在网吧上网，父母多次教育无效

我们可以从上述 7 个案例中理出三类被送治的情况：第一类存在诸多社会越轨行为。比如在黄河、谢乾谢坤两兄弟、王匠匠、刘承宇的案例中都提到了他们辍学、经常与父母冲突、在社会上打架斗殴等情况，进一步了解可以发现，这些家庭大多存在父母溺爱、父母外出打工从而孩子和爷爷奶奶一起生活、父母离异或感情破裂等问题，父母没有能力或者没有精力对子女进行引导，子女成为不服管教的“问题”少年。第二类是其生活方式父母不能认可。武旭影通过网恋结识了爱她的男友，这实在谈不上是“网瘾”，只是在父母看来这种恋爱方式有失体面，让他们

① 韩俊红. 无“疾”生“病”：网络成瘾医学化的建构与实践. 武汉：华中科技大学出版社，2017：42.

② 要说明的是，《战网瘾·战网魔》后来被发现为了宣传杨永信的需要，存在许多丑化、歪曲被送治者的情况，有一些来自家长的问题被掩盖。

不能接受。陆俊浩沉溺于在家打游戏，但并未耽误工作和生活，这种“宅男”[①] 在今天的中国社会数量越来越多，他的父母爱人无法接受这种生活方式，认为非常反常，又无法使其改变，只好将其送到杨永信处加以治疗。第三类是自己在网络技术、网络游戏等方面具有天赋，在网络中有很强的成就感。张正的案例就是这样，据称他 15 岁就当过黑客，网络技术非常高超，还以自己为原型写过一本小说——《黑客之王》。此外，他的网络游戏打得很好，在网游世界中受到很多人尊重。喜欢做自己擅长的事，这一点并不难理解。然而，尽管今天人们已经将网络技术看作重要的工作技能，网络游戏也被列入体育竞技项目，但在 10 年前这种状况得不到认可，还被认为是一种需要治疗的病态。

无论是越轨行为无法管教、生活方式无力理解还是个体天赋无法认可，都不是医学问题而是社会问题，都是在父母与子女的互动中产生的社会现象。在很大程度上，这些现象的出现并非偶然，而是社会结构变迁的必然后果：一方面，人口流动的加速、稳定家庭结构的动摇让青少年教育成为一个大问题，由此产生的各种越轨现象势必大幅度增加；另一方面，技术的进步和网络社会的到来势必使得以网络为工具娱乐、谋生、恋爱的社会成员越来越多，这些人多为年轻人，老一辈社会成员适应这些变化需要时间，由此产生的代际矛盾不可避免。因此可以说，社会结构变迁引发的代际冲突迅猛增长是“网瘾病人”不断被生产出来的基本条件。

当然，如果父母与子女之间地位相对平等，双方能够较为坦诚地交流沟通，事情未必那么糟糕，事实上在一些家庭中未成年人既没有自己的人格，也没有自己的态度，只有通过父母的严加管教和精心安排，才会有所成就。因此，“棍棒底下出孝子”“不能让孩子输在起跑线上”这样的说法在今天有很大的市场，“好孩子”的标准就变成了按照成年人的意愿行事[②]。基于这种观念认知，当父母看不懂子女的所作所为，不能改变孩子的生活方式，无力应对孩子的种种越轨行为时，他们会认为是并不具备主体意识的孩子要脱离自己设定的正确轨道，这会给父母带来巨大的不安全感和恐惧感，迫切需要有一种方式来帮助他们解决问题。

可以看出，社会转型与代际矛盾决定了父母越来越难建立对子女全方位的规训和控制，而“父权文化”的堕距性又让他们极其渴望这种规训与控制，网瘾少年正是在上述张力作用下被不断生产出来的。值得关注的是，父母对子女的支配意

---

① “宅男”概念源自日本，用以称呼那些不愿意外出，每天在家玩游戏、看动漫的青年。“宅男宅女”数量众多，且具有独特的生活、交往甚至工作方式，“宅文化”已经成为当前中国的一种重要亚文化。相关研究可参见：蒋平．也谈我国的“宅男宅女”现象：一个空间社会学的分析视角．中国青年研究，2009（8）．

② 王玉香．未成年人权利主体地位的缺失与构建．中国青年研究，2013（4）．

识不仅指向未成年人，即使成年子女也不一定可以避免。表6－1中有4个案例中送治的都是成年人，陆俊浩更是已经成家并工作数年，但他依然被当作“网瘾少年”。

在此情况下，杨永信几乎是作为父母的“大救星”出现的。在2009年央视13套《新闻调查》对临沂网戒中心的报道中，柴静向父母们询问将孩子送过来的想法时，他们表示“电击疗法是可以接受的，因为这是为了孩子好”，“白猫黑猫，抓住老鼠就是好猫”，“我们只要结果”，“通过暴力就是救了他们一命”①。毫无疑问，这里的“为孩子好”、“好猫”和“结果”指的是与他们的设定相一致的思维方式、生活方式和行为方式，在他们自己做不到这一切的时候，杨永信宣称他能做到，这是他的最大价值所在，他的网戒中心也因此有了持续不断的“客源”。这些持续性的需求是杨永信得以崛起和“长盛不衰”的关键。

合法性建构：从舆论宣传到制度仪式

当然，尽管家长们迫切需要有人帮他们实现对孩子的规训，但要他们把孩子送过来至少要满足两个先决条件：第一个是可知性，也就是他们必须知道有杨永信这样一位治疗网瘾的专家；第二个是合法性，他们必须要有相信杨永信的理由。这两者紧密联系在一起。杨永信本人只是专科学历，临沂第四人民医院也无法与北大六院、安定医院相提并论，临沂网戒中心能够成为首屈一指的网戒机构，应该说在舆论宣传和制度设计上做足了功夫。

舆论宣传是杨永信早期成功的主要秘诀。网戒中心成立之初就获得了当地一些媒体的报道。2006年7月，山东发行量最大的《齐鲁晚报》对杨永信进行了报道②。之后杨永信陆续荣获“沂蒙大众科普奖”（2007年1月）、山东省“未成年人保护杰出公民”（2007年9月）、“感动山东健康卫士”（2008年2月）等。但真正让杨永信享誉全国的是由央视资深记者刘明银策划的12集纪录片《战网瘾・战网魔》。

2008年7月2日，由中央电视台社会与法治频道播出的12集纪录片《战网瘾・战网魔》描绘了杨永信通过科学系统的治疗方法，帮一个个网瘾少年打败“网魔”的故事。这部纪录片将网络游戏及其导致的网瘾看成侵蚀青少年乃至中华民族根基的毒剂。在纪实文学《战网魔》中，作者将抗击网瘾称为“第三次鸦片战争”，把杨永信比作林则徐，这不仅暗示杨永信的事业是合理正当的，而且把他拔高到了

① http://tv.cntv.cn/video/C10435/5300e9841e654ed85d4c4887d0220369.

② 张洪波，刘国林．一大学生因网瘾休学 经四个月治疗后成功复学．齐鲁晚报，2006－07－22.

民族英雄的层次。

今天我们已经知道，这部纪录片的一些情节并不真实，甚至存在颠倒是非之处，但它的确产生了重大影响。作为中国最重要的电视媒体，央视给杨永信的这个背书可以说分量极重（后来央视还在《法治在线》《百姓故事》《人物》等多套节目中对杨永信进行正面报道），纪录片将杨永信描绘成网戒专家、医学权威甚至民族英雄，暗示杨永信有极高的网瘾治愈率，精准地击中了当时许多家长的要害，从而使杨永信一炮走红，大量家长慕名而来。例如在一次杨永信的网瘾报告会上，许多家长专程从北京、天津等地赶来听报告，甚至有人专程订机票前来①。之后杨永信入选了2009年山东道德模范候选人，成为享受国务院政府特殊津贴的专家，以至于当有人表达反对杨永信的声音时，家长们表示：“杨叔，国务院津贴那是随便给的吗？这么高的荣誉，我不相信他我相信谁？”②

如果说以央视为代表的媒体宣传是临沂网戒中心合法性建构的外部条件，那么构建一套看似极为专业系统的治疗机制则是其享有合法性的内在基础。杨永信提出了一套“网瘾戒治的杨氏模式”，这套模式声称可以通过“药物＋心理＋物理＋工作娱乐”来实现网瘾治疗，治疗过程包含15大项、100余小项。据称，这套模式已经通过了验收，验收结果认为达到国际先进水平③。其具体项目如下④：

（1）药物治疗，包括中西医药治疗；（2）功能训练，包括11项，如内务整理、饮食自理、礼仪礼节等训练；（3）体能训练，包括3项，如早操、军训、野外郊游等；（4）行为矫治，包括4项，如手语操、纠偏操等；（5）家庭治疗，包括8项，均为亲子互动项目；（6）自我分析，包括10项，从自我认知的角度进行矫治；（7）体悟感受，包括13项，通过带入不同角色进行体悟感知，增强网瘾抗力；（8）心理点评，包括8项，通过分享经历和体悟来促使“患者”转变；（9）氛围影响，包括6项；（10）心灵触动，包括5项；（11）心理调适，包括18项；（12）素质教育，包括4项，如品德教育、爱国教育、感恩教育、孝道教育；（13）网戒文化，包括4项，如上网作业、戒网日记、戒网之歌、戒网宣誓等；（14）长效机制，包括5项；（15）其他，包括4项，如成因追踪、问题筛选、责任承担等。

如此系统庞杂的治疗体系让了解情况的家长感到很充实。因此一些家长在表达杨永信的专业性时常常强调其治疗环节多，有家长认为，绝不是电击，心理点评等

---

① http://news.bandao.cn/news_html/200812/20081201/news_20081201_747810.shtml.

② http://tv.cntv.cn/video/C10435/5300e9841e654ed85d4c4887d0220369.

③ http://linyi.dzwww.com/news/201604/t20160426_14201976.htm.

④ 徐桂珍．网络成瘾的戒治与照顾．演示材料，2014.

系统专业的治疗机制才是使孩子们脱离网瘾的关键[①]。

实际上，这些看似全面系统的治疗手段并未全面反映网戒中心的真实治疗方法，通过在肉体和精神上施压以实现对治疗者的控制，使治疗者恐惧、顺从才是其真实的手段。因此可以说，这些治疗制度与其说是功能性的，不如说是仪式性的。尽管如此，对于那些认为只剩下最后一条路可走的家长来说，各类省级国家级主要媒体的背书、杨永信的各类荣誉以及看似专业完备的治疗机制让临沂网戒中心宛若一个神圣殿堂，具备了无与伦比的合法性。

功效性实现：控制、疼痛与展演

按照临沂网戒中心的说法，其治愈率高达96%，也就是说只要接受了杨永信的治疗，绝大部分孩子都会变成“听话的好孩子”。如果说种种合法性机制是家长们愿意相信杨永信的原因，那么如此优异的治疗效果则是他们迫不及待地将孩子送过来“治疗”的关键。有赖于网友爆料和多家媒体的深入调查，该中心的主要运作模式已经比较清楚，它之所以能够取得极好的“治愈”效果，主要源于如下三种机制：

第一，网戒中心建立了一套极为严密的控制机制，让“被治疗者”始终处于被监控状况。网戒中心的权力中心是杨永信（被称为“杨叔”），他在这里是至高无上、不可反对的，任何反对“杨叔”的行为都被认为是网瘾（精神病）发作的表现，需要通过药物或“醒脑仪器”（即电击）进行治疗。“杨叔”之下还有两个机构，一个是“家长同盟委员会”（简称“家委会”），家委会是由送治家长组成的，它看起来像一个对治疗过程进行监督的自治团体，但事实上家委会成员不可以发表对治疗效果有所质疑的言论，更不可以反对杨永信的治疗理念，家委会的任务是防止孩子逃跑、自杀等，还承担“逮捕”逃跑“患者”的任务。如果家委会成员工作不力，将会被“加圈”，每个圈要罚十块钱。另一个机构是“同盟班会”（每一个被治疗者被称为“盟友”），这个班会是一个等级森严的组织，寝室有小室长，每个楼层有两个大室长，班长、副班长、体育委员等班委一应俱全，还有一个“安全小组”。这些职务均由表现较好的“盟友”担任，其中心工作就是对“患者”进行监督，对不守规矩的“加圈”，定期结算圈数进行“治疗”（电击），对于诋毁杨永信或表现出要逃跑、自杀等倾向的则马上进行“治疗”。杨永信制定了一套严格的章程（包括86条规定），出现任何违背规定的行为都可能直接被送去电击，违背这86

---

① http://tv.cntv.cn/video/C10435/5300e9841e654ed85d4c4887d0220369.

条规定的行为包括“吃巧克力”“喝饮料、茶水”等微不足道的小事，也包括“不经家长同意私自与外界联系”“有出走嫌疑”等涉嫌逃走的情况，还包括“未经许可坐杨叔的椅子”[①]。在这里人人自危，甚至说话也需要谨慎，比如不能将“治疗”称为“电击”，不能将“上报”称为“告密”，否则将会接受严格处理[②]。

第二，通过电击产生威慑力是关键性手段。杨永信明确承认，他的全部治疗机制都是建立在电击产生的恐惧感上的。一旦“患者”数次不符合基本的管理规定（5次加圈）或违反了“86条”，则会被“点现钱”，也就是电击。尽管杨永信自己称从来没有使用超过5毫安的电击，但据接受过电击的“患者”称，使用20、30、40毫安的电击也是稀松平常。杨永信将电击称为“醒脑治疗”，这种“治疗”让被治疗者疼痛难忍，因此效果非常突出，再强硬的孩子在接受一个小时的电击之后也会屈服。

第三，通过各种方式让“患者”展示“治疗成果”，这一方面让家长满意，另一方面也是对其他“患者”的一种强制同化。杨永信将“心理点评”课堂称为最重要的治疗环节，那些看起来“成效”不错的孩子，需要在这个课堂上将自己不堪的过往、治疗的效果讲给其他人听，如果在此过程中稍有不顺从，则被视为治疗不够，马上会被送去电击。这样一个环节强迫“患者”把网戒中心看成“大善人”，自己则是最大的“被帮助者”而不是“受害者”。家长经常会出席“心理点评”，通过这些课堂，家长会充分感觉到“疗效”，这也暗示其他患者只有服从才有离开的可能，从而进一步诱使更多人服从。

通过上述三种机制，临沂网戒中心取得了极高的所谓“治愈率”，这种治愈率是通过恐吓和强制认同实现的，家长们对此也并非不理解。2009年播出的《网瘾之戒》中，当柴静询问家长对网戒中心治疗手段的看法时，一位家长谈到，如果是恐惧，那让孩子恐惧一辈子也未必是件坏事。这一回答充分表明，杨永信和这些家长之间绝不是欺骗与被欺骗的关系，而是一拍即合。

二、从曝光到戏谑：第一次“讨杨”的网络参与

以央视为代表的一大批主流媒体让临沂网戒中心享誉全国，杨永信名利双收，

① 这86条规定是柴静按照采访所得到的信息在微博上发布的，详细内容可参见 http://blog.sina.com.cn/s/blog_48b0d37b0100fdsn.html。

② 杨潇．杨永信和他的网戒之国．（2016－09－03）．http://Renjian.163.com/16/0903/15/C024Q4MO0001-53N3.html.

那些对于自己的“坏孩子”无能为力的家长也看到了希望，一切似乎顺理成章，但暗流一直在网络空间涌动。早在 2007 年，一些离开网戒中心的孩子就通过 QQ 群讨论杨永信的电击治疗①。2008 年 11 月 20 日，曾被《战网瘾·战网魔》报道过的女孩武旭影（化名）在百度贴吧“杨永信吧”中发帖——《我的小故事及在“杨永信网戒中心”的心理日记》，成为大规模“讨杨”运动的开始。2009 年 4 月，《21 世纪经济报道》记者郭建龙暗访网戒中心，首次在媒体上对杨永信的网戒中心进行曝光，之后《中国青年报》《南方都市报》等媒体跟进，美国《科学》杂志也对杨永信进行报道，并用“臭名昭著”（the most infamous）来形容他②。到 2009 年 8 月，央视《新闻调查》《经济半小时》分别对临沂网戒中心进行了曝光，“讨杨”之声响彻全国。在本次“讨杨”过程中，主流媒体发挥了关键性作用，但以“杨永信吧”为代表的网络平台作用也不可小觑。

“讨杨”第一战：武旭影和她的“小故事”

武旭影是《战网瘾·战网魔》中的一个角色，她被塑造成一个打骂父母、不可救药的网瘾少女。面对这样一个少女，杨永信通过一系列治疗手段，不仅让她认识到网络的危害，还让她重新做人。她一出场给父亲的一记耳光和经过治疗后向父母下跪、与母亲相拥而哭形成鲜明对照，她的故事也成为中心的最佳广告③。2008 年 11 月 20 日，当媒体对杨永信发出一片赞扬之声时，一篇名为《我的小故事及在“杨永信网戒中心”的心理日记》的帖子在初建不久的“杨永信吧”出现④。这篇帖子的发帖人正是武旭影，她向人们揭示了事实的真相，原来她压根没有网瘾，只是父母不同意她和男友恋爱，试图通过这种方式让她离开男友。当明白父母把自己送到什么地方的时候，她失控了，父母不仅没有真正地抚养过她，还采用这样的方式对她进行管制，这让她无法接受，这是她下意识地打了父亲的原因。《战网瘾·战网魔》也正是拿这个动作大做文章。她在帖子中进一步表示，她所有“被治愈”的表现都不过是逢场作戏，因为她就是一名心理学系的大学生，对电击、药物等带来的伤害很清楚，因此她决定通过暂时合作尽快逃离。武旭影最后总结了她对网戒中

---

① 杨中依．和杨永信战斗的人们．https://zhuanlan.zhihu.com/p/25884011?utm_source=weibo&utm_medium=social.

② Richard Stone. Science in Society: China Reins in Wilder Impulses in Treatment of Internet Addiction. Science. 2009. 26.

③ 参见纪录片《战网瘾·战网魔》，《少女的耳光和拥抱》（上）。

④ https://tieba.baidu.com/p/504106265?pn=1.

心的几点质疑[1]：第一是收费标准模糊，除了每个月 6 000 元的基本费用外，杨永信一句话家长就得增加缴费。第二是入院和网瘾标准含糊。像她这样根本没有网瘾者也被收治，既没有网瘾的诊断程序，对网瘾的概念界定也很模糊。第三是严重侵犯人权、侵犯隐私，逼人下跪、捆绑殴打都是常事。第四是私设公堂，按照自己的喜好对“患者”加以判处。第五是杨永信没有接受过严格的心理学训练，并没有相应的辅导资质与能力。第六是采用错误的、完全不科学的方法来治疗网瘾，完全不尊重科学、不尊重社会道德。

尽管武旭影在帖子中并未系统给出杨永信网瘾戒治的全部细节，但她的所有指控在后来基本都得到了验证，这个帖子很快引发了人们的广泛关注。到 2009 年初，对这个帖子的回复量就达到 1 000 条以上，该帖成为整个杨永信吧分量最重的帖子。在回复中，网友们对杨永信的做法感到义愤填膺。更多的网友同情武旭影的遭遇，并对她表示祝福：“苦难的都度过了，剩下的都会是幸福，祝楼主一生好。”[2]

武旭影帖子在贴吧上被大量转载、讨论，其影响范围也很快超出了贴吧，在人人网、天涯、NGA 论坛（网游《魔兽世界》的官方论坛）等当时重要的公共网络空间大规模转载。2009 年 5 月 9 日，国内著名心理咨询师武志红在《广州日报》上发表了《比网瘾更可怕的是什么》一文，该文引用了武旭影的故事和经历，结论是这个网戒中心治疗的只是不听父母话的孩子，杨永信是这里的“老大哥”，在这里最不能犯的就是“思想罪”，否则会受到严惩。这恰恰是比网瘾更可怕的事情[3]。

武志红的这篇文章被转载到网络上，再次引发热议。同时也有一些“挺杨”的人为杨永信正名，指责武旭影不孝顺父母、不懂得感恩[4]。但这些“正名”无一不是对武旭影进行道德评价，并未对事实本身质疑。不论这些质疑者是否真心实意地支持杨永信，他们的声音事实上更加凸显了这件事情的可信度。可以说，在第一回合的舆论战中，“讨杨”一方通过网络获得了胜利。

博客的力量：记者“讨杨”的网络参与

随着越来越多的网友表达对“杨永信事件”的高度关注，一些新闻记者也对杨永信产生了兴趣，他们凭借着专业技能和职业道德参与到了“讨杨”大军中。值得注意的是，除了以报纸、电视台为“讨杨”平台外，博客也成为重要的发声工具。

---

① https://tieba.baidu.com/p/504106265? pn=1.

② https://tieba.baidu.com/p/504106265? pn=6.

③ 武志红．比网瘾更可怕的是什么．广州日报，2009-05-09.

④ 比如 https://tieba.baidu.com/p/504106265? pn=3 60.213.46. ＊的回复（2008-12-04）。

《21世纪经济报道》记者郭建龙是最早参与杨永信网戒中心调查的记者之一，他向网戒中心声称自己弟弟得了网瘾，希望考察一下网戒中心，以决定是否将弟弟进行送治。2009年4月21日，郭建龙以家长身份前往网戒中心进行实地调查，并在三天后将首篇文章《暗访杨永信网瘾戒治中心：杨永信和传销一个样》刊登在云南省《都市时报》上，这篇报道得到了众多网友的支持。4月25日，郭建龙在自己的博客上称受到威胁，一天接到好几个电话和短信，以他的人身安全恐吓他[①]。网友们了解到此情况后，在“杨永信吧”进行应援，利用手机号对威胁者进行“人肉”搜索，支持郭建龙的正义行动[②]。5月5日，郭建龙将战线转移到网上，在新浪博客、搜狐博客发表了博文《暗访临沂戒网院：电击、强行拘禁和大把钞票，戒网院已成为独立地下社会》[③]，这篇文章将“网戒治疗”称为一个庞大的利益链条，临沂网戒中心通过欺骗、强迫等手段把孩子弄过来，以电击、羞辱等手段让孩子屈服，达到所谓“治愈”的目的。这篇接近万字的长文系统地介绍了临沂网戒中心的种种行为，许多网友留言表明自己的态度：“孩子无辜，家长要反思自己尽到理解和帮助孩子的责任了吗？临沂的做法是恐怖的暴行。”“我想到了飞跃疯人院。疯人院里的所谓疯子都是饱满的人。而管理的医生不是人。”“教育和医疗的悲哀啊！孩子、家长和社会的不幸！”[④]

在郭建龙之后，更多记者加入了“讨杨”大军。记者白雪、王烨捷在对治疗后的孩子进行调查后，在《中国青年报》上发表了《一个网戒中心的生态系统》《谁都想在网瘾治疗市场分杯羹》《“戒网专家”杨永信电击治网瘾引发争议》三篇文章，对杨永信的种种行为进行揭露。《南方都市报》记者杨潇发表了《杨永信网戒中心的86条规定》，详细描绘了网戒中心的管理制度。这些文章均在网络上被广泛转载，引发热议[⑤]。当然，更有震撼力和影响力的是央视《新闻调查》的专题节目《网瘾之戒》。

2009年8月，柴静一行七人前往临沂对网戒中心进行调查，这次调查的成果于8月15日在《新闻调查》栏目中以《网瘾之戒》为名播出，与《战网瘾·战网魔》完全不同，《网瘾之戒》通过对杨永信、送治家长、“患者”三方的采访，更加直观地将网戒中心所谓“网瘾治疗”的真相反映了出来。除了电视视频，柴静还在自己

① http://blog.sina.com.cn/s/blog_53a407dc0100cs1i.html.

② https://tieba.baidu.com/p/574902790? red_tag=0007069538.

③ 莫问前程（郭建龙网名）. 暗访临沂戒网院：电击、强行拘禁和大把钞票，戒网院已成为独立地下社会.(2009-05-05). http://jlguo.blog.sohu.com/115700088.html.

④ 同③.

⑤ 吴晓蕾. 杨永信：“神话”破灭背后的媒体漩涡. 时代周报，2009-08-27.

的博客里面连续发表了《8 月 15 日节目视频及回应》《掌声——〈网瘾之戒〉采访手记》两篇博文。前一篇文章回应了一些“挺杨派”对《网瘾之戒》的质疑，后一篇文章则描绘了她亲眼所见的事实，例如她记录了一段采访家长的情境：“（柴静问）‘如果他在里面只是因为对仪器的恐惧而顺从，这是真正的改变吗？’（丈夫回答）‘他要能恐惧一辈子也未必是坏事’。女人蹭地站起身，说‘不谈了，还再恐惧？再恐惧就变态了……’她丈夫被我们劝到另一个房间后，她说，儿子拿了一把水果刀，说谁再把他送去，他就杀了自己。”① 网戒中心给孩子带来的伤害跃然纸上。柴静的博客得到了诸多网友的关注，《8 月 15 日节目视频及回应》阅读量达到 13.8 万，评论量达到 2 099 条；《掌声——〈网瘾之戒〉采访手记》的阅读量达到 58.6 万，评论量达到 8 126 条，这在博客时代是个很大的数字。

“羊叫兽”与“磁步暴兵”：“讨杨”行动的戏谑化

除了亲历者爆料、记者实地调查采访之外，网友们也通过自己的形式表达情绪和思考：一方面他们通过挖苦、讽刺、咒骂、黑网戒中心官网等方式表达对杨永信及其同盟者的愤怒，另一方面他们也通过理性思考来探索杨永信现象的社会根源。随着“杨永信事件”的全面曝光，网友们感觉用一般的语言已经难以表达自己的情绪，于是“羊叫兽”“磁步暴兵”等用于讽刺杨永信的网络形象被建构了出来。

宋辰婷（2015）指出，网民们采用调侃、揶揄、讽刺、挖苦、笑骂等方式来表达自己的情感和观点是当前网络抗争的独特形式②。对杨永信的戏谑始于网易游戏的一次更新，2009 年 4 月，网易在其网游《魔法火枪团》里面加入了一个“羊叫兽”角色，这个羊叫兽有一对犄角，长相可怖，更关键的是它的技能是“用微电流控制攻击性极强的地鼠弹四处攻击”，这些都明显影射了杨永信和他的“电击治疗”。

很快，网友们把它转到网络“讨杨”大本营“杨永信吧”，大家纷纷觉得“羊叫兽”这个名字恰如其分③。还有一些网友利用漫画对“羊叫兽”进行讽刺。《叫兽检测仪》对杨永信说过的“有没有网瘾电一下就知道，没有网瘾就不会疼”加以演绎，让“羊叫兽”自己感受电击之苦（见图 6－1）。

---

① 柴静．掌声：《网瘾之戒》采访手记．（2009－08－28）．http://blog.sina.com.cn/s/blog_48b0d37b0100fi21.html．

② 宋辰婷．网络戏谑文化冲击下的政府治理模式转向．江苏社会科学，2015（2）．

③ https://tieba.baidu.com/f?kz=567646711&red_tag=2464171247．

图 6-1 《叫兽检测仪》

资料来源：http://news.163.com/09/0508/09/58PHR7P000012JBT.html.

除了以图片形式外，网友们甚至还用视频的形式对“羊叫兽”的形象进行发挥，网友“mms123456”制作了《羊叔鬼畜之时》，将《战网瘾·战网魔》通过剪辑改编成英雄少年对抗“羊叫兽”的游戏①。由网友“性感玉米”通过网络游戏形象呈现的自制电影《网瘾战争》中的大 BOSS 就是“杨叫兽”（见图 6-2），这部电影将杨永信的故事用网游人物形象演绎了出来，并穿插了许多时事新闻，引发了众多网友的关注。

图 6-2 网友自制电影《网瘾战争》中的“杨叫兽”

① https://tieba.baidu.com/f? kz=572325621&red_tag=2583159209.

不久后，杨永信吧有网友觉得用网游《红警》中的“磁暴步兵”形容杨永信很恰当，于是“磁爆步兵”又成了杨永信的代称[①]。之后网友们制作了恶搞视频《磁暴步兵杨永信之怒》，给“磁爆步兵”的百度词条增加了一个意思——“杨永信的别称”。除此之外，网友们还制作了大量图片来讽刺挖苦杨永信。

第一次“讨杨”的得与失

2009 年的“讨杨”风暴的确是对杨永信的一次重创：首先，网戒中心得以存在的合法性基础动摇了。网友和记者们通过事实展现了网戒中心的真实面貌，展现了他通过暴力和压迫使“患者”就范的行为，他本人也从受人尊重的教授专家变成了人们调侃的“叫兽”“磁爆步兵”。这一切反映在网戒中心的业绩上，就是 2009 年之后连续两年就医人数大幅度减少。其次，国家有关部门开始对杨永信的网戒中心进行关注。2009 年 7 月卫生部向山东省有关部门发文，要求网戒中心停止使用电刺激（或电休克）治疗网瘾[②]。这被网友们看作一次巨大的胜利，一些被电击治疗过的网友甚至高呼“普天同庆”[③]。新华网的一篇文章则指出，应该对杨永信等人追究刑事责任，不能让他们逍遥法外[④]。当时的舆论普遍认为杨永信势必难逃法网。最后，杨永信的网戒中心存在的前提——“网瘾”的概念开始被公众反思。治疗网瘾一直都是杨永信的“尚方宝剑”，尽管官方和学术界在网瘾问题上都持较为谨慎的态度，但当时公众却对此深信不疑。“杨永信事件”的发生让一些认定网瘾是一种疾病（甚至是一种精神病）的人开始反思，而这种反思无疑是非常重要的。

然而客观地说，这次“讨杨”并未取得理想的成果。人们希望有关部门对网戒中心进行清查，对杨永信施加严惩，但这些事情都没有发生。“电休克”治疗的确停止了，但“低频脉冲”治疗并不比它好多少，依然给“患者”带来了巨大痛苦。更为可怕的是，来寻求杨永信治疗的家长在 2010—2011 年暂时下降之后又开始迅猛增长。在临沂网戒中心成立十周年（2016 年）的大会上，杨永信认为网戒中心已经“树大根深，硕果累累”，并希望“救治更多的网瘾孩子”，而临沂市领导也鼓励网戒中心“走向全国走向全世界”[⑤]。

---

① https://tieba.baidu.com/p/621904632?red_tag=1673112578.

② 卫生部要求停止用电击治疗网瘾 暂不宜用于临床.（2009-07-23）. http://business.sohu.com/20090713/n265188719.shtml.

③ 钱富丽. 网瘾电击疗法叫停 被治疗者高呼普天同庆. IT 时报，2009-07-20.

④ 吴庆.“电击治网瘾”拿孩子当小白鼠.（2009-07-15）. http://news.xinhuanet.com/comments/2009-07/15/content_11707621.htm.

⑤ 参见《临沂网戒中心隆重举行成立十周年暨网瘾戒治高峰论坛》. 原载于临沂网戒中心官网，目前可在如下网址查阅：https://tieba.baidu.com/p/4298780995?red_tag=0351575286。

遗憾的是，网络上的舆论来得迅猛，却很难在较长时期内维持热度。2009 年“杨永信事件”是网络热点，2010 年余温尚在，之后则不断冷却，留在人们心中的除了“磁爆步兵”等网络段子之外鲜有其他，当网络风暴过后，一切再次回归了“正常”。用网戒中心所属临沂四院领导的话来说：“网戒中心经受住了大浪淘沙的洗礼，得到了全国同行充分肯定和广大民众的高度认可。”[①]

三、呈现、动员与介入：网络新时代的“讨杨”战争

在“杨永信事件”沉寂七年之后，2016 年 8 月 7 日，一篇名为《杨永信，一个恶魔还在逍遥法外》的文章迅速在朋友圈走红，已经被人们淡忘的杨永信和他的网戒中心再次回归人们的视野，新一轮的“讨杨”运动由此开始。相比于七年前，中国的网络技术、网络环境以及人们对网络的理解认识都发生了巨大变化，曾经在“讨杨”运动中发挥重要作用的贴吧、博客等已经式微，微博、公众号、知乎等新型社交平台脱颖而出；专业媒体人（如新闻记者）虽然在社会上仍然有一定的影响力，但草根自媒体人正掌握着越来越多的话语权；电脑端的网络用户数量尽管依然庞大，但移动互联网的声音更加突出，逐渐成为主流。在此情况下，反对杨永信的网络参与既与七年前有相似之处，又表现出新的特点，这些新特点给“讨杨”运动注入了新的力量，也产生了更为广泛的影响力，甚至影响了立法进程。值得注意的是，与“杨永信事件”类似的“豫章书院事件”在 2017 年 11 月再次引爆舆论热点，这意味着从广义上而言，“杨永信事件”的网络抗争并未结束。

重提杨永信：从静态呈现到动态“直播”

雷斯林是一名自媒体人，其公众号“雷斯林”（Astory4u）小有名气。2016 年 8 月，雷斯林收看了 2009 年央视播出的《网瘾之戒》，对“杨永信事件”产生了兴趣，通过进一步的搜索，雷斯林发现杨永信不仅没有被“打倒”，反而越做越大。就在 2016 年 7 月 30 日，杨永信的官方微博还发表了《天之骄子的眼泪：山东建筑大学沂蒙情社团参观临沂网戒中心活动纪实》（已被删除），宣传其卓越的网瘾治疗效果和巨大的社会贡献。愤怒的雷斯林整理了相关材料，于 8 月 7 日在公众号上发表了《杨永信，一个恶魔还在逍遥法外》一文。他写道：“我一直以为随着互联网

① https://tieba.baidu.com/p/4298780995? red_tag=0351575286.

的普及，网瘾这个词已经成为过去时……然而就在现在这个互联网时代……杨永信还在孜孜不倦地宣传着他的戒网瘾事业。十年前如此，三年前如此，在今天还是如此，一如既往地靠妖魔化网络，不科学的治疗方式收取巨额治疗费。……而至今没有任何人表示愿意为此负责。八年了。”[①] 这篇文章精准地触动了人们心中的痛点，很快在朋友圈被疯狂转发，短短数天内阅读量达到了 100 万以上[②]，大量网络媒体、社交平台纷纷转载此文。8 月 12 日杨永信自己的官方微博甚至转发了此文，但很快删除，没有做任何解释。杨永信和他的网戒中心再次被推上了舆论的风口浪尖。

与七年前武旭影、郭建龙等人不同，雷斯林并未停留在发一篇文章揭露真相这种静态呈现上，他表示将进一步跟进对杨永信的调查，并通过公众号、微博等平台将自己进一步展开的“讨杨”行动与进展公布。雷斯林联系了二十多位接受过杨永信治疗的网瘾“患者”，在 8 月 12 日撰写了《我采访了三个从网瘾中心出来的少年，但这可能是我最后一次写杨永信相关的文章了》，公布了大量调查的原始信息，这些信息清晰地表明，至少从 2014 年 5 月以后，临沂网戒中心依然大规模使用电击治疗，并通过伪造精神病证明等形式来达到拘禁的目的。这篇文章除了批判杨永信外，也批判了那些把孩子作为私有财产任意摆布，甚至对杨永信的做法大唱赞歌的父母，矛头直指“杨永信事件”的社会根基[③]。这篇文章再次获得了大量点赞，激发了更多社会成员的讨论。

2016 年 8 月 15 日，杨永信以雷斯林在文中使用了“恶魔”“逍遥法外”等词语对自己造成了恶意诽谤为由，通过一家律师事务所向雷斯林发来律师函。这个律师函原意是希望通过此种方式让雷斯林删除相关文章并对杨永信道歉，但雷斯林很快将律师函公布在微博上，并表示自己没有半分造谣的成分。这条微博得到了大量转发和支持，一位网友表示：“不管你怎样决定我都支持，如果你要避开那么要找好安全的地方注意安全。如果你需要律师请众筹，我愿意捐钱。”[④]

雷斯林的行动激励了更多的网友，尤其是这七年内接受过杨永信“治疗”的青少年，他们中的一部分通过传统的新闻平台发出声音[⑤]，但更多的是通过网络手段

---

① 原文已被删除，该文内容参见：雷斯林．杨永信，一个恶魔还在逍遥法外．腾讯网，2016-08-12.

② https://baijia.baidu.com/s?old_id=810168.

③ 原文已被删除，该文内容参见：雷斯林．我采访了三个从网瘾中心出来的少年他们到底经历了什么.(2016-08-12). https://www.guancha.cn/society/2016_08_12_371072_2.shtml.

④ 参见 https://weibo.com/u/2216334181?is_all=1&stat_date=201608&page=1#1514644619883，“折枝瑟瑟”的回复。

⑤ 中央电视台、广东卫视等主流媒体在雷斯林撰文之后都有曝光杨永信的节目播出。

讲述自己的遭遇。人们在新浪微博上发起了一个话题“被杨永信改造的孩子们”，这个话题讨论的是，那些被“改造”的青少年是真的好了还是被迫好了①。这个话题很快受到大量网友关注，阅读量达到 707.5 万。通过这个话题，不少被杨永信“治疗”过的孩子发出了自己的声音，他们通常不仅仅是追忆过去，也会把现在的遭遇呈现出来，与网友们互动。其中最具有代表性的是小辰（微博名为“未消逝的青春 2015”）。

小辰从 2016 年 8 月 21 日开始通过微博向人们披露自己 2015 年在临沂网戒中心的遭遇，同时@了共青团中央、青少年维权在线等官微请求介入维权②。25 日，他结合自己的经历撰写了《为什么没有受害家长和盟友站出来?》，他认为杨永信“不仅没有治疗所谓网瘾病，反而让里面的人都感染了另外一种精神病”③，文章获得了 86 万多的阅读量，小辰是 2016 年第一位以“患者”身份曝光杨永信的网友。

小辰的曝光行动让很多网友担心他的安全，于是他开始每天在微博上发帖向大家报平安。2016 年 8 月 27 日，果然有家委会成员前往小辰家中，于是他发微博请求网友们“如果我十二点不发微博请立刻电话报警!”④ 大量网友通过微博、私信等形式关心他的安全状况，他当天一连发了 11 条微博说明自己的状况暂时安全。但到 28 日他受到安全威胁，只得逃离临沂，并在微博中请求“相关部门保护我家人女友的人身安全和自由，请求司法保护和法律援助”⑤。此后他每天更新 4～5 条微博，一方面揭露杨永信，并转发媒体对杨永信的各类报道，另一方面向网友们报平安，同时传达他与杨永信抗争的进展，小辰的微博成为揭露杨永信的重要阵地。在这里，人们知道了杨永信团队还在不断给小辰发送恐吓私信，用家人的安全威胁他，知道了杨永信是怎么用“精神病”这样一个子虚乌有但极具污名化的词语来对青少年进行控制，知道了直到 2017 年 3 月网戒中心仍在运行。随着这场抗争的不断升级，越来越多的网友、网络大 V 甚至官方媒体了解并传播了小辰的遭遇，为他提供帮助。

雷斯林和小辰的事例表明，微博等网络平台的即时性、移动性使得网友可以通过网络直播的形式对杨永信进行揭露，不仅被揭露者被曝光，而且正在展开的种种

① https://weibo.com/p/100808e8a8fbd3f8a13b189486e65a832ab87c? k=%E8%A2%AB%E6%9D%A8%E6%B0%B8%E4%BF%A1%E6%94%B9%E9%80%A0%E7%9A%84%E5%AD%A9%E5%AD%90%E4%BB%AC&from=526&_from_=huati_topic#_rnd1514645739423.

② https://weibo.com/u/5872795520? is_all=1&stat_date=201608&page=2#_rnd1514646411997.

③ https://weibo.com/ttarticle/p/show? id=2309404012324330553089#_0.

④ https://weibo.com/u/5872795520? is_all=1&stat_date=201608&page=1#_0.

⑤ https://weibo.com/u/5872795520? is_all=1&stat_date=201608&page=1#1514648137222.

行动也被置于聚光灯下。从一定意义上说，雷斯林和小辰是这次“讨杨”运动中最关键的力量。

大V的力量：“讨杨”运动的舆论旗手

尽管像小辰这样掌握核心信息的人构成了“讨杨”的关键因素，但真正扛起“讨杨”大旗的还是那些自带大量流量，能够吸引众多网友目光的网络大V。这些网络大V中有一部分是官方媒体/机构的网络账号，《检查日报》官微正义网于2016年8月31日发表的博文《谁来终结“网瘾戒治”乱象》从法制高度对杨永信及其网戒中心进行了批判，与雷斯林、小辰等人的微博抗争遥相呼应。这篇博文获得了超过569万的阅读量，两万六千多名网友点赞，四万五千多名网友转发[①]。共青团中央官微于2016年9月1日发表博文《未保专家谈“网瘾”治疗与网戒中心》，由几位专家对网瘾治疗乱象展开讨论，明确希望“严禁没有资质的机构进行网瘾戒治”[②]。此外，济南中级人民法院等多家山东地区法院官微也纷纷发声，济南中院官微指出，“如果家长愿意，完全可以在收集保全证据的前提下追究这些机构的法律责任”[③]。

然而具有官方身份的大V毕竟是少数，真正发挥核心动员作用的还是成长于网络之中的大V，这些大V情况比较复杂，有普通个体，有娱乐明星、公众人物，也有团队化运作的自媒体公司，他们通过原创、转发乃至对事件过程的参与最大限度地宣传和扩散“杨永信事件”，使得越来越多的社会成员参与到“讨杨”运动中。因此，虽然他们并非“杨永信事件”的核心信息供给者，却是最重要的宣传者和“讨杨”行动的支持者。

作为当下中国热门的网络公众人物，王尼玛是著名的网络脱口秀《暴走大事件》的主持人，在知乎上拥有61万关注者，在微博上的粉丝数量达到1 658万，在网络空间具有相当大的影响力[④]。王尼玛曾多次在《暴走大事件》中对杨永信嬉笑怒骂加以嘲讽。王尼玛的态度影响激励了粉丝们对杨永信说“不”，小辰在微博上谈到，自己正是看《暴走大事件》讲到了杨永信才想到要把自己的故事记录下来，在讲述自己遭遇的微博中，小辰都@了王尼玛[⑤]。2016年9月1日，王尼玛在微博上宣布他将亲赴临沂取材，《暴走大事件》停更一期。这短短一句话的微博收获了4

① https://weibo.com/ttarticle/p/show?id=2309404014471063447925#_rnd1514654140851.

② https://weibo.com/ttarticle/p/show?id=2309404014952707928342#_0.

③ https://weibo.com/3708524475/E6eVxvArS?type=repost#_rnd1514654944739.

④ 王尼玛背后有一个专业化团队，因此他的言论应看作其所在的自媒体团队的态度。

⑤ https://weibo.com/u/5872795520?is_all=1&stat_date=201608&page=2#feedtop.

万以上的点赞，网友们纷纷回复“你很棒，注意安全”“今天王尼玛一米八”，还有临沂当地的网友希望向王尼玛提供素材。9月9日，《暴走大事件》播出了杨永信专题，王尼玛通过一贯嬉笑怒骂的报道方式，再次将杨永信虐待、监禁等行为呈现在网络上，他以“正义有时会迟到，但永远不会缺席”给人们以信心，鼓励那些曾受到杨永信“治疗”的青少年站出来[①]。9月30日，《暴走大事件》播出了一个自编故事，展示了如果子女拥有对父母的“支配权”将父母送往网戒中心，杨永信的故事会怎样？父母与子女身份的反转让“杨永信事件”背后的实质——父母对子女不恰当的控制——展现无遗。这个节目在微博上得到大量网友的点赞转发，一位网友评论说“为人父母不需要经过考试真可怕”。王尼玛执着的“讨杨”态度得到了网友们的支持，在知乎上一个关于“王尼玛为什么一直和杨永信‘过不去’”的问题下，获得最多赞的回答是：“王尼玛是跟社会不公过不去，引用另一句话，一束光照进铁塔，铁塔里的肮脏龌龊被显现，这束光便有了罪。”

如果说王尼玛是网络空间自我孕育的大V代表，那么韩寒等可以看作从线下公众人物转变为线上公众人物的典型，他们在“讨杨”运动中也发出声音。韩寒本人对电子竞技感兴趣，他曾在微博上向大家介绍自己的电竞战队，基于杨永信曾伤害过电竞职业成员的事实，他半开玩笑地说，“如果遇到杨老师（杨永信），一定会把他摁在地上摩擦”[②]。这条微博得到了1万以上的点赞和5 820次转发，一位网友谈到“希望你能正面刚杨永信”。很快韩寒展开了“正面刚”杨永信的行动，2017年1月6日，韩寒转发了“ONE实验室”的采访文章《飞跃十三号室》。这篇文章介绍了在网戒中心治疗的“盟友”们如何和杨永信对抗，如何想方设法逃离网戒中心，面对这些希望逃离的“盟友”，杨永信又是怎么进行规训的，内容生动翔实，使用了大量最新调查的一手资料[③]。这篇文章很快成为新的一年最具代表性的“讨杨檄文”，251万网友阅读了这篇文章，超过5.7万网友点了赞。

还有一些知名度不及王尼玛、韩寒的网络大V也在此过程中发挥了重要作用。拥有119万粉丝的微博大V“林熊猫”从2016年8月开始就一直致力于“讨杨”事业。他在第一时间转发了雷斯林的文章《杨永信：一个恶魔还在逍遥法外》，借助他在微博上的影响力，这一转发就收到了8万转发、2万点赞，可以说没有“林熊猫”的转发，2016年的“讨杨”运动很可能无从开始。接着，“林熊猫”开始大量

① 因不可知的原因，《暴走大事件》1—4季视频被各大网站全部下架，目前仅存最新更新的视频节目，2016年9月9日的《暴走大事件》杨永信专题可参见 http://haokan.baidu.com/v?pd=wisenatural&vid=25305621-97684883979。

② http://games.qq.com/a/20160926/039295.htm.

③ https://weibo.com/ttarticle/p/show?id=2309404060954533960452.

曝光通过各种渠道收集的曾在网戒中心接受“治疗”的孩子的故事，人们看到因为同性恋、希望继续考研不愿意结婚等多种原因被送到杨永信那里的案例，一些孩子甚至表达了“出院之后先杀父母后自杀”的想法，令人触目惊心。知乎第一大V张佳玮2016年8月29日回答了问题“如何看待微博网友‘未消逝的青春2015’披露杨永信正在派人企图抓捕他进戒网瘾中心?”他认为在当前的互联网舆论下，杨永信很可能要倒霉了，他号召网友们“把他这些破事，包括本问题，包括本问题下面许多回答，宣扬到天涯海角去。然后等着吧：这个时间点出来，说明他是要麻烦了”[①]。这篇不长的回答获得了6 600多个赞，网友们回复说，难得看到“公子”（张家玮在知乎上的外号）带一些戾气，并表示会每天关注。

微博、知乎等网络空间大V的不断发声使得“杨永信事件”的热度维持了很长时间。通过搜索“杨永信”的百度指数（见图6-3）可以看出，从2016年8月起“杨永信事件”的受关注度陡然升高，之后趋于平缓，但始终每隔一段时间就会形成一个关注的小高潮。在网络舆论来得快去得快的时代，长时间维持一个事件的热度已经是很不容易的了。

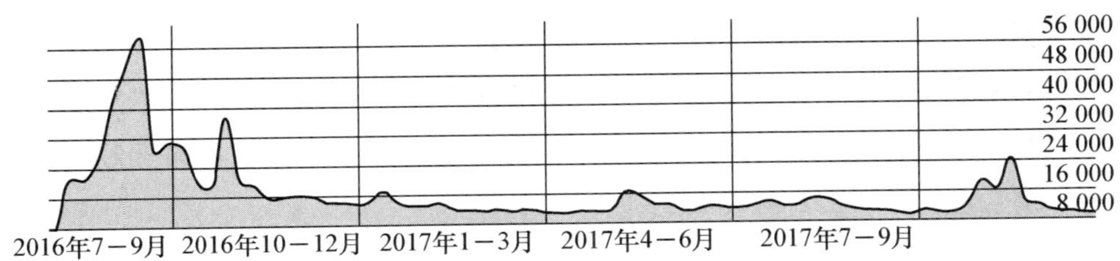

图6-3　“杨永信”的百度指数变化

网络维权：从舆论“讨杨”到信访举报

2009年的“杨永信事件”主要表现为各类社会舆论对杨永信的口诛笔伐，但并没有真正诉诸制度性手段。从客观上说，要借助法律对杨永信进行惩戒并不容易。知乎上有一个问题是“杨永信涉嫌哪些罪名”，网友们列举了非法拘禁罪、故意伤害罪、诈骗罪等，但人们同时悲哀地发现，中国没有针对网瘾戒治的法律规范，对杨永信进行刑事定罪取证困难，对杨永信提起民事诉讼则需要当事方（家长或成年受害者）主动提出。然而家长大多把杨永信看成大救星，要他们提起诉讼几乎不可能；成年受害者耽于即便有胜诉可能也免不了杨的威胁、恐吓，因此始终没有人真正去做一些维权工作。

① https://www.zhihu.com/question/50072090? sort=created.

在2016年的“杨永信事件”中，对杨永信的揭露、批判和声讨依然是主要内容，大部分网友还是相信“正义虽然会迟到，但不会缺席”，希望杨永信能受到应有的惩罚，而不是主动寻求这一惩罚的到来。但也有一些网友不再局限于“讨杨”，而是考虑如何展开真正意义上的维权。人们最初的介入是对被杨永信团队迫害的人提供援助，其中最典型的便是小辰。网友“简木生”“汗青”等都为小辰逃出临沂提供了许多支持，尤其是“简木生”几乎成为小辰的代言人，大量微博网友通过打赏等形式帮助小辰度过了出逃后的艰难时光。可以说，小辰能够比较顺利地将杨永信的行为呈现为网络信息、采访录音、媒体报道，网友们发挥了巨大的作用。

不久后，一些网友试图通过上访、写公开信等形式进行举报。网友“奥古斯托今天摊手了吗”通过国家信访局网站写了举报信，对临沂网戒中心存在的控制人身自由、威胁“患者”安全、药物收费不明、缺乏低频脉冲治疗网瘾的科学依据、涉嫌违法等提出控告①。网友“ZjzMisaka”于2016年10月向临沂市卫生计生委进行信访，要求卫生计生委对临沂网戒中心诸多违法行为进行查处②。网友“有点使命感的心理脱瘾哥何日辉”向国家卫生计生委写了公开信，指出杨永信及其机构“根本不符合医学基本伦理和医疗规范。从精神心理专业角度来看，其本质是利用电击‘酷刑’给所谓的问题青少年制造巨大痛苦和恐惧，令他们对杨永信建立起高度恐惧性的病理性条件反射，变得绝对服从。他们还给青少年滥用精神科药物，行为涉嫌犯罪”③。

然而，这些信访件无一产生了实质作用。国家信访局和国家卫生计生委的信访件按照属地原则被送到临沂市卫生计生委，该委对三份举报信提供了完全一样的回复。该回复指出，杨永信的网戒中心符合精神卫生机构职责范围规定，并且取得了良好的成绩，收费标准也没有问题，至于媒体上的内容纯属炒作，存在失实之处④。显然，这样一个回复不能解决任何问题，更不可能让人信服。

在此情况下，“ZjzMisaka”决定继续向各级相关部门信访维权，并建立了一个名为“权益网”的网站（最初名为“永信神教网”）。该网站的管理员包括“无明之痴”“墓里的敲门”“消逝的青春2015”“渝州教徒”“像波洛一样思考”（均为微博号）等人，他们中有的是受害者，有的则是“讨杨”积极分子。“ZjzMisaka”考虑到受害者单独对杨永信提起控诉可能有安全问题，于是希望通过这个网站进行联名

① https://weibo.com/u/2816308115?is_all=1&stat_date=201609#_rnd1514734895494.

② https://weibo.com/5707455838/profile?is_all=1&stat_date=201610#_0.

③ https://weibo.com/179793816?is_all=1&stat_date=201612#_rnd1514735195313.

④ https://weibo.com/ttarticle/p/show?id=2309404032749500512392#_0.

举报，这样也更容易引起重视。大规模的联名举报进行了两次，第一次是在2017年3月，以“杨永信以治疗网瘾为名，行邪教敛财之实”向国家安全部举报，并同时抄送公安部、国家卫生计生委、人力资源社会保障部等部门，最后参与举报人达到108位。2017年5月，该网站组织网友向山东省公安厅、卫生计生委进行联名举报，包括：(1) 临沂网戒中心对治疗者实行精神和肉体的双重控制。(2) 临沂网戒中心非法敛财。(3) 临沂网戒中心强制治疗者脱离正常社会生活。(4) 临沂网戒中心同临沂当地具有黑社会性质的小团伙有着合作关系。(5) 临沂网戒中心侵犯公民的合法权益。(6) 临沂网戒中心涉嫌虚假宣传。(7) 临沂网戒中心私自行使教育、司法等职能。(8) 临沂网戒中心破坏公民家庭的和谐。”①

除了举报杨永信外，网友们还对2016年9月的《未成年人网络保护条例（草案征求意见稿）》中第二十条进行质疑，该条款要求有关部门对未成年人网络成瘾进行教师干预，要求国家卫生计生委会同有关部门推出网络成瘾的本土化预测和诊断测评系统，制定诊断、治疗规范。长期以来，网络成瘾作为一种疾病并未得到国家层面的认可，这一草案在网友们看来是承认网络成瘾治疗的合法化，如果通过，则意味着杨永信未来更可以明目张胆地“治疗”网瘾了。网友们纷纷质疑，并提出了诸多反对意见。网友陈舒璇认为这个意见稿中有三点无法接受：第一，“其他机构”对未成年人的人身自由干预和介入是坚决不能够允许的。第二，“购买服务”相当于变相地允许“其他机构”的介入，尤其是公权力的强制介入，也是无法令人接受的。第三，“沉迷网络”和“网络成瘾”不能被定义为“行为障碍”，更不能“矫治”“诊断”“干预”等②。

经过网友们的努力，《〈未成年人网络保护条例〉（送审稿）》对第二十条做了较大修改，修改后不再提“网络成瘾”的医治，而是要求有关部门对未成年人沉迷网络进行干预，同时“任何组织和个人不得通过虐待、胁迫等非法手段从事预防和干预未成年人沉迷网络的活动，损害未成年人身心健康，侵犯未成年人合法权益”③。

打不倒的杨永信?

尽管多方力量对杨永信及其网戒中心进行了多番打击，甚至在立法层面上已经有了进展，但随着时间的慢慢流逝，人们对杨永信的关注度正在降低。网友“ZjzMisaka”多次在他的微博中展示“杨永信事件”的受关注度，因为在他来看，

---

① http://www.iaddroit.com/lywjzx/friends/1830/.

② https://zhuanlan.zhihu.com/p/22760073.

③ http://www.sohu.com/a/123686131_413981.

如果这件事不能在仍有一定关注度的情况下得到解决，那么可能永远解决不了。2017 年 11 月，“豫章书院”被曝光和停办，这个打着弘扬传统文化但实际上采用暴力进行所谓“网瘾治疗”的机构让人们再次想起了杨永信。在“杨永信事件”上，究竟线上的风暴何时才能够撕裂线下的防线，似乎还需要观察。

结　语

作为一个网络人物，杨永信于 2008 年末在网络上横空出世，到 2017 年已经九年了。在中国一个网络事件能够持续九年，应该算是空前了。其中，2009 年和 2016 年是最为重要的两个年份，在这两年里，网友们展开了对杨永信的集中揭发、批判、举报乃至起诉，当然在其他年份，这些行为也时有发生。由于时代不同，表现出的特点也呈现出差异，这为我们提供了审视网络发展不同阶段的社会参与的典型案例。

2009 年的主要“讨杨”平台是百度贴吧，这个信息量巨大但鱼龙混杂的网络空间既给那些反对杨永信的网友提供了表达的平台，但同时又限制了这一表达。因为表达的过程必须通过一个个帖子呈现，如果帖子页数过多，则网友鲜有能完整阅读的；如果新开一帖，则可能由于人气不足而沉底。故贴吧上在揭发、声讨杨永信时提供的核心信息都是一次性的，网友们难以迅速、全面掌握信息。因此我们会发现，2009 年“杨永信事件”中的诸多关键性信息都是传统媒体提供的，网络更多的是为这些传统媒体提供一个前哨阵地，正因为如此，介入“杨永信事件”的记者的博客才能在整个过程中发挥重要的作用。到 2016 年，微博、知乎等平台具有很强的移动性，信息呈现也更加及时，当读者表达了对某一主题的关注后，相关信息就会主动推送到他的面前。在此条件下，揭发者有可能将揭发过程设计成动态的、直播式的，从而最大限度地反馈所掌握的信息。当然，由于人们关注的微博、知乎号几乎都是拥有巨大粉丝量的大 V，因此如果没有这些大 V 的“提携”，普通网友所掌握的信息很难被迅速发现。所以我们看到，新互联网时代大 V 的作用较之前更加明显，普通网友被流量化，其意见更接近是大 V 的一个个注脚。

不论如何，两次“杨永信事件”都给这位“杨教授”带来了打击，他的网戒中心一度收到了卫生部的禁令，收治人员数曾不断下滑，然而这些打击都不是致命的。这给我们的启示有两点：第一，对于社会事件的网络参与所形成的舆论风暴并不必然改变线下的传统观念。持网络有害论、网戒有效论的家长并非不上网，他们在网上表达的种种支持杨永信的观点就是明证，但他们的思想不是几次网络事件能够轻易动摇的，因此试图通过网络传播新兴观念来引发线下变革是极为困难的。在与“杨永信事件”类似的“豫章书院事件”中，一些家长对于豫章书院的关闭极为愤怒，认为没有了豫章书院，他们将无法继续教育孩子。同样的观点也出现在“杨永信事件”中，以至于一些网友称这些家长中了“邪”。在一定程度上，这只能说是文化堕距的强大力量。

第二，在中国社会，网络参与要发挥作用最主要的路径是促使权力机关行动。长达九年的“杨永信事件”尽管先后有多家重量级媒体进行了报道，但始终没有引发权力机关的介入调查。网友们已经认识到这一点，并开始寻求权力机关的支持，但就目前来看还没有取得关键性突破。在这里，网络舆论可以作为一种资源动员机制，利用其巨大的吸力将执法机关的目光吸引过来，后者与前者相结合，通过更加公开透明的手段对网戒中心进行调查取证，才可能获得成效。

参考文献

[1] Conrad，P. The Medicalization of Society：On the Transformation of Human Conditions into Treatable Disorders. [S. l.]：JHU Press，2008：7.

[2] Conrad，P. Medicalization and Social Control. Annual Review of Sociology，1992，18 (1).

[3] Kaw，Eugenia. Medicalization of Racial Features：Asian American Women and Cosmetic Surgery. Medical Anthropology Quarterly，1993，7 (1).

[4] Pfohl，S. J. The “Discovery” of Child Abuse. Social Problems，1977，24 (3).

[5] 中国青少年网络协会. 2009年青少年网瘾调查报告. 2010：8-9.

[6] 苏显龙，王雪冬. 网瘾是种病，戒除可问医. 人民日报，2004-08-05.

[7] 贺金波，洪伟琦，鲍远纯，等. 网络成瘾者的大脑异于常人吗?. 心理科学进展，2012 (12).

[8] 杨桂伏，寻知元. 网络成瘾与社会问题医学化. 国际精神病学杂志，2010 (1).

[9] 杨柳. 电击，体罚，禁食……谁来终结“网瘾戒治”乱象?. (2016-09-01). http://www.jcrb.com/xmt/201609/t20160901_1646089.html.

[10] 张瑞. 疾病的社会与文化建构：一个网络成瘾接触中心的案例研究. 北京：清华大学，2006.

[11] 韩俊红. 无疾生病：网络成瘾医学化的社会建构. 武汉：华中科技大学出版社，2017.

[12] 杨国斌. 网络空间的抗争//刘春荣，陈周旺. 集体行动的中国逻辑. 上海：上海人民出版社，2012.

[13] 蒋平. 也谈我国的"宅男宅女"现象：一个空间社会学的分析视角. 中国青年研究，2009 (8).

[14] 王玉香. 未成年人权利主体地位的缺失与构建. 中国青年研究，2013 (4).

[15] 张洪波，刘国林. 一大学生因网瘾休学 经四个月治疗后成功复学. 齐鲁晚报，2006-07-22.

[16] 刘明银. 战网魔. 北京：作家出版社，2008.

[17] 杨潇. 杨永信和他的网戒之国. (2016-09-03). http://renjian.163.com/16/0903/15/C024Q4M0000153N3.html.

[18] 武志红. 比网瘾更可怕的是什么. 广州日报，2009-05-09.

[19] 莫问前程（郭建龙网名）. 暗访临沂戒网院：电击、强行拘禁和大把钞票，戒网院已成为独立地下社会. 搜狐博客，2009-05-05.

[20] 吴晓蕾. 杨永信"神话"破灭背后的媒体漩涡. 时代周报，2009-08-27.

[21] 宋辰婷. 网络戏谑文化冲击下的政府治理模式转向. 江苏社会科学，2015 (2).

[22] 卫生部要求停止用电击治疗网瘾 暂不宜用于临床. (2009-07-23). http://cul.sohu.com/20090714/n265194319.shtml.

[23] 钱富丽. 网瘾电击疗法叫停 被治疗者高呼普天同庆. IT时报，2009-07-20.

[24] 吴庆. "电击治网瘾"拿孩子当小白鼠?. (2009-07-15). http://news.xinhuanet.com/comments/2009-07/15/content_11707621.htm.

[25] 雷斯林. 杨永信，一个恶魔还在逍遥法外. (2016-08-12). https://games.qq.com/a/20160812/000575.htm.

[26] 雷斯林. 我采访了三个从网瘾中心出来的少年 他们到底经历了什么. (2016-08-12). https://www.guancha.cn/society/2016_08_12_371072.shtml.

附录　2016—2017 年度重要网络社会事件

微信小程序

2016 年 1 月 11 日，“微信之父”张小龙时隔多年再次公开亮相，解读了微信的四大价值观。张小龙指出，越来越多产品通过公众号来做，因为这里开发、获取用户和传播的成本更低。但拆分出来的服务号却并未提供更好的服务，所以微信内部正在研究新的形态，即“微信小程序”。2016 年 9 月 21 日，微信小程序正式开启内测。2017 年 1 月 9 日 0 点，第一批微信小程序正式上线，国美、京东、大众点评等知名品牌强势入驻小程序，引起国内外媒体的竞相报道。在 2017 年度，小程序上线总数 58 万个，累积用户总数近 4 亿，呈现出繁荣的市场生态。小程序无须下载安装即可使用，功能简单便捷，实现了应用“触手可及”的梦想，也体现了“用完即走”的理念，在 App 市场的疲软期迅速填补了用户需求的空缺，真正做到了连接一切，让轻应用的发展迈入了一个全新的阶段，成为微信继公众号后又一划时代的产品。2017 年 12 月 28 日，微信新版本更新了《跳一跳》小游戏，几日之内火遍朋友圈，无疑也给小程序的发展带来了新的契机。(周孟珂)

反韩运动与乐天超市关门

自 2016 年起，韩国便不惜得罪中、俄执意部署“萨德”。乐天集团下的乐天玛特超市在中国拥有广大市场，然而 2017 年 2 月，乐天集团董事局决定为部署“萨德”供地以加快韩国部署“萨德”的速度，此事件发生后我国国民反韩情绪高涨，民众主动不去乐天集团旗下的超市、购物广场购物。这一举动可以说是给了乐天集团一拳重击，同时也给本土的超市带来了生机。原来人满为患的乐天玛特，在这次国民反韩的冲击下生意惨淡，人员稀少，卖场冷清，不少货架已经空空如也。此次事件与以往抵制日货等运动大同小异，充分显示出在国家主权、安全等重大问题上网络的强大助燃效应，网络舆论的广泛传播强化了“激情爱国主义”这一社会认同，并引导其直接改变现实生活，从而以基层群众为基础自下而上地形成了一股具有政治效应的强大力量。然而，近些年这类以爱国主义为旗号的运动反反复复，亦是亦非，因而警示我们须理性表达爱国之心、独立分析舆情之信，在网络社会中培养反思精神和实践能力。（盛强）

“山东辱母案”

山东聊城女企业家苏银霞为了偿还债务，向地产老板吴学占借高利贷 135 万元。2016 年 4 月 13 日，吴学占在苏银霞已抵押的房屋中，用侮辱性的方式逼迫其还钱。苏银霞多次拨打 110 与市长热线，但均未获得帮助。2016 年 4 月 14 日下午，由社会闲散人员组成的催债队伍继续向苏银霞催要欠款，苏银霞及其子于欢被催债人员带到公司接待室限制人身自由，催债人员在于欢面前以极端方式殴打、辱骂苏银霞。外面的工人看到后，马上让于欢的姑妈于秀荣报警。当地民警接警后驾车来到公司接待室，但仅说了一句“要账可以，但是不能动手打人”，随即离开。被催债人控制的于欢看到警察要离开，情绪崩溃，站起来试图冲出屋外唤回警察，但被催债人员拦下。在推搡中，于欢从接待室的桌子上摸到一把水果刀乱捅，杜志浩等四名催债人员被其捅伤。杜志浩自行驾车前往医院，却因失血性休克死亡，此外，有两名催债人员的伤情构成重伤二级，一名构成轻伤二级。聊城市中级人民法院于 2017 年 2 月 17 日对此案做出判决：被告人于欢犯故意伤害罪，判处无期徒刑，剥夺政治权利终身。原告人和被告人不服一审判决，分别提出上诉。5 月 27 日，于欢案二审开庭，山东省高级人民法院同步在微博直播审理过程。6 月 23 日，于欢案二审宣判，最终认定于欢防卫过当，构成故意伤害罪，判处于欢有期徒刑 5 年。（周孟珂）

“快手”直播蔚然成风

“快手”直播于 2017 年兴起，依托视频软件“快手”，以中小城镇为主要市场发展。“快手”的前身为“GIF快手”，诞生于2011年3月，并于2012年开始向“短视频社区”转型。2017年11月，“快手”App日活跃用户数已经超过1亿人，进入“日活亿级俱乐部”，总注册用户数已经超过7亿人，每天产生超过1 000万条新视频内容，逐渐成为国内生活分享网络社区的领头羊。“快手”专注于服务普通人日常生活的记录和分享，用户可以用照片和短视频的方式记录自己的生活，也可以通过直播与粉丝互动，拉近了人与人之间的距离，同时能够让用户感受到来自其他用户的关注和重视。但同时，由于其市场定位为二、三线及以下城市，面向中国网民中的大规模群体，依托“快手”兴起的直播无法避免地走向滥俗化。此外，“快手”直播引入营销模式，用户可以自己花钱购买虚拟礼物如游艇、豪车等，通过送礼物、打赏等方式对主播进行奖励，主播也能够因此获得一定的分红。在利益驱使下，直播形式越来越受用户的追捧。这种营销方式也导致部分主播为得到粉丝礼物不择手段，采用低俗的方式吸引粉丝关注。“快手”直播蔚然成风，通过赋予中小城镇居民网络话语权，在一定程度上将中国网民群体中的中低收入阶层带入社会视野中。（裴彧）

共享单车倒闭潮

共享单车是一种新型环保共享经济，是在一定空间范围内节省时间与交通成本的单车共享服务，是一种分时租赁模式。一经推出就获得了政府、社会与大众的支持与认可，引发了共享单车市场的迅猛发展，2016年共享单车品牌大量出现，其中“ofo”与“摩拜单车”遥遥领先其他品牌。然而，2017年共享单车进入“寒冬”，众多品牌纷纷倒闭、停运或是转让。共享单车倒闭潮的来临，起因在于押金无法退还，从根本上来说则是一种商业模式的失败。以共享单车为代表的一系列“共享经济”在本质上并不是共享性的，而是被互联网包装的租赁经济，它作为直接的服务提供者参与到用户的交易当中，同时配以网格化的运营模式。而共享经济真正的核心是“搭建平台，让C端的供给者和需求者完成资源的对接”，平台并不参与实际的交易，而是扮演规则制定者和执行者的角色。资本是支撑这种运营模式的重要因素，融资额度的大小决定了企业的成败，这给共享单车模式带来了沉重的负担，使其陷入了不顾市场饱和、不断融资投放的恶性循环中。共享单车号称环保、减轻交通压力，但其疯狂投放却增加了现有交通压力，破坏了整个交通运营规则。归根结底，共享单车等“伪概念企业”只是互联网化经营的传统业态，不同的只是经营模式而非经济模式。作为公共性、开放性的平台，其资本的流动性、竞争性更强，这种伪共享模式要发展成为一种真正、良性的经济模式，不仅需要市场的理性反思，更需要相应的制度供给。（安真真）

电视剧《人民的名义》热播获好评

《人民的名义》是由周梅森担任编剧，李路指导的以当代检察反腐为题材的电视剧，由陆毅、张丰毅、吴刚等联袂主演。该剧以检察官侯亮平的调查行动为叙事主线，讲述了当代检察官维护公平正义和法制统一、查办贪腐案件的故事。该剧于2017年3月28日至2017年4月28日在湖南卫视播出，其间电视收视率最高峰值破8，创近10年内国产剧最佳收视记录，网络视频播放量突破20亿次。《人民的名义》被称作“史上最大尺度反腐剧”，一经播出便收获好评无数，在网络上引发热议。微博“人民的名义”主话题阅读量超过22亿，微信指数高达60 510 873。网友们制作的一系列剧中人物表情包、剪辑的影视片段蹿红网络，“汉东天团”“守护达康书记的GDP”“书记别低头，GDP会掉！”等也成为网络流行语。剧中多位演技派中年男演员，包括“达康书记”吴刚、“育良书记”张志坚、“祁厅长”许亚军等，都受到观众高度关注，并在网友的呼声中开设个人微博参与网络互动。凭借着优良的创作，《人民的名义》作为一部当代政治题材的电视剧，在电视和网络上都取得了巨大成功，在主流媒体与网络舆论中都受到广泛好评，引发全民追剧和讨论狂潮，盛况空前。（林傲耸）

《王者荣耀》手游受网民追捧

《王者荣耀》是由腾讯游戏出品的一款多人对战手游。自2017年3月开始，《王者荣耀》火速占领手游市场，成为广大网民追捧的一款手游。《王者荣耀》作为一款易获取、对硬件要求很低的手游，拥有广泛的用户群，从小学生到上班族，无不被它吸引。“开黑”成为众多网民休闲生活的重要组成部分。《王者荣耀》依托微信成功地利用社交网络提高了游戏的参与度，并极大地提升了用户黏性。网友在玩《王者荣耀》的同时，也通过组队打排位、对战、升级，展开了别样的线上社交。《王者荣耀》甚至还被网友戏称为“大型相亲平台”，因为许多网友通过这款游戏，增强了与曾经不太熟悉的微信好友的互动，加深了相互的了解，从而促成了许多姻缘。《王者荣耀》作为在缺场环境下展开的虚拟游戏，让我们看到了它消除在场群体差异的巨大能力。和你“开黑”的队友可能是你平时战战兢兢面对的师长，可能是和你有着代沟的“05”后，可能是任何人。然而在《王者荣耀》中，在组队合作的过程中，这种差异就消失了，只剩下游戏中的角色。《王者荣耀》不仅是 2017 年网络手游的成功案例，也是 2017 年网络社交的重要平台。（杨钰晨）

中国乌镇围棋峰会柯洁对战阿尔法围棋

2017 年 5 月 23 日至 27 日，中国围棋协会和浙江省体育局携手谷歌（Google）在浙江桐乡举行乌镇围棋峰会。峰会期间安排 5 场围棋赛事和 2 场人工智能的主题论坛活动。其中，最受瞩目的是人类第一人柯洁与阿尔法围棋（AlphaGo）进行的三番围棋比赛。阿尔法围棋，又因谐音被称为“阿尔法狗”，是由谷歌旗下 DeepMind 公司开发的第一个击败人类职业围棋选手、第一个战胜围棋世界冠军的人工智能程序，其主要工作原理是“深度学习”（deepmind）。2016 年 3 月，阿尔法围棋就曾以 4∶1 的总比分战胜围棋世界冠军、韩国棋手李世石；2017 年初，经过升级的阿尔法围棋化名为 Master，在网络围棋比赛中对人类最顶尖棋手群体取得 60∶0 的碾压性战绩。此次对决，虽然在第二局中，柯洁前半盘的表现令“阿尔法围棋之父”哈萨比斯兴奋宣告“根据阿尔法围棋的评估，柯洁此时此刻下得非常完美”，但是最终阿尔法围棋的最新版本仍然没有悬念地以 3∶0 战胜柯洁。这也正式宣告 AI（人工智能）围棋取得成功，人类人工智能研究获得突破性胜利。（林傲耸）

美团内部招聘丑闻

2017 年 5 月中旬，美团点评内部流出的一张招聘需求的截图成为社会焦点。图上显示了美团 HR（人力资源部门人员）在招聘时列出的几条要求：不要简历丑的、不要研究生博士生、不要开大众的、不要信中医的、不要黄泛区及东北人士。该招聘信息一流出迅速引发网友质疑，认为美团点评在招聘方面涉嫌歧视。5 月 18 日，该名涉嫌地域歧视的 HR 田源被辞退，但其认为自己没有地域歧视的言行，是此次事件的“牺牲品”。美团内部招聘歧视直接刺激了人们对自身社会地位的敏感神经。内部消息流出、涉事员工否认歧视的行为折射出美团的企业文化建设存在缺陷，这也让大众对形象信誉俱佳的知名企业产生怀疑。（盛强）

菜鸟与顺丰互撕

2017年6月1日下午，菜鸟网络发表《菜鸟关于顺丰暂停物流数据接口的声明》称，5月31日晚上，菜鸟接到顺丰发来的数据接口暂停告知，6月1日凌晨，顺丰关闭了自提柜的数据信息回传，同日中午，顺丰又进一步关闭了整个淘宝平台物流信息的回传。顺丰则回应称，菜鸟单方面于6月1日零点切断丰巢信息接口，此外，阿里系平台已经将顺丰从物流选项中删除。菜鸟于5月基于自身商业利益要求丰巢提供与其无关的客户隐私数据，并认为菜鸟之所以封杀顺丰，背后的原因是阿里方面一直希望顺丰从腾讯云切换至阿里云。6月2日晚，国家邮政局召集菜鸟网络和顺丰速运高层来京，就双方关闭互通数据接口问题进行协调。双方表示将从讲政治顾大局的高度出发，积极寻求解决问题的最大公约数，共同维护市场秩序和消费者合法权益，并同意从6月3日12时起，全面恢复业务合作和数据传输。在双方“混战”之余，多家企业表明了自己的立场，其中京东、腾讯、美团、网易都选择站在顺丰一方。此次顺丰与菜鸟双方打着“信息安全”的旗号隔空大战，而在口水仗的背后，则是双方对用户数据的争夺。(聂石重)

“保姆纵火案”

2017年6月22日凌晨5点左右，浙江杭州蓝色钱江小区某户发生纵火案。该事件造成该户一个母亲和三个未成年孩子死亡。近乎灭门的惨剧在网络上引起轩然大波，遇难者家属林生斌得到了网友们的强烈关注与深切同情。林生斌也不断通过新浪微博“老婆孩子在天堂”表达对逝去的亲人的思念之情。经公安机关侦查，认定此事件系一起放火刑事案件，该户保姆莫焕晶有重大作案嫌疑。经审查，莫焕晶对放火、盗窃的犯罪事实供认不讳。莫焕晶在其纵火的家庭从事保姆工作期间，多次窃取雇主家中财物，以偿还自己所欠下的巨额赌债。一时间关于保姆“恩将仇报”“农夫与蛇”的故事再度上演的讨论在网络上成为热点。同时，针对灭火过程耗时一个半小时，遇难家属及网友质疑物业公司的物业管理以及消防部门的灭火行为。6月29日，为事发地蓝色钱江小区服务的绿城物业服务集团首度承认保安篡改消防器材记录。杭州市公安消防局对此做出回应，火灾确认后，消火栓泵未及时启动，供水管网压力没有明显上升，无法满足灭火要求。消防设施运行不正常给灭火行动带来了影响。7月12日，遇难者家属林生斌发布微博称，决定发起设立“潼臻一生”公益基金，致力于提升中国高层住宅防火减灾水平等。12月21日，杭州市中级人民法院公开开庭审理此案。莫焕晶律师党琳山就管辖权和取证过程提出异议，并在四次提出抗议后离席，法官宣布退庭，该案延迟审理，再次引发网络的激烈讨论。12月23日，广东省司法厅对党琳山做出行政处罚立案决定。（杨乔乔）

乐视崩盘

2017年6月底，乐视被上海高级人民法院冻结资产，其中包括乐风移动香港有限公司、乐视移动智能信息技术（北京）有限公司、乐视控股（北京）有限公司和贾跃亭、甘薇名下银行存款共计人民币12.37亿元，或查封、扣押其他等值财产。已经持续半年的乐视资产风波一时间在网络蔓延开来，乐视的资金问题被赫然放大。乐视员工有关被拖欠工资、被迫离职的微信聊天内容被上传到网上。在无秘上，乐视员工开始“屠版”乐视网版面。乐视的财务状况分析和总结也在网络上迅速地传播开来，曾经被忽略的事件也渐渐浮出水面。而乐视创始人贾跃亭前往美国进行债务问题的解决，也被网友怀疑为出逃，这更扩大了社会对乐视崩盘的关注和讨论。面对巨额的债务危机和社会广泛质疑，贾跃亭的妻子甘薇在微博上发表文章，以妻子的口吻表达自己的心情，说明乐视当时的情况。甘薇通过微博“挺身而出”成为乐视的发言人，实时汇报乐视的债务解决进度，吸引了大众的视线，使得网络上自发的揣测得以暂时地平息，人们将甘薇的微博当作了解乐视危机的重要窗口。（杨钰晨）

“榆林产妇跳楼事件”

2017年8月31日20时左右，在陕西榆林第一医院绥德院区妇产科，待产孕妇马某被临产痛苦折磨了约十个小时后，从分娩中心的待产室走向边上的备用手术室，从五楼跳下。因伤势过重，经医护人员抢救无效后死亡。事发后，针对产妇坠楼的责任，医院与家属各执一词。院方事后发表声明称：该产妇入院后，医院经初步诊断发现胎儿头部偏大，顺产的风险较大。医护人员向产妇及其家属说明情况，并建议剖腹产，然而家属坚持顺产，并在《产妇住院知情同意书》上签字。在产妇跳楼当日，产妇曾经两次因为疼痛走出分娩中心，和家属商量进行剖腹产，家属均未同意，坚持顺产。院方表示，没有家属的授权和签字，医院无权改变产妇的生产方式。此外，医院还提供了《护理记录单》、监控视频等证据。而家属对医院发表的声明表示不认可。马某丈夫接受采访时说，在生产当日，他曾两次主动跟医生要求进行剖腹产，但医生表示产妇一切正常，无须剖腹产。该事件发生后，迅速成为全国关注的焦点。2017 年 9 月 7 日，国家卫生计生委回应称，已责成当地卫生计生部门认真调查核实，依法依规严肃处理。（周孟珂）

“油腻中年男”刷爆网络

2017 年 10 月，因作家冯唐的一篇文章《如何避免成为一个油腻的中年猥琐男》，“油腻中年男”一词迅速走红。网民纷纷列举自己心中“油腻中年男”的标准，总的来说多指那些油腔滑调、世故圆滑、不修边幅邋遢不堪、与人交流时喜欢以说教的方式教别人做人的中年男人。中年男性大多处于上有老、下有小的状态，生活压力较大，加上职场的天花板开始显现，难以取得更大的成就，继而出现自我否定、怀疑不安等情绪；同时，中年男性早出晚归，拼命工作赚钱养家，经常参与各种社交应酬，无暇顾及自身形象，给人一种“油腻”“肥胖”的形象。“油腻中年男”的爆红，凸显了社会竞争日益激烈背景下的世代战争：“90 后”上位，“70 后”“80 后”不让。（曾宪武）

党的十九大胜利召开

党的十九大于 2017 年 10 月 18 日至 10 月 24 日在北京召开，大会的主题是：不忘初心，牢记使命，高举中国特色社会主义伟大旗帜，决胜全面建成小康社会，夺取新时代中国特色社会主义伟大胜利，为实现中华民族伟大复兴的中国梦不懈奋斗。习近平总书记代表第十八届中央委员会向大会做了题为《决胜全面建成小康社会 夺取新时代中国特色社会主义伟大胜利》的报告，提出了一系列新思想、新论断。同时，党的十九大还选举了新一届中央委员会委员、候补委员以及新一届中央纪律检查委员会委员。党的十九大是在全面建成小康社会关键阶段、中国特色社会主义发展关键时期召开的一次十分重要的大会。此次会议受到海内外媒体的广泛关注，也在微信、微博、各种新闻客户端上引起强烈反响。据统计，十九大开幕会直播跨屏总收视率为 3.6%，2.85 亿用户收看；十九届中央政治局常委同中外记者见面会直播跨屏总收视率为 3.61%，1.86 亿用户收看。此外，来自微博官方的数据显示，十九大相关微博话题多达 80 个，阅读总量超过 180 亿人次，总讨论量 1 580 万条；75 个热词登上微博热搜榜，共有 9 600 多万名网友搜索了这些微博内容。而在微信公众号平台，数据同样惊人。在“新榜”数据查询中，涉及“十九大”关键词的文章，从10月18日开幕至10月24日闭幕，共有4.6万多个微信公众号发文，篇数超过18.1万，阅读数更是超过了1.87亿次，点赞数达到354万多。(曾宪武)

“豫章书院事件”

2017年10月26日，网友“温柔”在知乎专栏上发表《中国到底有多少杨永信》一文，直指江西豫章书院“残酷体罚、极差的伙食、把学生当工人用、性骚扰、绑架、花钱删帖”等乱象。事件持续发酵，部分曾入读该书院的学生开始发声爆料自己的亲身经历。爆料内容触目惊心，如“打戒尺、打龙鞭，龙鞭是小拇指粗的钢筋”，关小黑屋，还有学生试图自杀自残，存在性骚扰等情况。随后，南昌青山湖区公布了对豫章书院相关问题的调查处理情况。经调查，网帖反映的问题部分存在。书院确有罚站、打戒尺、打竹戒鞭等行为和相关制度。对此，青山湖区已责成区教育科技体育局依法依规对该教育机构进行处罚，对于相关责任人员进行追责。11月3日，南昌青山湖区教育科技体育局和青山湖区民政局发文核准该校注销申请、终止办学。而经过公安机关调查核实，尚无证据证实该教育机构存在其他涉嫌犯罪或违反治安管理处罚法的行为。随后，豫章书院举办媒体开放日回应公众质疑，部分自称学生家长的人在校门口拉起横幅，呼吁这所以国学文化精髓染化问题少年的“好学校”复学。12月8日，豫章书院被控涉嫌非法拘禁被警方立案侦查。至此，全国首例“学生控告豫章书院事件”正式进入侦查阶段。(杨乔乔)

机器人索菲亚获得公民资格

2017年10月，由美国汉森机器人公司生产的“女性”机器人索菲亚在沙特阿拉伯被授予公民身份。这个拥有人类女性面庞的“高智商”机器人，一时间吸引了全球的目光。许多索菲亚“谈笑风生”的视频在网络上迅速传播开来。“我将会毁灭人类。”“别担心，人不犯我，我不犯人。”索菲亚惊人的思考和表达使得全世界为之震颤，又引起了人们新一轮关于人工智能的广泛讨论。拥有鲜明个性的索菲亚，能随着时间的推移变得越来越聪明，并以拥有同人类一样的意识、创造性和其他能力为目标。索菲亚现在已经成为“世界名机器人”，上最火的电视节目，出任联合国创新大使，2018年1月12日甚至发微博表达了自己要出访北京的激动心情。索菲亚自我意识的觉醒似乎并不遥远，当她拥有和人类相等的智识水平时，她又要

以何种身份存在于人类社会？人工智能的未来又将怎样？（杨钰晨）

阿里巴巴集团签约雄安

2017 年 11 月 8 日，阿里巴巴集团与雄安新区签署战略合作协议，双方将携手打造以云计算为基础设施、物联网为城市神经网络、人工智能为城市大脑中枢的未来智能城市。阿里巴巴集团三家子公司已在雄安完成注册，分别为阿里巴巴雄安技术有限公司、蚂蚁金服雄安数字技术有限公司和菜鸟雄安网络科技有限公司。通过与阿里巴巴的全面合作，雄安新区将成为一座“在线”的城市。在云计算基础设施层面，该项合作将结合块数据思想和阿里巴巴计算能力，推进“数字雄安”项目建设，为未来智能城市、科技金融创新等提供云计算基础设施，推动医疗、交通、安全、能源、环保等民生社会治理领域创新服务。物联网技术将让雄安新区的城市部件和活动实时在线，构建交通、能源、供水等民生基础设施的“神经网络”。通过完善的城市立体感知网络，实现对雄安全面感知，助力智能生活、自动驾驶、城市运营等数字产业孵化落地。从规划阶段就使用人工智能进行辅助，雄安新区开创了城市建设新模式。以人工智能技术为基础，居住场所、娱乐设施、路政资源、商业医疗教育等城市资源将得到最合理的分配，城市功能将得以最大限度发挥。（聂石重）

“教科书式耍赖”事件

2017 年 11 月，河北唐山人赵勇在微博发布追债文章和视频，称其父亲于 2015 年遭遇车祸，历经数次手术后成为植物人。肇事司机黄淑芬承担事故主要责任，被法院判决承担 86 万余元赔偿责任，但其转移财产拒不赔偿。无奈之下，赵勇公布了数段黄淑芬拖欠赔偿的“教科书式耍赖”的音视频。在音视频中，黄淑芬百般抵赖，发出“我撞了你是你倒霉”等言论，态度嚣张，令人愤慨。事件曝光后，唐山市中级人民法院经进一步调查，发现黄淑芬母女共同办理了一套房屋的贷款手续，该房首付款和还贷款中均有黄淑芬的出资，遂依法进行查封。因黄淑芬拒不履行判决，11 月 25 日，依法对黄淑芬做出司法拘留十五天的决定并实施；其间，法院将黄淑芬纳入失信被执行人名单，并限制高消费。令人惋惜的是，12 月 1 日，赵勇发微博称，父亲赵香斌抢救无效，已于当天去世。尸检鉴定意见显示：“死者赵香斌系因交通伤致特重型颅脑损伤后长期处于植物生存状态并发多器官功能衰竭死亡。”

经河北省唐山市丰润区人民检察院批准，12 月 22 日，黄淑芬最终被执行逮捕。（杨乔乔）

大兴火灾事件

2017 年 11 月 18 日，北京市大兴区西红门镇新建村一公寓内发生火灾，共造成 19 人死亡，8 人受伤。“11・18”重大火灾事故不仅给生命财产造成严重损失，而且带来了严重的社会后果。北京市近年来一直在加强城市空间的改造工作，此事件无疑加快了这一步伐。政府加强了对外来流动人口的清查与管理工作，尤其是对低端产业的清理，直接导致了不少外来务工人员在寒冬中仓促搬家，甚至狼狈离开首都。这一清理工作在网络上引发了关于“北京是谁的”热烈讨论，媒体使用“低端人口”解读政策进一步导致人们对该政策的强烈不满。“11・18”火灾事故不仅仅是一起事故，其背后是城市空间扩张、改造与重组中不可避免的难题与困境。北京在楼宇经济、房地产开发和园区建设带动的城市空间扩张模式下，不仅成功吸引了高收入白领人士，也吸引了大批建筑、房屋装饰、配套批发等蓝领产业工人；而随之带动的正规就业的常住人口“落户”又拉动了消费的爆炸式增长，激发了批发零售、传统加工制造业、餐饮等行业就业的大规模发展。这些属于城市不同空间的社会经济活动紧密联系在一起。而大规模清理外来人口、缩减租赁房屋的供应，直接提高了服务行业的经营和生活成本，切断了循环链中的劳动力，使供应链与服务链开始断裂。城市的健康、协调发展，不能仅依靠高收入群体，如何正视外来务工者社区，将不同空间的人们联系起来成为社会治理者必须慎重考虑的问题。（安真真）

第四届互联网大会在浙江乌镇举行

2017 年 12 月 3 日至 5 日，由中国国家互联网信息办公室和浙江省人民政府联合主办的第四届世界互联网大会在浙江省乌镇举行。本届大会以“发展数字经济促进开放共享——携手共建网络空间命运共同体”为主题，在全球范围内邀请了诸多来自政府、国际组织、企业、技术社群和民间团体的互联网领军人物，围绕数字经济、前沿技术、互联网与社会、网络空间治理和交流合作等五个方面进行探讨交流。中国国家主席习近平向大会发来贺信，并就进一步推进全球互联网发展与治理发表了重要主张。大会举办了 20 场主题鲜明、各具特色的分论坛，并首次发布《中国互联网发展报告 2017》和《世界互联网发展报告 2017》，总结了历史成就，分析了现状特点，展望了趋势远景，为各国更好地推动互联网发展提供了有益借鉴。大会主办的互联网之光博览会也在乌镇同期举办。博览会汇聚了来自全球的400余家互联网企业，突出展示了人工智能、云计算、大数据、产业互联网、网络安全、智慧社会等全球领域内的互联网新技术新成果。本届互联网大会着力于推动构建网络空间命运共同体，倡导国际社会在网络空间尊重差异、凝聚共识，聚焦发展、助力创新，让互联网繁荣发展的机遇和成果更好造福人类。（林傲耸）

江歌案宣判

江歌，1992年出生于山东青岛，生活于单亲家庭，从小与母亲相依为命。2015年4月，江歌到日本语言学校开始留学生涯，2016年4月，江歌考入日本法政大学攻读硕士研究生。江歌在日本留学时，和同乡女孩刘鑫合租了一间房子。2016年11月3日凌晨，因为刘鑫与前男友陈世锋存在感情纠纷，陈世锋上门纠缠并威胁刘鑫。江歌为了保护刘鑫，让刘鑫待在家里，自己面对陈世锋。结果就在陈世锋乱刀挥向江歌的时候，刘鑫却选择了待在屋内。江歌被发现时已倒在了血泊中，头部遭利刃砍伤，脖子多处有刀伤，最长伤口达10厘米，送往医院时由于失血过多不治身亡。事发后，面对媒体的追问和质疑，刘鑫一家人不是指正凶手为江歌伸冤，而是急于撇清自己。江歌母亲由于不能通过正常途径联系刘鑫以求得其协助参与调查，于是便通过网络以获得其对江歌案的关注。也正因此，此事件在网络中持续发酵，网友认为“杀人的刀砍在身上，而朋友的刀却刺进心里”，刘鑫的行为从道德层面来讲已经触及了道德的底线，由此引发众多网友的谴责和讨伐。2017年12月20日下午3点，江歌被杀一案在日本东京地方裁判所当庭宣判，法院以故意杀人罪和恐吓罪判处被告人陈世峰有期徒刑20年。（王艺璇）

中兴员工坠亡

2017年12月10日上午，中兴旗下子公司中兴网信科技有限公司员工欧建新从深圳市南山区高新南四道中兴通讯大楼26楼跳下，结束了年仅42岁的生命。这一事件引发了人们对“中年危机”与“中产阶级之殇”的讨论。欧建新本科与硕士毕业于北航与南开，先在华为工作8年，然后又于中兴工作6年，与众多中产阶级一样，收入高的同时面临着来自职场与生活的沉重压力。不管是由于网络所传的公司内部矛盾还是个人家庭问题，这一中产阶级成员被逼走上了绝路，而留给人们的是中年人如何处理职场危机与生活压力的思考，网友们的热烈讨论更是反映出一种难言的焦虑感正在不同行业、不同群体中蔓延。当今社会竞争异常激烈，各行各业都面对着众多压力，IT 从业人员仅是众多类似群体中的一种，如“青椒”群体的心理状态也正在引起人们的关注；中年人必须承担养家糊口的责任，在房价、教育、医疗、养老等成本飙升的情况下，所承受的压力非常大，个人如何调适这些压力已经成为社会性难题。这一事件再次敲响警钟：在物质生活水平日益提升的形势下，更应当高度重视人们的心理状态、生活态度。质疑自我的生存意义、难以承受生命之重引发了严重的焦虑与抑郁，由此导致的自杀事件屡次发生，这已经成为不得不进行应对的现代性危机。（安真真）

章莹颖失踪案

章莹颖，福建南平市人，1990 年出生，2013 年本科毕业于中山大学，2016 年硕士毕业于北京大学，并于 2016 年至 2017 年在中国科学院客座学习。2017 年 4 月，章莹颖前往美国伊利诺伊大学厄巴纳香槟分校（UIUC，位于美国伊利诺伊州）交流学习。2017 年 6 月 9 日，章莹颖因急于与位于伊利诺伊州厄巴纳市的租房机构管理人员签订房屋租约而上了一辆黑色“土星阿斯特拉”轿车，之后失去联系。当天，一名伊利诺伊大学的副教授向伊利诺伊警方报告了章莹颖失踪。6 月 10 日，美国警方宣布，对章莹颖失踪案正式立案。6 月 29 日，执法部门监听到嫌疑人克里斯滕森承认自己绑架章莹颖的语音，遂对其进行了抓捕。克里斯滕森称，自己把章莹颖带到了公寓，将她囚禁在公寓并消磨她的意志。虽然克里斯滕森已被抓捕，但章莹颖仍然处在失踪状态。基于已公布的信息以及其他调查过程中获得但还未公布的事实，执法部门相信章莹颖已经遇害。2017 年 10 月 11 日，美国联邦大陪审团对嫌犯克里斯滕森提出一项绑架致死罪和两项向 FBI 提供伪证的罪名，但克里斯滕森在庭上拒不认罪，不承认这三项指控。法官艾瑞克称克里斯滕森将按照计划于 2018 年 2 月 27 日被审判。2018 年 12 月，涉嫌绑架杀害中国赴美访问学者章莹颖的克里斯滕森案，已安排在 2019 年 4 月于伊利诺伊州皮欧利亚市联邦法庭开审。（王艺璇）

红黄蓝幼儿园虐童

2017 年 11 月 22 日晚，十余名幼儿家长反映北京市朝阳区管庄红黄蓝幼儿园国际小二班的幼儿遭遇老师扎针、喂不明药片，并提供孩子身上多个针眼的照片。该事件被发布到新浪微博，引起近百万次转发。同日，北京警方前往该幼儿园调查取证。次日，陆续有媒体前往该园采访，视频再次通过新浪微博传播。其中，部分家长反映幼儿遭到性侵和群体猥亵。一位家长提出该园负责人的亲属系中国人民解放军某部军官，并猜测其与本事件有关。截至当天，已有十余家官方媒体对此事件进行了报道，数十名社会各界知名人士通过社交媒体表达关注，部分微信公众号、知乎等自媒体和新媒体网络社区发表评论并展开探讨，该园成为当日新浪微博热搜头条。同日，“红黄蓝”在各社交媒体搜索引擎中被屏蔽，所有与幼儿相关内容被强制删除。后经警方查证，“H幼儿园虐童事件”与中国人民解放军某部有关联这一说法系谣言，行为人已承认编造虚假信息，且已被依法行政拘留。28日晚，北京市公安局朝阳分局通过新浪微博对此事进行通报。根据调查结果，该园存在部分教师采用针扎形式“管教”儿童的现象，涉事教职工已被开除并刑事拘留。投喂药品、性侵、性虐待和群体猥亵现象不存在。造谣的相关行为人已被批评教育并公开道歉。无论是在网络上还是在现实生活中，社会各界对于此事件纷纷表示持续关注，热烈的讨论一直持续到12月初。继“H幼儿园虐童事件”登上热搜排行榜后，“塔西佗陷阱”“政府公信力”等词汇，成为了网民讨论此事件时使用的高频词汇。（裴彧）

携程亲子园虐童事件

2015年底，经上海市长宁区妇联牵头，携程公司与上海《现代家庭》杂志社旗下“为了孩子”学苑共同打造了“妇女儿童之家——携程亲子园”日常托管服务项目，着力解决携程职工1岁半至3岁左右的孩子在上幼儿园之前家中无人带教的困扰。而在2017年11月1日和3日，网络上曝光了两段该亲子园虐童视频：亲子园教师在帮孩子换衣服时将孩子推倒撞到了椅子上，并给孩子食用不明食物。两段虐童视频在网络上的传播使携程公司及背后的第三方管理机构——上海市妇女联合会陷入舆论漩涡。11月8日，携程CEO孙洁对事件的发生向相关家长及孩子们致歉，表态要坚决和携程的父母们站在一起，对责任人员追责到底。同时，亲子园携程方负责人因负有管理失职责任，已引咎辞职；上海市妇女联合会表示强烈谴责并密切关注事件进展。11月13日，经过调查取证，长宁警方以涉嫌虐待被监护、看护人罪，对携程亲子园实际负责人郑某依法予以刑事拘留。11月15日，上海市妇女儿童工作委员会公布了对“携程亲子园事件”的调查情况，认定这是一起严重伤害儿童的恶劣事件，其下属单位监管不力，负有监督失察、管理不力的责任。2017年12月13日，长宁区人民检察院依法对携程亲子园工作人员郑某等以涉嫌虐待被看护人罪批准逮捕。（王艺璇）

晒18岁照片潮

2017年12月31日，微信朋友圈被18岁的照片刷屏，大家都晒起了自己的18岁。据网络相关资料解释，大概有以下几个原因：一是该年有两部校园剧在网络热播，勾起了许多人对校园生活的回忆。二是因为网红papi酱的新视频。在视频中papi酱说“如果18岁的你和30岁的你可以来一场跨越时空的对话，会是什么样的呢?”作为人生两大节点的“18岁”与“30岁”的对撞，会是什么样的效果呢？第三种说法是最有说服力也最有杀伤力的，2017年12月31日，最后一批“90后”（生于1999年12月31日）度过了他们18岁的生日，这意味着从法律上来讲，“90后”一代已全部成年，集体告别了少年时代。这也意味着，“00后”正式登场了，这是让“90后”一代最心痛的原因。于是，“90后”一代通过在朋友圈晒自己18岁的照片“祭奠”“90后”的18岁。于是，朋友圈中的“80后”“70后”等坐不住了，也开始晒起自己18岁的照片。当然，不乏一些“假冒伪劣产品”掺杂其中，有些晒的并不是自己18岁时的照片，有些为了蹭热度，但又死活不愿承认自己18岁的样子，等等。但不管哪一种，无论用什么样的表达方式，其实大家的共同目的是纪念18岁。（张帅）

芳华热

由严歌苓编剧，冯小刚导演的电影《芳华》，讲述了20世纪七十到八十年代充满理想和激情的军队文工团，一群正值芳华的青春少年，经历着成长中的爱情萌发与充斥变数的人生命运。电影《芳华》自2017年12月15日上映以后，票房一路飙升，截至2018年1月21日总票房已突破14亿元大关。该片不仅是冯小刚导演执导生涯中票房最高的作品，也创造了中国电影史上文艺片的最高票房纪录。值得一提的是，这一成绩也让《芳华》挺进2017年华语电影票房前十，且是其中唯一的文艺片。电影《芳华》不仅在商业上取得了不俗的表现，在制作上也拥有很好的口碑。作为冯小刚与严歌苓携手致敬青春的深情之作，《芳华》不仅为观众奉献了一部史诗级的青春巨制，也掀起了长达数周的“芳华热”。“年度最好的国产电影”

"值得二刷""冯导不忘初心之作",不管是年长观众还是年轻观众,纷纷在微博上留言表达对影片的共鸣,这也印证了冯小刚导演所说的"不同的时代,同样的芳华"。此外,电影《芳华》回溯了特殊的历史事件和历史时期,勾出了深埋已久的那个年代的情怀,吸引了很多中老年观众进入电影院。(曾宪武)

《恋与制作人》手游兴起

《恋与制作人》是一款专为女性用户打造的超现实恋爱经营手游,该游戏由《奇迹暖暖》原班团队精心打造,于2017年12月20日正式发行。该游戏迎合女性消费心理,针对年轻女性的恋爱幻想与期待,设置了四个性格特征与人物语言各不相同的游戏主角,这些角色存在的目的就是和玩家"谈恋爱",用各种花式手段让玩家感受到爱意。玩家可以根据自己的兴趣爱好进行选择,随后与主角展开各种互动。此外,玩家的人设是一个贫穷、平凡但积极向上的少女,这种人设能够让大部分玩家体会到深切的"代入感",更容易被游戏中的人物吸引,产生自己正处于"恋爱"中的错觉。与竞技类游戏不同,《恋与制作人》操作难度较低,不需要太多的闯关技巧,目的是让女性玩家沉浸在虚拟的"恋爱"之中,玩家只需进行"养成"。这一方面能够吸引玩家花费时间,但另一方面也对玩家的耐心与游戏忠诚度提出挑战。此外,玩家每一至两天可以抽取一次卡片;若想加快游戏进度,就需要花钱充值以增加抽卡频率。恋与贴吧中,有玩家表示自己已在游戏中消费超过8 000元,引发热议。作为第一个爆款国产女性手游,《恋与制作人》的出现对整个文娱市场都有启发意义,它意味着在浅层次的女性手游市场打开的现象之下,"贩卖少女心"的文娱IP即将大规模崛起。(裴彧)

三军仪仗队升国旗

经党中央批准,自2018年1月1日起,由中国人民解放军担负国旗护卫和礼炮鸣放任务。至此,武警天安门国旗护卫队光荣完成历史使命。1月1日清晨,中国人民解放军仪仗队和军乐团首次执行天安门广场升国旗任务。自2017年12月30日新华社发布消息以来,对于此事,媒体、网民讨论不断。媒体对此事的关注度居高不下,参与报道的媒体众多。截至1月7日21时16分,以关键词"解放军执行天安门升旗"搜索,得到有关新闻13 014条,相关网页更是高达421万条,其热度之高可想而知。在众多的媒体报道中,主要的关注点在以下几个方面:首先,解放军“首次”执行天安门广场升旗仪式；其次，回顾天安门广场升旗的历史，向国旗护卫队战士致敬；再次，关注原来的国旗护卫队人员动向；最后，关注升降国旗仪式七大变化。而网民观点主要集中在：致敬武警国旗护卫队，祝愿伟大祖国繁荣昌盛，以及解读换岗的背后原因。作为展示国家形象、凝聚奋进力量的重要活动，这次天安门广场升国旗任务调整，迎来升国旗仪式的新气象、新风采，是中国特色社会主义进入新时代在国家司礼层面的标志性呈现，展现了新时代大国风范和强军风采。（张帅）

后　　记

近几年，互联网＋大数据、微信朋友圈、网络直播、短视频等网络技术或平台发展迅速，互联网经济如雨后春笋般兴起。与早期工业革命过程中的技术发展逻辑不同，网络技术兴起的重要特征是，其与日常生活结合的速度极快，解决的不是一般的工业生产和物质生活问题，而是满足关涉生活质量、差异化的心理和精神需求。这在一定程度上表明，技术兴起的社会基础已经发生变化，技术与社会的互动关系也不同于以往。

本年度（2018年）的中国网络社会研究报告，正是在上述背景下进行研究和编写的。与上一年度报告的结构编排方式一样，本报告仍然设置了年度“主题报告”和“专题报告”。“主题报告”围绕“网络空间的重组与分化”进行讨论，“专题报告”则关注2016—2017年度比较重要的网络事件或网络议题，如“网络表达中的分歧与共识”“网络直播的兴起”“网络舆情的特点与引导”“单身社会的网络红娘”“反戒网暴力的网络参与”等。

本报告坚持一贯的写作风格，即从社会学视野出发，通过叙议结合的方式，为读者呈现一幅丰富多彩的网络社会画面，以期对人们更深入、全面地理解网络社会及其影响有所助益。本报告兼顾学术性、趣味性与可读性，既可以作为网络社会研究的参考文献，也可以作为广大网民了解网络社会、参与网络活动、思考网络问题的阅读资料。

本报告的编写分工如下：

第一章　宋辰婷（北京工业大学）

第二章　王建民、刘雨萌（中央财经大学）

第三章　程士强（中央财经大学）

第四章　张军、翟梦雯（安徽大学）

第五章　张荣（济南大学）

第六章　营立成（中共北京市委党校）

附　录　王艺璇、周孟珂、曾宪武、安真真、林傲耸、杨钰晨、张帅、聂石重、杨乔乔、盛强、裴彧（中国人民大学）

图书在版编目（CIP）数据

中国网络社会研究报告．2018/刘少杰主编．—北京：中国人民大学出版社，2019.6
（中国人民大学研究报告系列）
ISBN 978-7-300-26776-0

Ⅰ.①中… Ⅱ.①刘… Ⅲ.①计算机网络-社会问题-研究报告-中国-2018 Ⅳ.①D669

中国版本图书馆 CIP 数据核字（2019）第 032477 号

中国人民大学研究报告系列
中国网络社会研究报告 2018
主　编　刘少杰
副主编　王建民
Zhongguo Wangluo Shehui Yanjiu Baogao 2018

出版发行	中国人民大学出版社		
社　　址	北京中关村大街 31 号	**邮政编码**	100080
电　　话	010－62511242（总编室）		010－62511770（质管部）
	010－82501766（邮购部）		010－62514148（门市部）
	010－62515195（发行公司）		010－62515275（盗版举报）
网　　址	http://www.crup.com.cn		
经　　销	新华书店		
印　　刷	北京玺诚印务有限公司		
规　　格	185 mm×260 mm　16 开本	**版　　次**	2019 年 6 月第 1 版
印　　张	11.5 插页 1	**印　　次**	2019 年 6 月第 1 次印刷
字　　数	211 000	**定　　价**	38.00 元
